GW01465610

Breve historia de la filosofía

Colección Teorema

Justus Hartnack

Breve historia de la filosofía

DECIMOCUARTA EDICIÓN

CÁTEDRA

TEOREMA

Título original de la obra: *History of Philosophy*

Traducción de José Antonio Lorente

© Gyldendalske Boghandel
Ediciones Cátedra, S. A., 1999
Juan Ignacio Luca de Tena, 15 28027 Madrid
Depósito legal: M. 29.716/1999
ISBN: 84-376-0147-9
Printed in Spain
Impreso en Fernández Ciudad, S. L.
Catalina Suárez, 19. 28007 Madrid

Índice

FILOSOFÍA POSTERIOR A HEGEL

Prefacio a la edición española

Desde el origen del pensamiento humano, la filosofía ha sido considerada como la reina de todas las ciencias —como la ciencia de todas las ciencias. La razón, cuando su uso trasciende los problemas de la vida cotidiana, se ha de encontrar, por su misma naturaleza y por necesidad, con problemas filosóficos. El problema filosófico tiene las características de profundidad, insolubilidad y, al mismo tiempo, inescapabilidad; es como si la razón se hubiera metido en un callejón sin salida del que, sin embargo, siente necesidad de salir. Es un callejón que no se abre con el progreso de las ciencias naturales y empíricas; se abre sólo, si es que se abre, con el genio del filósofo.

Entre los diferentes modos de introducir la filosofía, el más seguro y fiable discurre, al menos en mi opinión, a través de su historia. Estudiar la historia de la filosofía no es sólo trazar el movimiento dialéctico del pensamiento en su paso a través de los milenios, en la lucha desde la oscuridad de la confusión hacia la luz de la comprensión; es también un encuentro con los inescapables problemas filosóficos que confrontan la razón y que los mayores y más brillantes exponentes de la razón humana han, si no resuelto, al menos iluminado.

Se podría discutir si existen problemas insolubles en filosofía; pero lo que no se puede discutir es que los problemas filosóficos, en la medida en que son solubles, se presten a fácil, por no decir barata, solución. Solo el ingenio de los más grandes representantes de la mente humana ha podido conducirnos desde la oscuridad y confusión hacia una claridad y comprensión filosófica cada vez mayor. Si la filosofía se encuentra con problemas insolubles, es deber de la filosofía saber, no sólo que son insolubles, sino también por qué necesariamente lo son. Entender lo que se presta al conocimiento y entender por qué no se presta lo que no se presta, es lo más alto que puede alcanzar la razón. Constituye la verdadera dignidad del hombre como ser racional.

Justus Hartnack
Universidad de Aarhus, 1978

Introducción

Un libro de historia de la filosofía ha de ser necesariamente selectivo. Incluso obras de varios miles de páginas, y existen tales obras sobre historia de la filosofía, han de ser necesariamente incompletas. Qué filósofos incluir y cuáles excluir, y qué obra de los filósofos incluidos explicar y cuál no explicar, depende del juicio del autor y de la extensión que deba tener su obra. Una historia de la filosofía que lo incluya todo no se ha escrito, ni se escribirá jamás. Nunca sería terminada e incluso apenas sería posible darle comienzo.

Es evidente que un libro de historia de la filosofía no más extenso que el presente, ha de ser muy selectivo. Sin embargo, es posible limitar el material de dos modos diferentes. Se pueden incluir tantos filósofos como sea posible, lo que obliga a escribir muy poco de cada uno de ellos. O se pueden incluir solamente aquellos filósofos que han tenido una influencia decisiva en la evolución de la filosofía, lo que quiere decir, desde luego, que se tiene más espacio disponible para cada uno de ellos. En el presente libro se adopta el último criterio. Y aún más, como frecuentemente ocurre que es una sola obra, o incluso una sola idea, la que da nombre a un filósofo en la historia de la filosofía, he prestado atención casi exclusivamente a esa sola obra o idea.

Pero aun con tales limitaciones, este libro sería mucho más extenso de lo que es, si no hubiera puesto todavía otra limitación. Mi tarea ha consistido en presentar una adecuada y clara exposición y explicación del pensamiento de los diferentes filósofos, sus problemas, métodos, argumentos y soluciones, o, más bien, intentos de solución. Como esto es, en mi opinión, lo que tiene interés filosófico en la historia de la filosofía, he omitido las biografías de los filósofos. No es un problema *filosófico* estar informado de la historia de los diferentes filósofos, ni se requiere educación filosófica para informar de la infancia de un filósofo, sus fases de educación, cátedras, matrimonios, etc. Esto no supone negar que tal información pueda tener interés; puede ser de gran ayuda para dar una explicación psicológica de por qué un determinado filósofo ha prestado interés por tal o cual problema, pero no es de interés filosófico. En pocas palabras, éste es un libro de historia de la filosofía, pero no un libro de historia de los filósofos. Y por breve que sea, he observado que concede más espacio a la filosofía de cada filósofo individual de lo que conceden otras muchas obras más voluminosas de historia de la filosofía.

Mi propósito fundamental con este libro es hacer una introducción a los problemas filosóficos. Y como además creo, tras haberlo aprendido por muchos años de experiencia, que es preferible una aproximación histórica a los problemas, este libro puede servir al mismo tiempo como una visión panorámica de la historia de la filosofía. Por experiencia he aprendido también otra cosa: a menudo se ofrece a los estudiantes de primer año un curso introductorio. Pero incluso los alumnos despiertos tienen dificultades para comprender los escritos de los diferentes filósofos. Por tanto, la comprensión que tenga de esos filósofos depende en alto grado de la habilidad del profesor para explicar sus pensamientos. Desde el punto de vista pedagógico, esto no es deseable en absoluto. Los alumnos adquieren el hábito de depender de la enseñanza del profesor, en lugar de depender de sus propios estudios —evolución ésta contraria al espíritu de la enseñanza universitaria. Por eso he preferido hablar por los filósofos, en lugar de que los filósofos hablen por sí mismos.

Un esbozo de filosofía griega

Heráclito

Comenzar la historia de la filosofía con *Heráclito de Éfeso* (hacia 600 a. C.) no significa que éste sea el primer filósofo del que tenemos conocimiento. En realidad, no lo es, y probablemente también sería difícil llegar a un acuerdo sobre quién deberíamos considerar como el primer filósofo. Pero una cosa es cierta: a través de Heráclito se introduce un problema filosófico que, si no domina la filosofía griega posterior, por lo menos, ocupa en ella lugar destacado. El problema puede ser caracterizado como el problema del cambio. Lo que Heráclito afirmó fue que lo que es, está constantemente cambiando. Nada permanece igual en dos momentos consecutivos. Es evidente, sin embargo, que esta doctrina plantea serios problemas. Aquello que en un momento está a punto de ser otra cosa —y esto es lo que necesariamente ocurre si cada cosa está constantemente cambiando— no se puede decir, que sea algo en absoluto. Ser es ser algo; lo cual quiere decir que ha de tener ciertas propiedades. Una piedra, para serlo, ha de tener ciertas propiedades; el agua, para ser agua, ha de tener otras ciertas propiedades, y lo mismo ocurre para cualquier cosa que sea. Pero si todo está cambiando constantemente, en ningún momento será cierta propiedad exactamente esa cierta propiedad —si lo fuera, ello implicaría que en ese mismo momento no estaba en el proceso de cambio. Parece evidente, por tanto, que no podemos decir que todo esté cambiando constantemente.

Sin embargo, ¿no sería posible decir que aquello que está en el proceso de cambio, cambia sólo en ciertos aspectos pero no en todos? Una piedra cambia quizá el color de su superficie o su temperatura, pero no su estructura química. Pero incluso esta suposición nos lleva a dificultades. Que esto es así, ha sido mostrado con profundidad y originalidad, entre otros, por el filósofo eleata *Parménides* (hacia el 500 a. C.). Mostró las dificultades filosóficas de la aplicación del concepto de «cambio». La conclusión de Parménides es que el concepto no puede aplicarse en absoluto a la realidad, a aquello que es.

Parménides

Supongamos que tengo un cierto color —llamémosle el color a. Y supongamos que digo que ese color cambia. Decir eso sólo puede significar que el color cambia a otro color, es decir, a un color que no es a; puede, por ejemplo, ser el color b, o c o cualquier otro color. Decir que algo cambia es decir que después del cambio es algo diferente de lo que era antes de que tuviera lugar el cambio. Ha de haber algo ahora que no estaba allí antes, o algo que estaba allí antes debe haberse extinguido. Si una cosa cambia con respecto a la propiedad a, a no puede estar también allí después del cambio. No tiene sentido decir que a ha cambiado a a. Y si a ha cambiado a b, entonces b no puede haber estado presente antes del cambio; porque entonces tendríamos que decir que b ha cambiado a b, lo cual, como se acaba de decir, no tendría sentido.

Y ahora surge una cuestión pertinente. ¿Cómo es posible que en un tiempo dado algo nuevo, algo que no estaba allí antes, pueda ocurrir? O ¿cómo es posible que, en un cierto momento, algo existente desaparezca de pronto, que de pronto se extinga de la existencia?

Estamos ahora en posición de comprender cómo puede *Parménides* establecer su afirmación, admisiblemente paradójica, de que el cambio sea imposible: lo que es, lo que ha sido, debe haber sido siempre y será siempre. ¿Por qué es así? Si todo lo que existe —todo lo que tiene ser— no hubiera tenido siempre existencia, debería haber venido del no-ser, de aquello que no existe. Y esto es imposible. Decir que algo viene de algo implica, desde luego, que el «algo» del que viene alguna otra cosa debe ser *algo*. No puede ser nada. De la nada, nada puede venir. El concepto de no-ser o de *la nada* es un concepto que, según Parménides, incluso no puede ser pensado. No puede ser objeto de pensamiento. Pensar es necesariamente pensar en algo; pero es sin duda imposible pensar en aquello que no es. Puedo dibujar lo que existe pero no puedo dibujar la nada, aquello que no tiene ser. Para que aquello que tiene ser hubiera venido del no-ser, el no-ser debería haber sido *algo*, es decir, debería tener ya ser. Si aquello que tiene ser pudiera estar sometido a cambio, debería haber cambiado o de aquello que no tiene ser a aquello que lo tiene, o de aquello que tiene ser a lo que no lo tiene. Y, como esto es imposible, lo que tiene ser no puede estar sometido a cambio.

Se podría decir que aunque aquello que tiene ser no puede cambiar a no-ser, y no puede haber venido de nada, ello no implica que aquello que tenga ser no pueda cambiar sin cambiar, al mismo tiempo, a algo que no tiene ser. En realidad, experimentamos que esto, de hecho, no es así. La mantequilla en la sartén caliente se derrite, pero sigue siendo mantequilla; observamos el brotar de las hojas en primavera y que amarillean en otoño, pero aún son hojas; los seres humanos envejecen, pero aún son seres humanos. Desde luego, esto es correcto, pero no es un argumento contra los de Parménides. El cambio debe implicar necesariamente, como se ha dicho, o que algo se borre de la existencia o que algo nuevo haya venido a existencia. Parece ser una verdad conceptual que el cambio implique necesariamente la aplicación de los dos conceptos polares «ser» y «no-ser».

Según Parménides, no sólo el cambio, sino también el movimiento es imposible. Parménides razona así: moverse es moverse de un lugar a otro, es cambiar de sitio en el espacio. El nuevo sitio al que se mueve debe, por así decirlo, estar vacante, debe estar vacío. Si no está vacío no hay posibilidad de movimiento. El movimiento presupone el espacio vacío, es decir, espacio donde no hay nada, o, lo que es lo mismo, el concepto de espacio vacío implica el concepto de no-ser. Pero el no-ser no existe y, en consecuencia, tampoco podría existir nada que pudiera ser llamado espacio vacío. Por tanto, no puede existir movimiento alguno.

Afirmar que el movimiento que constantemente observamos y sobre el que basamos y organizamos nuestra vida no es nada más que una ilusión de los sentidos es una afirmación que parece imposible aceptar. Lo mismo sucede con los argumentos dados por otro filósofo eleata, *Zenón,* el famoso discípulo de Parménides. El propósito del argumento de Zenón es mantener la afirmación de su maestro de que el movimiento es imposible. Uno de los argumentos de Zenón es el siguiente: Supongamos que Aquiles quiere coger una tortuga que está a cierta distancia de él. Cuando Aquiles comienza a correr hacia la tortuga, la tortuga comienza a correr en la misma dirección que Aquiles. Zenón quiere mostrar ahora que, a pesar de que Aquiles corre mucho más aprisa que la tortuga, no podrá nunca cogerla. Cuando Aquiles alcanza el puesto donde estaba la tortuga cuando Aquiles comenzó a correr, la tortuga ha corrido un poco desde ese punto. Aquiles, por tanto, ha de alcanzar el punto donde está ahora la tortuga; y cuando alcanza ese punto, la tortuga desde luego se ha movido a otro punto. Y cuando Aquiles alcance este segundo punto, la tortuga ha corrido de nuevo una cierta distancia; y así continuará hasta el infinito. Como es imposible para Aquiles correr cualquier distancia, por pequeña que sea, sin usar tiempo, le será siempre posible a la tortuga ir un poco delante de Aquiles. La tortuga siempre llevará tanta delantera a Aquiles como lo que éste tarde en recorrer la distancia entre él y la tortuga. La distancia disminuirá siempre, pero no puede desaparecer nunca.

Otro de los argumentos de Zenón es como sigue: jamás es posible completar un recorrido; para alcanzar el fin de la carrera se ha de alcanzar primero el punto que está a mitad de camino entre el punto de partida y la meta, y para alcanzar ese punto se ha de alcanzar el punto que está entre aquel punto medio y el punto de partida. Y así hasta el infinito. En otras palabras, realmente no se puede ni empezar; por corto que se suponga el primer movimiento, siempre será necesario primero alcanzar el punto medio. Y este punto medio no puede ser alcanzado sin haber alcanzado antes el punto medio entre ese punto y el punto de partida, etc.

Lo que Zenón cree haber mostrado es que la suposición de que existe el movimiento lleva al absurdo. El movimiento que uno *ve* debe ser, por tanto, una ilusión. Si se quiere afirmar la realidad del movimiento se ha de mostrar la invalidez de los argumentos de Zenón. Es importante, en relación con esto, subrayar que las paradojas de Zenón no son y no pueden ser solucionadas con ayuda de la matemática. Lo que la matemática puede hacer es decirnos si tenemos los datos necesarios, cuándo y dónde Aquiles alcanzará la tortuga; pero esto no es lo mismo que mostrar dónde está el error en el argumento de Zenón. Los argumentos de Zenón son de naturaleza conceptual y, por tanto, han de ser enfrentados a un análisis conceptual. No existe aún refutación universalmente aceptada de ellos.

El argumento de Parménides sobre la imposibilidad del cambio ocupó un lugar dominante en la filosofía griega. Demócrito, Platón y Aristóteles intentaron encontrar un sitio para el mundo del cambio, un mundo cuya existencia no pudiera ser negada sin caer en el absurdo. En otras palabras, lo que se intentaba era encontrar un lugar tanto para la concepción heraclítea como para la eleata.

El atomismo de Demócrito

Como se acaba de mencionar, el dilema en el que había caído la filosofía griega, después de la filosofía eleata, fue, en muchos aspectos, decisivo para la filosofía griega posterior. Era una situación intelectual insostenible tener que negar que el cambio fuera una posibilidad. Pero si se acepta el argumento de Parménides —y esto fue lo que hicieron en general los filósofos griegos—, se debe negar también que el cambio sea una posibilidad.

Un intento ingenioso para escapar del dilema fue realizado por los atomistas, entre los que debe ser mencionado *Demócrito de Abdera* (hacia 500 a. C.). El ser —aquello que es— debe ser algo eterno e indestructible, es decir, algo que satisfaga las condiciones del ser de Parménides. El mundo de Demócrito consiste en infinitos átomos; esto es, consiste en entidades materiales pequeñas, invisibles, absolutamente duras (y, por tanto, indivisibles). Los átomos son inmutables; han sido siempre y serán siempre. Demócrito no está de acuerdo, sin embargo, con Parménides en lo referente a la existencia del movimiento. Esto, a su vez, supone que Demócrito debe afirmar la existencia del espacio vacío, al que ha de clasificar, por tanto, bajo la categoría del ser. Los átomos son tan minúsculos que no pueden ser vistos. Lo que puede ser visto es una combinación de átomos. El movimiento original de los átomos es un movimiento hacia abajo (si Demócrito concebía los átomos como te niendo peso es incierto). Los átomos tienen diferentes tamaños y se mueven a diferentes velocidades. Por tanto, algunos átomos chocarán con otros átomos con el resultado de que habrá un cambio de movimiento. Surge entonces mayor posibilidad de choque con otros átomos. Cada uno de los átomos tiene, por decirlo así, ganchos y engarces; y átomos del mismo tipo, es decir, átomos que combinan naturalmente, se engancharán juntos. Cuando varios átomos se enganchan juntos el resultado es un objeto visible, un objeto que puede ser visto con los ojos. Estos objetos no son inmutables: algunos átomos se desconectan de la combinación y otros se añaden; un objeto desaparece si desaparecen suficientes átomos. Realmente el mundo de Demócrito consta sólo de átomos. Solamente existen átomos; no se crean nuevos átomos, ni se extingue ningún átomo. Lo que existe antes y después de la combinación es lo mismo, esto es: un cierto número de átomos, los átomos de los que constan las combinaciones.

El mundo de Demócrito, por tanto, consta de átomos, movimientos y espacio vacío. Todo, en este mundo, puede ser explicado con la ayuda de partículas materiales, movimiento y el mutuo empuje de las partículas. Tal concepción se llama materialismo y mecanicismo. Se llama materialismo por suponer que solamente existe materia, y se llama mecanicismo porque solamente el movimiento es causa del cambio.

Los átomos son extensos, duros y con diferentes formas, pero son incoloros. Colores, sonidos, olores y sabores no son propiedades que posean los átomos en sí. Estas propiedades, las llamadas propiedades secundarias, o cualidades secundarias, son solamente apariencias; son únicamente nuestro modo de percibir las diferentes combinaciones de átomos. Consecuentemente, no son objetivas sino subjetivas. La concepción de que las cualidades secundarias o cualidades sensibles no existen en el objeto se llama frecuentemente teoría del carácter subjetivo de esas cualidades.

Las propiedades o cualidades secundarias, es decir, cualidades tales como color, olor, sonido y sabor, son percibidas por nosotros como si fueran propiedades o cualidades en los objetos mismos; según los atomistas, sin embargo, no son más que nuestra forma de percibir las diferentes combinaciones y movimientos de los átomos. Las cualidades secundarias se deben a la estructura de nuestros órganos de los sentidos.

El hecho de que seamos seres dotados de conciencia, seres capaces de percibir, de ver, oír y saborear crea un problema a la concepción materialista de Demócrito. Las piedras, los árboles, el agua y demás cosas inanimadas no pueden ver, oír ni saborear. ¿Por qué algunas combinaciones de átomos (como, por ejemplo, los seres humanos) son capaces de tener experiencias mientras que otros (por ejemplo, piedras, árboles y agua) no pueden? Una diferencia, por ejemplo, entre un ser humano y una piedra es que el ser humano tiene conciencia, tiene un alma, mientras que la piedra no tiene conciencia; la piedra no tiene alma. Pero esta diferencia no lleva a Demócrito a abandonar su materialismo. Tener conciencia, tener un alma, es explicado por Demócrito dentro del marco conceptual de la teoría atómica. Además de los átomos ordinarios, los seres con conciencia tienen también algunos átomos-alma especiales; esos átomos-alma no difieren en principio de los otros átomos; es cierto que son de estructura más fina; pero no están dotados de otras propiedades de las que tienen los átomos ordinarios; son materia extensa y están constituidos, por así decirlo, del mismo material que los otros átomos. Con esta explicación de la conciencia Demócrito ha hecho un intento simplificado, incluso se podría decir quizá algo ingenuo, de resolver uno de los problemas más difíciles de la filosofía: el problema de la conciencia. Decir, como de hecho dice Demócrito, que la conciencia de la materia es también materia a duras penas puede calificarse como solución del problema.

Es importante subrayar que el atomismo de Demócrito es una solución *filosófica* o, más bien, un intento de solución a un problema *filosófico*, y no una solución

25

científica a un problema científico. No fueron ciertas observaciones ni experimentos, lo que probó o afirmó su atomismo. El atomismo es un intento de solución del conflicto —dialéctico— que la filosofía griega creía haber encontrado entre dos conceptos tan fundamentales como el de ser y el de cambio. Es evidente que si el concepto de ser —un concepto que es condición de todo pensamiento sobre la realidad— no puede ser puesto en armonía con el concepto de cambio, entonces se paraliza nuestro pensamiento. El cambio es un hecho brutal; es condición de vida; es algo cuya existencia no puede ser negada. Estamos, en cierto sentido, condicionados por el cambio. El cambio es lo que plantea los problemas a nuestro pensar. Sin el cambio las condiciones para el pensamiento y la ciencia no existirían.

El atomismo de Demócrito es un sistema conceptual, un modelo, que permite armonizar el concepto de ser con el concepto de cambio.

Platonismo

Platón como idealista

La concepción de *Platón* (427-348 a. C.) sobre la naturaleza de la realidad —la naturaleza del ser— era radicalmente distinta de la concepción de Demócrito. Según Platón, la realidad no está constituida por átomos en movimiento, sino por lo que él llamó ideas. Lo que él entiende por idea puede explicarse del siguiente modo: Supongamos que vemos un color, por ejemplo, el rojo. ¿Cómo llegamos a aprender este color? Una respuesta que se oye a menudo es ésta: observamos cosas que son rojas: observamos corbatas rojas, rosas rojas, coches rojos, pájaros de rojas plumas, etc. Observamos que estas cosas tienen una propiedad común, una propiedad común que podemos descubrir y nombrar abstrayéndola de todas las otras propiedades. Por tal proceso de abstracción podemos obtener el concepto de color rojo. Sin embargo, Platón no aceptaría tal respuesta. El argumento platónico discurriría así: ¿Cómo podemos saber que debemos abstraer de todo, excepto el color rojo, si no conocemos ya el concepto de color? Supongamos que tengo una colección de cosas diferentes. Todas son diferentes, pero algunas de ellas tienen la misma longitud, algunas son iguales con respecto al peso y con respecto a la temperatura y así sucesivamente. Supongamos que se me pide que reúna todas las cosas que son iguales.

Necesariamente tendré que preguntar con respecto a qué deben ser iguales. El que se me informe de que deben ser iguales con respecto a la forma, me ayuda solamente si sé el significado de la palabra forma, si conozco el concepto de forma. Ser capaz de ver que diferentes cosas tienen un color en común solamente es posible si el concepto, o la idea, de color se conoce ya. La posesión de un concepto debe ser siempre presuposición para observar aquello que cae bajo tal concepto o idea.

Platón, en su diálogo *Fedón*, argumenta del siguiente modo: Podemos hablar de diferentes cosas que sean más o menos iguales. Esto lo podemos hacer sin haber visto jamás dos cosas que sean *exactamente iguales*. Sin embargo, tenemos el concepto, o idea, de ser exactamente igual. Por tanto, este concepto o idea no puede ser adquirido por la experiencia. Por el contrario, una condición para observar que dos cosas son más o menos iguales es que poseamos este concepto, o idea. Sin este concepto, o idea, seríamos incapaces de formular cualquier juicio sobre diferentes cosas que sean más o menos iguales.

Prosigamos con otros ejemplos. Supongamos que observo diferentes combinaciones de colores. Encuentro que tienen diferentes grados de belleza. Ninguno de ellos, sin embargo, tiene lo que juzgaría ser belleza real. Obviamente, no me sería posible formular este juicio, si no conociera ya lo que significa tener belleza *real* —es decir, si no poseyera el concepto, o idea, de belleza. Quizá jamás haya observado la belleza real, quizá jamás haya encontrado nada en el mundo empírico que tenga belleza real; todo lo que he observado, todo lo que he visto, ha sido siempre una aproximación a la belleza, no la belleza perfecta. El concepto o idea de «belleza» sólo ha sido ejemplificado, en diferentes grados, en los diferentes objetos empíricos. O, supongamos que formulo un juicio sobre diferentes actos, como más o menos justos; lo hago, y sólo lo puedo hacer, porque tengo conocimiento de la idea de justicia. Es porque tengo este conocimiento por lo que puedo adscribir el predicado de ser justo a diferentes acciones. Es porque tengo este conocimiento por lo que puedo juzgar un cierto acto como más o menos justo.

Las ideas son inmutables y eternas. En el mundo empírico observamos cosas de varios grados de belleza, y observamos actos que son más o menos justos, pero la idea de belleza y la idea de justicia no varía; son inmutables y han existido siempre. Es posible que haya habido tiempos en los que no hubiera cosas bellas o no hubiera actos que fueran justos; sin embargo, *pudiera* haber habido cosas que tuvieran belleza y *pudiera* haber habido actos que fueran justos —el hecho de que pudiera haber habido un periodo en el que no hubiera tales cosas, es lo que se llama un hecho contingente, es decir, es posible que hubiera sido de otro modo; pero ocurre que no es así. Y esto muestra que esas ideas existen independientemente de si están ejemplificadas o no; esto es, existen independientemente de los objetos empíricos, independientemente del mundo empírico.

Como las ideas son inmutables y eternas son reales, pues, como se recordará, según el argumento eleático sólo lo que es inmutable y eterno puede ser calificado o contar como teniendo realidad. Los objetos en el mundo empírico están sometidos a la ley del cambio y, por tanto, no pueden ser reales. Son como imágenes imperfectas del mundo real. Así como la imagen no es idéntica a la cosa imaginada —sólo es una *imagen* de ella, pero no la cosa real— así el mundo empírico no es el mundo real, sino solamente una imagen imperfecta de la idea. El mundo real, el mundo de las ideas, es el ideal que el mundo empírico representa incompleta e imperfectamente.

Conocer la realidad es, por tanto, conocer las ideas. Como las ideas no son objetos empíricos, la realidad no puede ser conocida por la experiencia, sino solamente por la razón.

¿Cómo es posible tal conocimiento? Para responder esta cuestión es necesario comprender la concepción platónica del hombre.

El hombre tiene una naturaleza dual: tiene un cuerpo y tiene un alma. El cuerpo pertenece al mundo empírico y, por tanto, está sujeto a la ley del cambio y destrucción. El alma, sin embargo, tiene raíces en el mundo de las ideas. El alma es eterna; por tanto, existía antes del nacimiento del hombre individual y continuará existiendo después de su muerte. Puesto que el alma tiene raíces en el mundo de las ideas, debe tener también conocimiento de las ideas. Sin embargo, cuando el alma se une al cuerpo este conocimiento es olvidado. Pero, precisamente porque es olvidado, y no perdido, es posible recobrar este conocimiento. Con educación apropiada se puede recordar el conocimiento olvidado. El propósito de la educación es llevar a la persona que la recibe a recordar aquello que el alma sabe pero ha olvidado. El verdadero aprendizaje es, por tanto, recuerdo.

Conocer una idea es comprender por qué la idea es como es; es, por decirlo así, comprender su estructura lógica. No es sólo afirmar que es como es; es comprender que necesariamente ha de ser lo que de hecho es.

Supongamos que observo a una persona poniendo unos ladrillos sobre otros. En cierto sentido puedo ver lo que está haciendo. Si se me pregunta qué está haciendo, puedo decir que está poniendo unos ladrillos sobre otros. Pero en otro sentido, y en absoluto en sentido inesencial, ésta no es una respuesta completa. Mi respuesta no dice *por qué* lo hace y, por tanto, no dice *lo que* está haciendo. Se puede poner ladrillos sobre ladrillos por diferentes razones; se puede hacer, por ejemplo, porque el doctor lo ha recomendado como ejercicio saludable y apropiado, o puede ser que se haga porque, por una razón o por otra, lo encuentre uno divertido, o, por afición, uno puede intentar entrenarse en esta específica habilidad, o se puede hacer eso, no para entrenarse, sino para construir algo; y si digo que la persona en cuestión está construyendo un garaje he dado una respuesta que explica por qué hace lo que de hecho hace. Ahora comprendo lo que está haciendo. Tengo conocimiento del propósito de su actividad.

Las explicaciones que requieren conocimiento del propósito se llaman explicaciones *finales*. Estas explicaciones son normalmente necesarias cuando se refieren a actos humanos; y a menudo encontramos bastante natural aplicar estas explicaciones a la biología —encontramos natural, por ejemplo, explicar la estructura del ojo o del corazón apuntando a la función que tienen estos órganos; o explicar algunos de los diversos procesos en el interior del organismo apuntando al propósito al que sirven estos procesos, o se supone que sirven. En ciencias como la física, la química, la astronomía y algunas otras, sin embargo, rechazaríamos la aplicación de las explicaciones finales; en tales casos creemos suficiente explicar, por medio de leyes, que a su vez explican qué ocurrencias o procesos sirven como causas de otras ciertas ocurrencias o procesos —ocurrencias o procesos que llamamos efectos.

Explicar un cierto proceso físico, un cierto suceso, o un cierto acto humano, es explicar algo que ocurre en el mundo. Explicar un cierto proceso físico, un cierto suceso o un cierto acto humano no es explicar el mundo, sino explicar algo que ocurre *en* el mundo. Algunas veces, sin embargo, la cuestión surge con respecto a una posible explicación del mundo como tal. Formular esta cuestión no se toma normalmente como cuestión física, cuestión química o cuestión astronómica; no se toma como cuestión científica, sino como cuestión filosófica. A esta cuestión son posibles dos tipos diferentes de respuesta. Según una respuesta, el mundo es resultado de causas mecánicas; es un mundo sin propósito, y, por tanto, un mundo en el que la aplicación de causas finales sería un malentendido. Sería un mundo en el que no tendría sentido preguntar por el propósito de este mundo. Según la otra respuesta, el mundo está ordenado y tiene un propósito; el mundo es un cosmos y es explicable en términos de su propósito. La primera interpretación es defendida por los atomistas. La segunda es defendida, entre otros, por Platón. Platón llama el Bien al propósito que determina el orden del mundo —que determina la estructura del cosmos. Condición necesaria para entender las ideas, es tener conocimiento del propósito; es tener conocimiento del Bien. Solamente si se satisface esta condición se puede comprender por qué las ideas son como son. O, expresado de modo diferente, sólo si se satisface esta condición se puede entender por qué la realidad tiene la estructura que de hecho tiene. Si el mundo no tuviera propósito, nunca se podría tener conocimiento de él. Se podría solamente afirmar que alguna u otra cosa de hecho era el caso —se podría afirmar *cómo* es y no *por qué necesariamente ha de ser así.*

Platonismo

La ciudad-estado ideal

¿Cómo debe vivir el hombre? El orden que caracteriza el cosmos es el orden determinado por el Bien. Es, por tanto, el orden que debe reinar. Es el orden que debería reinar por doquier —obviamente, no hay nada que no deba ser por el Bien. Por tanto, es el orden que debe determinar no sólo la estructura del Estado, sino el modo cómo debe vivir cada ser humano individual. Al Estado que es como debe ser, y al ser humano que vive como debe, los describe Platón como el Estado justo y el hombre justo. Como este orden está determinado por el Bien, una condición necesaria para establecer un Estado justo y para vivir una vida justa es tener conocimiento del Bien. Según Platón, no solamente es una condición necesaria; es también condición suficiente. Si un ser humano ha visto cómo debe ser, actuará de acuerdo con ello. Que esto sea así se sigue, cree Platón, del hecho de que nadie quiere (o más bien, nadie puede querer) que el Bien no sea actualizado o realizado. Intentar destruir el orden determinado por el Bien solamente puede llevar al caos y a la miseria. Por tanto, sólo es por ignorancia por lo que el ser humano actúa contra este orden; es sólo por ignorancia por lo que el ser humano actúa mal.

En su diálogo *La República* Platón comienza explicando el orden que gobierna el Estado justo. Como se ha dicho, un Estado justo es un Estado caracterizado por el orden, no cualquier tipo de orden, sino por el orden que expresa o refleja el cosmos, esto es, el mundo determinado por el Bien. Dicho de otro modo, es el orden cuya justificación radica en el hecho de que, solamente a través de este orden es posible la realización del Bien. Condición necesaria para establecer tal orden debe ser que aquellos que sean responsables para establecerlo tengan conocimiento del Bien. Deben saber qué es el Bien. Deben tener conocimiento de lo que justifica las leyes y las reglas que promulgan. Desde luego, los gobernantes creen siempre que sus leyes son buenas, que son las mejores posibles para la realización de cierto propósito y que ese propósito es el correcto. Pero si son ignorantes con respecto a las leyes que gobiernan la realidad, e ignorantes del correcto propósito, o si tienen un conocimiento insuficiente acerca de estas cosas, sería pura suerte, o más aún, un milagro si las leyes fueran buenas. Solamente estudiando intensamente la realidad durante mucho tiempo será posible para el potencial gobernante, dar una explicación teleológica de la realidad (es decir, una explicación en términos de una causa final). Condición necesaria para ser lo que Platón llama sabio, es haber logrado conocer el Bien. Tener conocimiento es tener sabiduría. El gobernante debe ser sabio o, lo que según Platón es lo mismo, debe ser filósofo. Condición necesaria para entender la realidad es entender el recto propósito. Es importante, con respecto a esto, recordar que cuando Platón habla de realidad, no habla del mundo empírico. El mundo empírico es sólo una imagen incompleta e imperfecta del mundo real. El mundo real es el mundo de las ideas, es decir, el mundo perfecto, eterno e inmutable. Una analogía —analogía que, en realidad, tal como son la mayoría de las analogías, es imperfecta, aunque hasta cierto punto ilustrativa puede ser esta, un especialista de corazón examina los corazones más o menos defectuosos de diferentes personas. Caracterizar un corazón como defectuoso es caracterizarlo como rezagado con respecto al corazón perfecto, o al corazón como debe ser, la norma o el corazón ideal. Este especialista puede explicar cómo es el corazón perfecto —el corazón ideal, el corazón que constituye la norma, mostrando que solamente estructurado como lo está puede realizar su función. Al estudiar diferentes órganos de diferentes personas, la ciencia médica obtiene una noción de la función de esos órganos y sus relaciones mutuas. Puede explicar la estructura de los diferentes órganos indicando la función que realizan. Igual que sería un absurdo asumir que el propósito, por el que los diferentes órganos están estructurados como de hecho lo están, sea él mismo un órgano, sería un absurdo, según Platón, asumir que el Bien, aquello, por lo que la realidad es como es, sea él mismo parte de la realidad. Sería absurdo asumir que el propósito —el Bien— en sí mismo fuera una idea. El Bien no es parte de la realidad.

Además de los gobernantes, el Estado debe tener también ciudadanos cuya función sea defender el Estado. La virtud que deben tener estos defensores, los soldados, es la fortaleza. El hombre que tiene fortaleza, según Platón, no es solamente un hombre que se atreve a hacer ciertas cosas, o que no tiene miedo al peligro. Una persona que nunca tiene miedo puede ser muy peligrosa. El criminal puede muy bien ser un hombre que no teme a nada. Para poseer verdadera fortaleza se debe, según Platón, ser una persona que usa su espíritu de lucha al servicio del Estado justo. Se debe defender lo que merece ser defendido, y defenderlo contra los enemigos del Estado justo. Los soldados deben saber, por tanto, lo que deben defender. Sin embargo, no pueden tener el mismo conocimiento de la estructura y propósito de la realidad que los gobernantes. No han tenido la misma educación que ellos. Los filósofos, según Platón, deben ser políticos, deben ser, por usar sus palabras, reyes; pero no deben ser soldados. Los soldados no pueden tener conocimiento en el sentido estricto de esta palabra; sólo pueden tener, por así decirlo, conocimiento de segunda mano. Pueden saber *qué* y *cómo,* pero no *por qué* las cosas necesariamente son como son.

Finalmente, el Estado debe tener productores, quienes, como su nombre indica, producen y venden los diferentes tipos de bienes disponibles.

Un problema con el que se encuentran la mayoría de las teorías del Estado es el de la posibilidad y justificación de rebelión contra el Estado. En el Estado platónico, en el Estado tal como debe ser, no se puede justificar la rebelión. Si se justificara, eso sería claramente una prueba de que el Estado no era como debía ser. No sólo no está justificada la rebelión, sino que tampoco hay necesidad de ella, porque en el Estado platónico todo el mundo, es decir, gobernantes, soldados y productores, posee la virtud que Platón llama templanza. Una persona que posee esta virtud comprende que sólo los que saben cómo gobernar deben gobernar —es decir, comprende que los que poseen sabiduría, en otras palabras, los filósofos, deben ser los gobernantes. Y el hombre que tiene templanza no sólo comprende que debe ser así, sino que también somete a este discernimiento los deseos que pudiera tener de desobedecer las leyes. El hecho de que los productores y soldados posean templanza significa que reconocen como autoridad política a los que tengan conocimiento y educación necesarios para ser gobernantes. Obedecen las leyes dadas por los gobernantes, no porque implique castigos o sanciones no obedecerlas, sino porque comprenden que es lo único correcto, lo único sensato que pueden hacer —lo comprenden como todos comprendemos que lo único correcto y lo único sensato que podemos hacer es obedecer las instrucciones del médico. Decir que los gobernantes poseen templanza significa que comprenden que son los únicos adecuados para ser gobernantes; se encargan de esta tarea no porque deseen hacerlo, ni porque disfruten con ello, sino porque comprenden que es una obligación. En el Estado platónico, es decir, el Estado en el que los gobernante sean sabios, los soldados sean valientes y tanto los productores como los gobernantes y soldados tengan templanza, no puede haber justificación alguna para la rebelión. Sólo se podría justificar si los gobernantes no fueran sabios, los soldados no fueran valientes (es decir, no tuvieran la adecuada información acerca del Bien que tenían que defender o tuvieran miedo de enfrentarse al peligro), o si ninguna de las clases tuviera la templanza necesaria.

El orden que gobierna el Estado justo es un orden determinado por el conocimiento —conocimiento no sólo acerca de esto o de lo otro, sino conocimiento de lo que es condición necesaria para comprender todo lo demás, esto es, conocimiento del Bien. Es el mismo orden que caracteriza al hombre cuando el hombre es como debe ser. El hombre es un ser dotado de razón; es un ser capaz de obtener conocimiento de la realidad. Pero el hombre no es sólo un ser con razón, sino también un ser con diferentes tipos de deseos, necesidades y pasiones, y diferentes tipos de emociones. Igual que la estructura del Estado debe estar determinada por el conocimiento del Bien, así el carácter del ser humano debe estar determinado también por este conocimiento. Si el hombre tiene conocimiento del Bien, este conocimiento motivará sus actos. Entonces comprenderá que la satisfacción de los deseos y necesidades del cuerpo es algo que sólo consideran bueno los ignorantes, pero no las personas educadas. La persona no educada puede creer que es algo bueno, pero con la educación comprenderá que no es así. Es una ilusión que corresponde a la suposición de que el mundo empírico es el mundo real. Los deseos corporales y su satisfacción pertenecen al mundo empírico, al mundo del cambio y destrucción, que no es el mundo de la realidad.

El conocimiento (que, como hemos visto, sólo es conocimiento genuino si se basa en la consideración del Bien) implica la armonía entre el saber y el obrar. Según Platón es imposible saber qué es el Bien real sin desearlo también. La persona que tiene conocimiento, por tanto, también es sabia. La persona que sabe lo que es correcto actuará de acuerdo con ello. Es tentador suponer que esta concepción es la opuesta a la de San Pablo cuando dice: «El Bien que deseo no lo hago, pero hago el Mal que no deseo.» Pero esto no es absolutamente correcto, Platón y San Pablo hablan de dos cosas diferentes. Cuando San Pablo habla del Bien, habla de lo que está de acuerdo con la palabra de Dios. Cuando Platón habla del Bien, habla de lo que la razón ha visto como el propósito de todo; es decir, lo que garantiza que haya armonía y no caos, y, por tanto, lo que todo el mundo con adecuado conocimiento desea.

Como hemos visto, el hombre, según Platón, es un ser al que es posible, por su propio esfuerzo, ser lo que debe ser. Si esta posibilidad se realiza o no, no depende de un carácter específico o innato, un carácter con el que algunos pueden tener la fortuna de nacer, mientras que otros son menos afortunados; esto depende, como mantiene Platón, de si se obtiene el necesario conocimiento. Este conocimiento es condición suficiente y necesaria para actuar de acuerdo con él. Si el hombre sabe cómo actuar, actúa de acuerdo con ello.

El hombre es un ser racional, lo cual significa, según Platón, que el hombre tiene un alma capaz de conocer la realidad (el mundo de las ideas) de la que forma parte. Por el nacimiento del hombre individual, el alma, por así decirlo, queda prisionera del cuerpo, y precisamente por ser prisionera desea ser liberada. Por tanto tiene el hombre un deseo, o más bien, un anhelo, o un amor —un eros— hacia el mundo real; el mundo que no es el del cuerpo, sino el de la razón. El eros platónico, es un amor hacia el conocimiento de la realidad no material, no empírica. Así, el hombre es un ser que, debido al hecho de estar conectado a la realidad a través de su alma racional, tiene un propósito específico y un anhelo de cumplir con él. El hombre, como unión de alma y cuerpo, es un alma caída. Y es redimido no por un Salvador ni por la gracia de Dios, sino por sí mismo. Se salva al adquirir conocimiento.

Platón ha dado una imagen alegórica del camino del hombre desde la ignorancia hasta el conocimiento que lo redime. Compara a los hombres no educados e ignorantes con prisioneros encadenados cerca del fondo de una profunda caverna. Sus cadenas los sitúan de modo que sólo pueden ver la pared posterior de la caverna. Desde su sitio en la caverna no pueden ver la luz del día. Pero en la pared que están mirando ven sombras. Estas sombras son producidas por una hoguera que arde detrás de ellos. Las sombras lo son de diferentes tipos de figuras llevadas por personas que pasan entre la hoguera y los prisioneros. Éstos, además de ver las sombras, oyen también la conversación entre las personas que llevan las figuras.

Los prisioneros creen que las sombras constituyen el mundo real y que las voces —las voces que llegan de las personas que llevan las figuras— provienen de las sombras. Sin embargo, algunos de los prisioneros logran liberarse de sus cadenas y con ello investigar la estructura de la caverna. Descubren entonces que las sombras que creían constituir la realidad no son más que sombras de las figuras que hay detrás de ellos, y que las voces no provienen de las sombras, sino de las personas que llevan las figuras. Pero mientras los prisioneros liberados permanezcan en la caverna, estarán convencidos de que la caverna es la realidad única y verdadera. Por tanto, no conciben las figuras como figuras de algo; no las conciben, en absoluto, como figuras. Pero los prisioneros que logran ·escapar de la caverna descubrirán que incluso las figuras no son más que figuras. Y descubrirán que son figuras de las cosas que existen fuera de la caverna. En otras palabras, ahora saben que el hecho de *que* las figuras existen y *cómo* existen depende de aquello de lo cual son figuras. Un retrato de Platón presupone el Platón «real», y dibujos o figuras que sean dibujos o figuras de árboles, arbustos y montañas, presuponen árboles, arbustos y montañas «reales» —todas las cosas u objetos que los prisioneros liberados ven fuera de la caverna. El camino de los prisioneros desde las opiniones falsas y supersticiones con las que vivieron en la caverna, hasta el conocimiento de la verdad, es una imagen del camino del hombre desde la concepción falsa y supersticiosa de la realidad hasta su verdadera comprensión. Igual que los prisioneros en la caverna creen que la caverna es el mundo real —de hecho no sólo lo creen, sino que están completamente convencidos de ello—, de igual manera, las personas no educadas creen —y están completamente convencidas de ello— que el mundo empírico —el mundo experimentado por los sentidos— es el mundo real. El conocimiento verdadero se obtiene sólo si el hombre logra liberarse del mundo de los sentidos, y comprende que el objeto de conocimiento puede ser captado solamente por la razón. Estos objetos son las ideas eternas e inmutables. El hombre no ha sido liberado de su prisión, no ha sido liberado de la creencia dogmática de la realidad del mundo empírico, hasta que ha captado la verdadera naturaleza de estas ideas. Y de igual manera que los prisioneros liberados comprenden que es el sol el que hace posible ver cosas reales, así el hombre liberado —el hombre liberado de opiniones falsas con respecto a la realidad— comprende que el conocimiento del Bien es lo que hace posible su conocimiento del mundo de las ideas.

La metafísica de Aristóteles
El esquema conceptual del cambio

Para Platón la filosofía tenía una importancia decisiva: sin la filosofía el hombre no tendría conocimiento de la realidad, y sin este conocimiento no tendría orientación acerca de cómo vivir y cómo organizar su vida social. Para fomentar la filosofía fundó la Academia en Atenas en el 387 a. C. El único fin de la Academia era enseñar filosofía. Cuando Platón murió en el 347, su alumno más famoso *Aristóteles* (384 a 322 a. C.) había estudiado unos veinte años en aquella Academia.

Aristóteles fue *alumno* en la Academia de Platón, pero no fue *discípulo* de Platón. Aristóteles se ocupa, como es natural, del mismo tipo de problemas que Platón —podemos conjeturar, que ese tipo de problemas fueron la herencia intelectual de la Academia. Pero, aunque Aristóteles se ocupa del mismo tipo de problemas, esto no implica que Aristóteles dé las mismas soluciones a los mismos problemas, o que dé las mismas respuestas a las mismas preguntas. De hecho, no lo hace.

Aristóteles estaba ocupado, como también lo estaba Platón, en el problema del conocimiento de la realidad y en el conocimiento del correcto modo de vida.

Uno de los problemas del conocimiento de la realidad, como hemos visto, es que el mundo empírico se caracteriza por el cambio y la destrucción. Como ya había defendido Parménides, la realidad no podía estar sometida a cambio. Por tanto, Platón negó que el mundo empírico tuviera realidad —era un mundo de sombras, una imagen incompleta del mundo real. Aunque las sombras e imágenes existen, no son reales (por eso utilizamos expresiones tales como: «sólo es una sombra» y «sólo es una imagen»). Igual que existen imágenes y sombras, el mundo empírico, según Platón, existe, pero carece de realidad.

Aristóteles ataca el problema de modo diferente y llega a otra conclusión. Aristóteles es un maestro en el análisis filosófico. Tenía probablemente la mente analítica más clara de todos los filósofos griegos. No comienza sus análisis negando que el mundo empírico tenga realidad, sino que examina el concepto de cambio o, más bien, intenta descubrir el esquema conceptual necesario para nuestra comprensión, explicación y descripción del cambio.

Una condición para comprender el cambio es el uso del concepto de sujeto. No tendría sentido hablar del cambio si no hubiera ninguna respuesta a la pregunta de qué es lo que está cambiando. Cuando Juan cambia de ser niño a ser adulto y las hojas del árbol cambian de ser verdes a ser amarillas, la persona y las hojas del árbol se llaman sujetos de estos cambios.

Un cambio ha de ser cambio de algo a algo diferente. Juan cambia de ser niño a no ser ya niño. Las hojas cambian de ser verdes a no ser ya verdes. En general se puede decir que un cambio implica que una propiedad p cambia a la propiedad no -p. El concepto de sujeto del cambio permanece constante durante el proceso de cambio. Juan sigue siendo Juan incluso después de haberse convertido en hombre. Y la hoja que cambia su color de verde a amarillo sigue siendo la misma hoja. En todo proceso de cambio siempre debe haber algo que permanezca incambiado. Que esto sea así no es algo que se haya aprendido por la experiencia. Es un marco conceptual dentro del que se ha de hablar necesariamente del cambio y dentro del que se hacen los descubrimientos del cambio.

Aquello a lo que se refiere o nombra el sujeto se llama el sustrato del cambio. Cuando Juan se hace mayor y las hojas cambian su color, Juan y las hojas, respectivamente, son el sustrato del cambio.

Aristóteles llama sustancia a las cosas o a los objetos tales como hojas u hombres. En los procesos del cambio descritos, las sustancias (es decir, Juan y la hoja) son los sustratos del cambio, y los nombres de estas sustancias son los sujetos de los cambios.

Supongamos que tengo una cazuela llena de agua. Caliento el agua. El sujeto del cambio es el agua. Sigue siendo la misma cazuela de agua. El agua en la cazuela es la misma. Ahora supongamos que el agua en la cazuela no sólo hierve, sino que se evapora. El agua se ha evaporado por completo. En este proceso de cambio el agua no es el sustrato del cambio, ya que sencillamente ha desaparecido; se ha evaporado. En este caso ¿cuál es el sustrato del cambio? La respuesta es que el vapor que proviene del agua debe contener las mismas moléculas que el agua —las mismas en el sentido según el cual se podría reidentificarlas si se hubiera marcado cada una de ellas.

La afirmación de que en cada proceso de cambio debe haber un sustrato, es una verdad conceptual. Que sea así se sigue del hecho de que si no hubiera nada que hubiera permanecido incambiado durante el proceso del cambio ya no se podría hablar del proceso de cambio. En lugar de esto se diría (y se tendría que decir necesariamente) que algo había desaparecido (había sido aniquilado o había dejado de existir), y que algo nuevo había sido creado o había venido a la existencia. Pero al decir esto, uno se encuentra con el problema eleático, esto es, el problema de comprender cómo se puede crear algo de la nada.

Cada objeto, cada sustancia lleva consigo ciertas posibilidades de cambio, pero no para todo tipo de cambio. Es posible que la madera se queme, pero no que se disuelva en agua. Es posible que la nieve se derrita en agua, pero no que se queme. La semilla de una cierta planta lleva consigo la posibilidad de convertirse en este tipo de planta, pero no en otro tipo. Un embrión de perro puede transformarse en perro, pero no en gato. Aristóteles llama a aquello en lo que algo se puede convertir las propiedades potenciales de ese algo. Si algo tiene la propiedad potencial p, entonces es materia para p. Aristóteles expresa esto diciendo que la cosa o el objeto es la causa material o determinación de p. El embrión de perro tiene al perro como propiedad potencial. El embrión de perro es la causa material o determinación del perro. La situación política en Europa en 1914 llevaba la posibilidad de guerra, tenía la guerra como propiedad potencial. La situación política fue la causa material o determinación de la guerra.

Cualquier objeto (en el lenguaje de Aristóteles: cualquier sustancia) puede clasificarse como un tipo de cosa: como piedra, cachorro o cubo de hielo. Las propiedades o características que determinan si una cosa o sustancia es éste o aquel tipo de cosa podrían llamarse propiedades definitorias o esenciales. Las propiedades de una piedra, sin las cuales ningún objeto podría llamarse piedra, son las propiedades definitorias o esenciales de una piedra. Aristóteles llama *forma* a las cualidades que determinan que una cosa exista como un tipo especial de cosa, o en otras palabras, a las propiedades definitorias o esenciales. Además de estas propiedades, la cosa también posee propiedades que no tienen nada que ver con su forma; son propiedades o cualidades no esenciales o, como Aristóteles las llama, accidentales.

La figura externa de una piedra o de un perro son propiedades no esenciales o accidentales. No tienen nada que ver con la esencia o forma de una piedra o de un perro. Si un objeto puede o no llamarse piedra, no depende ni de su color ni de su formato.

Además de ser un tipo especial de algo, una cosa o una sustancia también es materia para una o más cosas distintas, es decir, tiene la posibilidad de cambiar en una o más cosas distintas. Potencialmente es todas estas cosas. Depende de varias circunstancias cuál de estas posibilidades se realizará o actualizará. Toda cosa, toda sustancia es, según Aristóteles, una cosa actualizada; lo que en un momento fue sólo una posibilidad, ahora ha sido actualizado. No hay nada que no haya sido creado de algo, cambiado de ser algo a ser otra cosa o convertido de una cosa en otra, etc. Para todo objeto, toda sustancia que existe, debe haber una respuesta a la pregunta ¿qué es lo que la hizo posible? La respuesta a esta pregunta es lo que Aristóteles llamó la *causa material*. La causa material de la guerra en 1914 fue la situación política en 1914. La causa material del cubo de hielo es el agua. Las causas materiales de diferentes productos del arte son las habilidades artísticas del artista. La expresión «causa material» no debe malentenderse. No es una causa en el sentido en el que normalmente entendemos la palabra. No es un evento, ni una ocurrencia, que produzca otro evento u ocurrencia, como una bola de billar que al chocar contra otra bola de billar pueda ser la causa del rodar de ésta. La causa material no es un evento, sino la posibilidad de la ocurrencia de ciertos eventos.

Para que una posibilidad se actualice debe haber un evento o proceso que Aristóteles llama *causa eficiente*. Por causa eficiente quiere decir *grosso modo* lo que ordinariamente entendemos por causa. Puede decirse que la causa eficiente de la guerra en 1914 fue el disparo en Sarajevo. Si un pedazo de papel se quema, la causa material es la estructura química del papel que lo hace inflamable; es lo que posibilita que el papel se queme. Pero el hecho de que el papel sea inflamable no implica que realmente se queme; ha de suceder algo más para que se actualice aquella posibilidad. Esto es, necesita la causa eficiente, que podría ser que alguien lo encienda con una cerilla. En este caso, la cerilla encendida es la causa eficiente.

Cuando una cosa o sustancia actualiza una de sus potencialidades debe haber también el tipo de causa que Aristóteles llama *causa formal*. Cuando, por ejemplo, una bellota se convierte en roble y no en otra cosa, no es puramente accidental; el proceso está gobernado por una ley. En cierto sentido del verbo determinar se puede decir que la forma de un roble determina los cambios que se producen en la bellota, cambios que ocasionan el roble. La causa formal es una respuesta a la pregunta: ¿Por qué este cambio se produce de este modo específico, y no de otro modo?; y la respuesta está en términos de las leyes que gobiernan el cambio de la bellota en roble. En algún sentido la respuesta está ya en el término bellota: una bellota se define como aquello que se transforma en roble.

Finalmente está la cuestión de por qué sucede u ocurre algo. La respuesta a esta pregunta es lo que Aristóteles llama *causa final*. La noción aristotélica de causa final es, sin embargo, ambigua. Si hago algo de ejercicio, puedo responder en términos del efecto saludable de tal ejercicio. Sin embargo, hay situaciones u ocurrencias en las que no se puede hablar de causa final, en el sentido ordinario de este concepto. Si digo que el cubo de hielo está a punto de derretirse he identificado la naturaleza del proceso como un proceso de derretimiento; esto es, he identificado la *forma* del proceso. Si conozco la naturaleza o forma del proceso, conozco también lo que significa decir que se haya completado. La situación que cuenta como la culminación del proceso puede llamarse (y a veces también la llama así Aristóteles) la causa final. Según esta interpretación, todo proceso, todo lo que sucede tiene una causa final; según la anterior interpretación, solamente se puede hablar de causas finales de ciertos tipos de procesos, principalmente de los psicológicos y biológicos. Según la segunda interpretación todo suceso que se pueda identificar como cierto tipo de proceso debe tener una causa final.

Como se ha dicho, toda sustancia es una cosa que se actualiza. Toda sustancia existente tiene, por tanto, una causa formal. La bellota que se transforma en roble tiene este proceso determinado por la forma del roble. Esto es, el proceso está determinado por una ley. Así, se puede considerar la forma como ley que gobierna procesos dentro de ciertas áreas. Todo lo que existe debe existir como algo, debe existir como cierto tipo de cosa. Todo lo que existe no sólo puede tener un nombre propio, sino que debe poder ser descrito también con un nombre de clase. Y todo lo que pertenece a cierta clase pertenece a ella porque está sometido a la forma de la clase; está sometido a la ley que expresa esa forma. Decir que una sustancia tiene una causa formal es, por tanto, lo mismo que decir que el hecho de que haya sido actualizada en este tipo especial de cosa no se debe a circunstancias accidentales, sino a un proceso gobernado por ley.

La actualización de cualquier cosa o sustancia existente está determinada por las cuatro causas que acabamos de mencionar. Así, toda cosa o sustancia existente está sometida a ciertas leyes. Pero ¿qué es lo que determina que las leyes que gobiernan la actualización de diferentes cosas sean como son? ¿Es algo puramente accidental, o están gobernadas también por alguna ley, ley que gobierna todas las leyes? Aristóteles no duda que sea esto último. No es accidental que el mundo sea como de hecho es. El mundo tiene un propósito, lo cual es decir que se necesita una causa final para la explicación del mundo. Aristóteles distinguía entre lo accidental y lo planeado. Cree que el hecho de que el mundo no sea accidental se evidencia por el hecho de que nada ocurra accidentalmente, sino según regla. Podemos predecir y calcular lo que va a suceder. El mundo no es caos sino cosmos. Si bien puede ser correcto oponer lo que ocurre según regla a lo que ocurre accidentalmente, no lo es identificar lo que ocurre según regla con lo que ocurre según un plan. El concepto de plan implica de algún modo, no implicado por el concepto de regla, que hay algo que es planeado; y si algo está planeado es porque alguien lo ha planeado, lo cual, a su vez, supone un propósito o causa final.

Lo que determina, en último análisis, la forma de las diferentes cosas o sustancias, es lo que constituye una respuesta a la cuestión: ¿por qué es el mundo como es?

La respuesta a esta cuestión es también la respuesta a la explicación de la estructura del mundo.

Las diferentes formas son las leyes del devenir o de la actualización de las diferentes cosas o sustancias. Pero aquello que en último análisis explica la estructura del mundo no es en sí tal ley; no es una ley para el devenir de una cosa especial. Es una ley sobre leyes. El mundo como tal no es en sí algo sobre y por encima de las cosas existentes en el mundo. Si no es una cosa, entonces no es algo que haya sido creado o actualizado. La forma del mundo, o la ley que lo gobierna, es, por tanto, una forma o ley sobre las diferentes formas de las cosas. Explica todo lo que ha sido actualización sin que ella misma lo haya sido. Es, por tanto, lo que Aristóteles llama el motor inmóvil. El concepto «movimiento» no debe entenderse aquí exclusivamente como cambio de lugar en el espacio, sino como la actualización de lo potencial.

Para Aristóteles, sin embargo, el motor inmóvil no es solamente lo que nosotros, hoy día, entenderíamos por ley. Aristóteles también habla del motor inmóvil como pensamiento. El motor inmóvil es identificado al pensamiento puro e incluso a Dios. El concepto pensamiento puro, sin embargo, puede entenderse por lo menos de dos modos; puede entenderse como la racionalidad misma, como el principio del pensamiento racional y lógico. Y esto, de nuevo, es idéntico a las leyes o principios que constituyen la respuesta al último «por qué» que es posible preguntar. Pero también puede entenderse como el pensamiento, en sentido psicológico, esto es, en el sentido según el cual, el pensar es un proceso que supone pensar en algo. Se pueden encontrar ambas interpretaciones en Aristóteles. Según la última interpretación —la interpretación según la cual el pensar supone pensar en algo—, el objeto del pensamiento, para el motor inmóvil, es lo que es eterno e inmutable; por tanto, es aquello que constituye la más alta forma de realidad. Y puesto que el motor inmóvil es eterno e inmutable, el objeto del motor inmóvil es el propio motor inmóvil. El motor inmóvil es, por tanto, pura autoconsciencia. La última interpretación, sin embargo, se encuentra con dos dificultades. Si el pensar está constituido por un pensar que se tenga a sí mismo como objeto, no hay entonces nada en qué pensar: el pensar es un pensar sobre el mismo pensar, y este pensar es, por tanto, pensar en sí mismo y así *ad infinitum*. Además, ¿cómo puede el pensar que se tenga a sí mismo como objeto ser la causa formal de todo lo demás? La respuesta de Aristóteles a esta cuestión es más poética que filosófica: mueve al ser objeto de amor. Mueve el mundo como el amado mueve al amante. Puesto que es la primera interpretación la consistente con la filosofía aristotélica en su conjunto, parece razonable aceptar esa interpretación.

La filosofía moral de Aristóteles

El niño es potencialmente un hombre adulto. Pero el
que el niño crezca no significa necesariamente que llegue
a ser un hombre tal como debe ser un hombre. Y un
hombre debe ser como la forma o la esencia de hombre.
La forma o esencia de hombre es la norma. Y tener una
norma es tener una prescripción de cómo deben ser las
cosas. La meta es ser hombre como debe serlo según la
naturaleza de hombre. El hombre, según Aristóteles, es
un animal racional. De otro modo: el hombre debe actualizarse como ser racional. Como el hombre es un ser
racional, el hombre es también un ser que puede actuar.
Un animal reacciona a ciertos impulsos, pero no puede,
como puede el hombre, deliberar, predecir las consecuencias de los actos, abstenerse, resistir tentaciones, etc. No
sólo es el hombre capaz de actuar, puede también actuar
inteligentemente y estúpidamente, racional o irracional-
mente. Ya está implícito en el significado de las palabras
inteligente y estúpido, y en las palabras racional e irracional que se deba ser inteligente y no estúpido y que se
deba ser racional y no irracional.
   Aristóteles habla de las virtudes. Y no podemos entender el concepto de virtud a menos que entendamos
que implica que es algo según lo cual se debe actuar. No
tendría sentido decir que nunca se debe actuar según virtud. Si alguien dijera que nunca se debe actuar justa o
correctamente sólo habría una respuesta: que es un signo
de incomprensión de lo que significan los términos justo

o correcto. Aristóteles menciona virtudes tales como fortaleza, templanza, liberalidad, magnificencia y gentileza. A esta lista de virtudes se puede objetar que aunque pudiera ser bueno tener esas virtudes, puede haber situaciones en las que el ejercicio de tales virtudes fuera impropio. No se debe ser siempre gentil, por ejemplo, o ejercer la templanza. A esto respondería Aristóteles que poseer tales virtudes implica que se entiende en qué ocasiones y en qué grado deben ser practicadas. Para esta comprensión se debe tener discernimiento, buen juicio y conocimiento. Dicho de otro modo, se trata de algo que sólo puede poseer y practicar un ser racional.

En lugar de decir que siempre se debe tener fortaleza en el sentido de que nunca se debe tener miedo —y Aristóteles no cree que se deba tener fortaleza en este sentido —se podría hablar de *verdadera* fortaleza. El uso de la palabra *verdadero* ilumina un aspecto de la moralidad, el conceptual. Otro aspecto es la habilidad para ejercitar buenos juicios. Ambos son necesarios para la moralidad. Examinemos, en primer lugar, el aspecto conceptual de la moralidad. Es una verdad conceptual que siempre se deba practicar la verdadera fortaleza, la verdadera o apropiada templanza, la verdadera o apropiada liberalidad, etc. Es lógicamente imposible negar que se deba practicar la verdadera fortaleza y la verdadera templanza; no se puede entender una expresión o concepto como «verdadera fortaleza» o «adecuada templanza» sin entender que es algo que se deba practicar. Es una verdad tan trivial como la verdad de que se debe hacer lo que se debe hacer.

Está claro que podemos también hablar de verdadera o genuina crueldad y verdadera mezquindad. Sin embargo, la diferencia está en que palabras tales como templanza y fortaleza son palabras positivas; es parte de su significado que se deba practicar la templanza y se sea valiente, a menos que haya argumentos de razón por los que, en esta situación especial, no se debiera actuar así. Palabras tales como crueldad y mezquindad, sin embargo, son palabras negativas; es parte de su significado que sea algo que debamos evitar, y algo contra lo que debemos luchar.

Lo que puede ser discutido sin embargo —y de hecho se discute con frecuencia—, es qué sería en esta o aquella situación, la verdadera fortaleza, la apropiada templanza, etc. Arriesgar mi vida por una causa, por la que no vale la pena tal sacrificio, no es practicar la verdadera fortaleza; en lugar de ello estaría practicando la temeridad. Por otra parte, hay situaciones en las que cierto acto pudiera ser muy arriesgado, pero que, debido a la seriedad e importancia de la situación se requiere realizarlo y sería expresión de cobardía rehuirlo. La verdadera fortaleza está entonces entre la cobardía y la temeridad. La virtud, en general, está en el centro entre los extremos; la virtud, tal como lo expresa Aristóteles, es el medio entre exceso y defecto. No es un medio determinado matemáticamente; es el *justo* medio. Y el justo medio está determinado por la razón: es expresión del buen juicio.

Y lo que es verdad de la fortaleza es también verdad, según Aristóteles, de la mayoría de las otras virtudes. Lo que en una situación sería práctica de templanza, sería en otra situación expresión de intemperancia, y en otra situación expresión de ascetismo. Encontrar el justo medio es encontrar aquello que no sea ni un exceso ni demasiado poco: o expresado de modo diferente, es encontrar lo que en esta o aquella situación se juzgara ser verdadera virtud.

Sin embargo, el justo medio no depende sólo de la situación. También depende de la individualidad y la situación de la persona que actúa. Lo que para una persona pudiera ser expresión de fortaleza o templanza, podría ser expresión, para otra persona, de temeridad e intemperancia.

No obstante, según Aristóteles, no es suficiente el conocimiento de lo que sería el justo medio en esta o aquella situación. En oposición a Platón (y a Sócrates), afirma que el conocimiento del bien no asegura necesariamente que se actúe en consecuencia. Uno puede muy bien conocer lo que realmente debe hacer, pero, sin embargo, rehuir hacerlo —igual que uno puede no hacer lo que el doctor le ha prescrito como necesario para su salud.

Y aún más: no es suficiente actuar sólo en concordancia con el conocimiento de qué sea lo correcto; debe hacerse también porque nos gusta hacerlo. Si se actúa correctamente por obligación, o dudando, o de mala gana, eso no es expresión del adecuado carácter. No se puede decir que un hombre sea justo si sus actos, aparentemente justos, se realizan a disgusto. El criterio del hombre justo es que se complazca en realizar actos justos.

¿Cómo se adquiere el adecuado carácter? Según Aristóteles ningún hombre nace con el carácter adecuado. Todos nacen con un carácter que es el adecuado en potencia; esto es, un carácter que puede actualizarse bajo circunstancias apropiadas. Para actualizar el carácter adecuado debemos entrenarnos en actuar como se debe actuar. Sólo con el entrenamiento se adquiere el carácter adecuado; y este carácter tiene tal disposición que, cuando se ve que un acto es el adecuado, se actúa según esa disposición. El carácter adecuado realiza a gusto, y no a disgusto, aquello que es correcto. El carácter adecuado posee la disposición para actuar según la virtud.

Las virtudes citadas son las que Aristóteles llama las virtudes morales. Una persona que posee y practica virtudes morales no es sólo una persona que ha actualizado su propio carácter; es también una persona que lleva una vida buena. De igual manera que una persona cuya salud es como debe ser se encuentra bien, la persona cuyo carácter es como debe ser disfruta del bienestar.

Sin embargo, las virtudes morales no son la única clase de virtudes. Aristóteles habla también de virtudes intelectuales o teóricas. La razón no sólo es instrumento para descubrir el tipo correcto de actos, o para elegir lo correcto o tomar decisiones correctas; la razón también es instrumento para el conocimiento de la realidad. No es un conocimiento que sea instrumento para algo; no es útil en el sentido de que sea instrumento para algún propósito, ni útil en el sentido de que permite hacer elecciones más prudentes o inteligentes. Es una experiencia puramente intelectual. Esta clase de actividad intelectual —contemplación intelectual— es la más alta forma de actividad humana. No todo el mundo puede practicar las virtudes intelectuales; pero, para aquellos que pueden, es el mayor bien posible que los seres humanos pueden obtener.

¿Por qué se debe vivir según la virtud? ¿Por qué se debe vivir moralmente? Si se planteara esta cuestión hoy día, la respuesta sería trivial: porque es un deber. Sería trivial porque es parte de lo que significa para nosotros virtud y moralidad. Pero para Arisóteles, y para la filosofía griega en general, virtud *no* implica deber. Los conceptos de deber y de obligación moral tal como los conocemos hoy no son conceptos griegos. En Aristóteles, la virtud es lo que constituye la vida completa. Por tanto, la respuesta de Aristóteles sería que vivir según virtud es condición necesaria para vivir una vida completa; es condición necesaria para la mejor vida posible. Cualquier otra forma de vida no alcanzaría la norma de la vida humana.

Sin embargo, condición para vivir tal vida es que se viva en un Estado, o, mejor dicho, en una Ciudad-Estado (ni Platón ni Aristóteles concebían una sociedad mayor que la Ciudad-Estado). La causa final del Estado —o, si se prefiere, la razón o justificación del Estado, su *rationale*— es que sólo en el Estado le es posible al hombre actualizarse. Esto no significa que cualquier clase de Estado posibilite la actualización del hombre. Sólo le es posible al hombre actualizarse en el tipo correcto de Estado o, como dijo Hegel más de dos mil años después, sólo en el Estado racional. El Estado justo es un Estado con un gobierno justo; y el gobierno justo es el gobierno que le hace posible al hombre practicar las virtudes intelectuales. El Estado facilitará, estimulará y educará a sus ciudadanos en esta práctica. Si los ciudadanos de un Estado comprenden que las leyes del Estado aseguran su bienestar, se someterán de buena gana a estas leyes.

Pero decir que éste es el propósito y la justificación del Estado no significa que sea la causa. El Estado no lo establece el hombre por elección o convención; el Estado es un producto de la naturaleza. Los diferentes Estados sean buenos o malos se deben —tienen como causa eficiente— al hecho de que el hombre es por naturaleza una criatura política, o como dice Aristóteles, un animal político. El hombre no puede vivir a menos que viva en un Estado. Y sólo puede vivir bien en un Estado bueno.

Escolasticismo

Anselmo de Canterbury y el argumento ontológico

El problema de los universales

La filosofía griega culminó con Aristóteles. Lo cual no significa, sin embargo, que no hubiera destacados filósofos tras Aristóteles. De hecho los hubo. Dos de estos destacados filósofos en la filosofía postaristotélica fueron *Epicuro* y *Zenón*. Epicuro fue el fundador de la escuela filosófica llamada *Epicurcismo,* y Zenón el fundador del *Estoicismo.* Pero ninguna de estas escuelas filosóficas se puede comparar con la filosofía griega, expresada en el Platonismo y el Aristotelismo. En parte, el interés filosófico de los postaristotélicos se centra, cada vez más, en la cuestión del modo correcto de conducta, y deja de existir tanto interés por los problemas *metafísicos* referentes al ser y al cambio, creados por el conflicto entre Heráclito y Parménides. La filosofía griega, después de Aristóteles, se marchita lentamente. La Academia de Platón fue cerrada por el emperador romano Justiniano en el 529 d. C. Esto marcó, por así decirlo, el fin de la filosofía griega.

Una renovación de la filosofía vino de la llamada escuela neoplatónica, que se originó en Alejandría, a comienzos del siglo III, y cuya figura principal fue *Plotino.*

Durante la Edad Media el poder espiritual dominante fue el *Escolasticismo.* El origen del Escolasticismo se debe en gran parte al intento de armonizar la filosofía, en su forma neoplatónica, y la fe cristiana. Puede ser una simplificación excesiva, pero probablemente no sería una falsedad decir que los conceptos, en términos de los cuales pensamos y comprendemos el mundo —nuestras categorías—, fueron determinados por el encuentro y síntesis de la filosofía griega y la fe cristiana —encuentro que tiene como comienzo simbólico el discurso de San Pablo en Atenas [1]. La importancia de este encuentro está reflejada en la cuestión retórica de *Tertuliano:* ¿Qué tiene que ver Atenas con Jerusalén? —una cuestión, que él mismo respondería con un «nada en absoluto», pero *Clemente de Alejandría* y su discípulo *Orígenes* hubieran respondido «Todo».

No se examinarán aquí los diferentes intentos por sintetizar estas dos fuerzas espirituales distintas pero influyentes. Nombres como Clemente de Alejandría y Orígenes están entre los primeros, y *Agustín* entre los más grandes (según muchos el más grande) en la historia de tales intentos. En lugar de ello examinaremos uno de los pensadores más conocidos, uno de los más agudos entre los primeros escolásticos: *Anselmo de Canterbury* (1033-1109).

La función de la filosofía, según el Escolasticismo, era ser la sierva de la teología: la filosofía debía aclarar, pero no descubrir, la verdad. La verdad era dada a través de la Revelación. Esta verdad dada por Dios era administrada y enseñada por la Iglesia Cristiana. La filosofía (la razón humana) no debía, por tanto, descubrir la verdad, no se puede descubrir lo que ya se conoce. La tarea de la filosofía era *analizar* la verdad e intentar mostrar que la verdad, ya poseída, era una verdad necesaria. Esto debería hacerse, no para posibilitar la fe, sino por el placer intelectual de ver la verdad a la luz de la razón. Cuando la filosofía intentaba probar, por ejemplo, la existencia de Dios, no era para dar convicción o seguri-

---

[1] Véase Henry Chadwick, *Early Chrstian Thought and Classical Tradition,* págs. 1 y ss. Y, también, Werner Jaeger, *Cristianismo primitivo y paideia griega,* págs. 11 y ss.

dad. Por la fe ya se conoce la existencia de Dios. Pero la fe ni prueba ni entiende. Esta es una tarea que la fe entrega a la filosofía. Las tareas de la filosofía son dadas por la fe —la fe nos da la conclusión; la filosofía debe encontrar las premisas de las que necesariamente se sigue la conclusión. La filosofía presupone la verdad, o, de otro modo, la filosofía presupone la fe. Se debe tener fe para comprender, o como dice Anselmo, *Credo ut intelligam:* creo para entender.

Uno de los intentos más interesantes y discutidos para probar la existencia de Dios es el llamado argumento ontológico. Tuvo su origen en Anselmo, que lo formuló con agudeza, claridad y elegancia. Brevemente, la argumentación de Anselmo es como sigue: 1) Por el concepto de Dios se entiende un concepto de algo mayor que lo cual nada se puede concebir. 2) Todos tenemos un concepto de Dios. Pero si afirmamos o negamos la existencia de Dios, debemos conocer aquello de lo cual afirmamos o negamos existencia. Si digo «x no existe» o «x existe», sólo tiene sentido, si puedo responder a la cuestión: ¿Qué es x —el x cuya existencia niego o afirmo? Cuando Anselmo afirma que todos tenemos el concepto de un ser mayor que el cual nada se puede concebir, es importante entender que la expresión «tener un concepto de» no significa que seamos capaces de imaginar tal ser, que seamos capaces de crear en nuestra mente una imagen de él. Se puede tener el concepto de muchas cosas, sin poder formar su imagen en nuestra mente. Tengo el concepto de un cuadrado redondo, pero, desde luego, no puedo tener una imagen de tal entidad, pues el concepto implica contradicción. Pero, sin embargo, entiendo de lo que estoy hablando —por decirlo así, el concepto existe—; si no lo entendiera, no podría decir que era una contradición. Entiendo la expresión «un ser mayor que el cual nada se puede concebir». Una condición necesaria para afirmar o negar la existencia de tal ser, debe ser que entienda esa expresión. 3) Sin embargo, entender ese concepto, afirma Anselmo, es también entender que el concepto no sólo existe como concepto, sino también entender que es el concepto de algo que es real (Anselmo lo expresa diciendo que no sólo existe *in intellectu,* sino también *in re).* Supongamos que sólo exista como concepto (es decir sólo *in intellectu).* Llamemos «I» a este concepto. Pero incluso si el concepto existiera sólo como concepto, sería posible, sin embargo, imaginar que el concepto era el concepto de algo que existe (es decir, *in re).* Llamemos «R» a tal concepto. Sin embargo, si comparamos los dos conceptos, el concepto «I» y el concepto «R», deberemos conceder que R ha de ser más que I. Pues de dos conceptos, uno de los cuales es de algo real y el otro no lo es, el primero ha de ser más perfecto, ha de ser más que el segundo. Hay algo incompleto, incluso algo ilusorio, en un concepto que no es concepto de algo que existe. O, expresado de otro modo, hay algo falso o incluso ilusorio en una expresión referencial que no se refiere a nada. Y como todos tenemos el concepto de algo mayor que lo cual nada se puede concebir, el concepto ha de ser R y no I. De otro modo, nuestro concepto de Dios debe ser de algo que es real.

El argumento ontológico de Anselmo fue criticado, entre otros, por uno de sus contemporáneos, el monje *Gaunilo.* En su crítica, Gaunilo dice que tiene un concepto de la isla más perfecta; según el argumento de Anselmo debería poder, por tanto, inferir que tal isla necesariamente existe; lo que desde luego sería absurdo. Anselmo responde a esta crítica diciendo que el concepto de un ser mayor que el cual nada se puede concebir, es un concepto de algo que no sólo existe, de hecho, en la realidad, sino que necesariamente ha de existir. Es inconcebible que no exista. La realidad de aquello de lo que el concepto es concepto, es una necesidad. O expresado de modo diferente, su no existencia es una imposibilidad lógica. Pero no es una imposibilidad lógica pensar que el concepto de la isla más perfecta sea el concepto de algo que existe por necesidad (cuya no existencia es una imposibilidad lógica) y el otro es de algo que no existe por necesidad (cuya no existencia no es una imposibilidad lógica), el concepto que es de algo cuya no existencia es una imposibilidad lógica es más perfecto y es más que el concepto de algo cuya no existencia es una posibilidad lógica.

Implícitos en la respuesta de Anselmo a Gaunilo están los conceptos: 1) aquello cuya no-existencia es una imposibilidad lógica, o si se prefiere, aquello que existe por necesidad, y 2) aquello cuya no-existencia es una posibilidad lógica, o si se prefiere, aquello cuya existencia es contingente. Además de estos dos conceptos se puede añadir 3) aquello cuya no-existencia es una necesidad lógica. Un ejemplo de (3) podría ser el concepto de un cuadrado redondo; ejemplo de (2) sería el concepto de una montaña dorada o de una isla, sea perfecta o no. No tenemos dificultad en entender (2) y (3). Pero encontramos problemas en nuestra comprensión de (1). ¿Es posible tener el concepto de una existencia cuya definición o concepto implica que exista por necesidad? Esto es lo que se ha de afirmar según el argumento ontológico; es consecuencia de la afirmación de que tenemos el concepto de algo mayor que lo cual nada se puede concebir, y de la afirmación de que el concepto de algo cuya no-existencia es una imposibilidad es más perfecto, es más que el concepto de algo cuya no-existencia es una posibilidad.

El argumento ontológico es probablemente el más interesante de los diferentes intentos de probar la existencia de Dios. Durante siglos, después de haber sido formulado fue aceptado por unos, rechazado por otros y discutido por muchos. Fue aceptado, por ejemplo, por el filósofo francés *Descartes,* en el siglo XVII, y criticado por el filósofo alemán *Kant,* en el siglo XVIII. La crítica de Kant se puede formular así: No tiene sentido afirmar de algo que existe que exista por necesidad. El concepto de «necesidad lógica» se puede aplicar solamente a proposiciones y no a entidades existentes. Más aún, Kant niega que el hecho de que un concepto lo sea de algo que es real, tenga algo que ver con la cuestión de la perfección del concepto. Si un concepto es de algo perfecto o no, depende de la definición del concepto y no depende de si existen cosas que sean perfectas.

En la filosofía reciente ha aparecido un renovado interés por discutir acerca del argumento ontológico, especialmente acerca de la versión del argumento que se encuentra en la respuesta de Anselmo a Gaunilo[2].

Un problema muy discutido en la Escolástica era el problema de los universales. Un problema que no dejaba de tener interés para la Iglesia —o más bien, un problema del que la Iglesia pensaba que no podía despreocuparse—; se sugirió que la enseñanza de la Iglesia requería cierta respuesta a esa cuestión.

Ya hemos encontrado el problema en la filosofía de Platón y Aristóteles. Como recordaremos, según Platón, el mundo empírico no es el mundo real, porque es un mundo de cambio y destrucción. El mundo real es el mundo de las ideas —un mundo que existe independientemente del mundo empírico. Según Aristóteles, sin embargo, no hay tal mundo independiente del mundo empírico. Lo que para Platón es idea es para Aristóteles sustancia, que ha actualizado ciertas propiedades potenciales y tiene, por tanto, una esencia, una naturaleza o una forma. Una esencia o una forma sólo puede ser conocida por la razón, y sólo puede existir en y por las cosas o sustancias. Según Platón, una cosa o propiedad empírica, por ejemplo, un acto justo, sólo puede ser descrito como acto justo si refleja la justicia como tal, es decir, la idea de justicia. Pero ningún acto podría ser más que un ejemplo incompleto de justicia, ningún acto podría ser identificado con la justicia en sí. La idea de justicia existe independientemente de los actos que podrían llamarse justos, pero no al contrario. Si no hubiera nada llamado idea de justicia no podría haber actos justos.

La discusión escolástica de los universales es, en alto grado, reflejo de la discusión platónica y aristotélica. Es posible distinguir entre tres teorías: 1) una forma platónica de realismo; 2) una forma aristotélica de realis-

[2] Véase la bibliografía al final del libro.

mo, y 3) el nominalismo. Dentro de la forma aristotélica de realismo es posible distinguir una teoría especial llamada conceptualismo.

El realismo platónico —es decir, la concepción según la cual los universales existen independientemente de las cosas que los ejemplifican, o, como se expresa también, independientemente de sus instancias— es la concepción que durante mucho tiempo fue generalmente aceptada, y la concepción que se creyó en mayor armonía con la enseñanza de la Iglesia.

Como se ha dicho, el conceptualismo puede ser considerado como una forma especial de realismo aristotélico. Fue afirmado por *Abelardo,* contemporáneo de Anselmo. La teoría de Abelardo puede formularse así: Los universales no existen independientemente de las cosas en las que están ejemplificados; existen sólo en y por ellas. Pero no existen en las cosas del modo como una cosa existe en el interior de otra o una materia existe en el interior de otra. Un universal no es una materia; no es ni cosa ni sustancia; es una propiedad de una sustancia; y la propiedad de una sustancia no es esa misma sustancia (si lo fuera, esta sustancia tendría a su vez propiedades, y si estas propiedades fueran sustancias, estas sustancias tendrían también propiedades, y así infinitamente). Por medios físicos o químicos, puede ser posible separar los diferentes tipos de materiales de los que algo está compuesto; pero no tendría sentido intentar separar los universales de las cosas. De un trozo de metal puedo decir que es brillante, pero no puedo decir que se puede separar el brillo del metal. Se puede hacer una distinción conceptual entre una cosa y un universal, pero no una separación ontológica. O, como se puede decir también, la distinción es una distinción lógico-sintáctica, pero no ontológica. Las reglas lógico-sintácticas de las propiedades son diferentes (y necesariamente ha de ser así) de las reglas lógico-sintácticas de las cosas que tienen esas propiedades. El conceptualismo de Abelardo fue considerado en conflicto con la enseñanza de la Iglesia y, por tanto, declarado herético.

También el nominalismo, enseñado por *Roscelino* (siglo XI) fue declarado herético. Según el nominalismo, los universales no existen. Los universales no son más que palabras, palabras que es práctico tener y de las que se puede creer, pero creer erróneamente, que se refieran a algo existente. Lo que existe realmente no es más que las diferentes cosas empíricas. Sin embargo, no está en absoluto claro lo que realmente afirma el nominalismo. Si se concibe al nominalismo como teoría opuesta al realismo, es necesario entender a qué tipo de realismo se opone. No es probable que Roscelino se opusiera al conceptualismo de Abelardo —una teoría que podría llamarse realismo lógico sintáctico—, pues, según Abelardo, se puede decir que los nombres de los universales no son más que palabras: no nombran nada que exista en un sentido fuerte; no se refieren o nombran a objetos o sustancias individuales. Pero Roscelino pudo haberse opuesto a esta forma de realismo, según el cual los universales son considerados como un tipo de entidades existentes, que existen o en las cosas en sí mismas o fuera de ellas, esto es, que existen como un tipo especial de cosas. De ser así habría afirmado que no existen tales entidades y que los nombres alegados de estas entidades son solamente palabras, es decir, palabras que no se refieren ni nombran a nada.

Tomás de Aquino

Tomás de Aquino (1225-1274) es sin duda el pensador más conocido entre los escolásticos —y probablemente el más industrioso—: sus publicaciones incluyen
unas ochenta obras. Entre éstas, las dos más conocidas
son las monumentales *Summa Theologica* y *Summa Contra Gentiles*.

Una de las más grandes aportaciones de Tomás de
Aquino es haber intentado la incorporación de la metafísica aristotélica a la Teología Cristiana, y, según la opinión de muchos, el haber tenido éxito en este intento.
A través de su filosofía el Escolasticismo se hace aristotélico. Aristóteles no era desconocido en tiempos de Tomás de Aquino. El conocimiento de la metafísica de
Aristóteles había llegado del mundo árabe. La filosofía
de Aristóteles se convirtió en la expresión de la filosofía
en sí. Pero como la filosofía de Aristóteles no siempre
armonizaba con la enseñanza de la Iglesia, surgieron
graves problemas. Uno de los contemporáneos de Tomás de Aquino, San Buenaventura, rechazó, por ello, el
sistema metafísico de Aristóteles. Su razón para recha-
zarlo era simple: como el Cristianismo es verdadero,
aquello que contradiga al Cristianismo debe ser necesariamente falso. Tomás de Aquino, evidentemente, estaría
de acuerdo hasta aquí. Sin embargo, según él, el esquema conceptual aristotélico expresa algo esencial: es expresión de la concepción racional, de la verdad filosófica. Para Tomás de Aquino no hay, ni puede haber, conflicto en-

tre la verdad filosófica y la verdad revelada [3]. No puede haber conflicto porque la verdad revelada y la verdad filosófica tienen la misma raíz. Ambas parten de Dios, y como no puede haber contradicción alguna en Dios, tampoco puede haber conflicto alguno entre la razón y la Revelación.

Hay proposiciones cuya verdad se conoce tanto por la Revelación como por la razón. Pero también hay proposiciones, cuya verdad puede ser conocida solamente por la Revelación y no por la razón. Son proposiciones cuya verdad no está en conflicto con la razón, sino que está por encima de lo que la razón puede comprender. La razón humana está condicionada por la naturaleza, está condicionada por el mundo empírico. La razón humana puede entender aquello que pertenece al mundo natural. La razón puede captar la forma o esencia de todas las cosas naturales. Con respecto a aquello que está fuera del mundo empírico, es decir, aquello que está por encima del mundo natural, la razón puede entender que existe, pero no puede entender su forma o esencia. La razón puede entender *qué* es, pero no *lo que* es.

Las proposiciones de la teología son, según Tomás de Aquino, de dos tipos. Hay proposiciones que son reveladas, pero que es posible también probarlas por la razón humana. Son proposiciones que pertenecen a lo que se llama *teología natural*. Si todo hombre tuviera tiempo, energía y habilidad para descubrir por la razón la verdad de esas proposiciones, sería innecesaria la Revelación. Pero como la mayoría de los hombres son incapaces de captar la verdad de esas proposiciones por la razón, y como, más aún, la aceptación de la verdad de esas proposiciones es condición para la salvación, deben ser también verdades reveladas. Que Dios existe es una proposición que, según

---

[3] El pensador árabe *Averroes* (1126-1198) introdujo el concepto de «doble verdad». Aceptó la filosofía de Aristóteles como verdad filosófica. Pero puesto que la filosofía aristotélica entraba en conflicto con la enseñanza del Islam, que también era considerada por Averroes como expresión de la verdad, tenía, pues, que seguirse que había dos verdades: la verdad del Islam y la verdad de la filosofía.

Tomás de Aquino, es revelada, pero que también puede ser probada por la razón. Hay, sin embargo, proposiciones que están fuera del alcance de la razón; esas proposiciones son parte de las llamadas proposiciones de la *teología revelada*. A la teología revelada pertenecen las proposiciones sobre la trinidad de Dios, la resurrección del cuerpo, la encarnación y la creación del mundo.

Pertenece a la teología natural, como se acaba de decir, la proposición acerca de la existencia de Dios. Tomás de Aquino cree que es posible afirmar por la razón la verdad de esta proposición de cinco modos o vías diferentes. Entre estas cinco vías *no* aparece el argumento ontológico. En realidad, Tomás de Aquino rechaza el argumento ontológico. Una característica común de sus cinco vías es que todas tienen como premisa una proposición derivada de la experiencia. Y esto, según él, lo han de tener necesariamente: es el mundo de la experiencia —el mundo natural— y sólo ese mundo, el que el hombre tiene la posibilidad de entender. El resultado al que llega Tomás de Aquino es que la naturaleza no puede ser entendida sin presuponer algo que esté por encima de ella. Para explicar la naturaleza se ha de trascender la naturaleza. La naturaleza, según él, debe caracterizarse como incompleta, dependiente y relativa. Esto presupone, por tanto, lo completo, lo independiente y lo absoluto para que su existencia pueda ser entendida y explicada.

Es característico de Tomás de Aquino describir y caracterizar la naturaleza (el mundo empírico) con ayuda del esquema conceptual aristotélico. La fuerza de sus cinco vías no es, por tanto, mayor que la fuerza que posee este esquema conceptual.

La primera vía de Tomás de Aquino es una aplicación del concepto de «cambio». El cambio es lo que caracteriza la naturaleza. Él entiende por cambio, como Aristóteles, la transición de la potencialidad a la actualidad, es decir, un proceso en el que algo posible está siendo actualizado. Siempre que una posibilidad sea actualizada, se ha de presuponer un factor externo para actualizar aquella posibilidad. Nada se puede actualizar a sí mismo. Algo que esté frío, pero caliente en potencia, no puede actualizar esta posibilidad por sí mismo. Lo que está frío no puede convertirse en caliente por sí mismo; se presupondría que ya estaba caliente, pues el calor es necesario para calentar aquello que está frío. Si algo se actualizara a sí mismo debe haber actualizado ya aquello que ha de ser actualizado. Nada puede ser actualizado sin presuponer alguna otra cosa en la que ya esté actualizado. Pero, como argumenta Tomás de Aquino, no se puede continuar infinitamente presuponiendo otra cosa; si lo hiciéramos no podría haber nada que era actualizado. Por tanto, es necesario presuponer algo que tenga el poder de actualizar las cosas, y que en sí mismo no ha sido nunca actualizado. Se ha de presuponer lo que Tomás de Aquino, siguiendo a Aristóteles, llamó el motor inmóvil. Y, dice él, esto es lo que llamamos Dios.

La segunda vía aplica el concepto aristotélico de causa eficiente. Nada puede ser su propia causa eficiente, pues esto implicaría que existía antes de efectuarse: se produjo por su causa eficiente. La causa eficiente sería entonces idéntica al efecto. Y esto es lo mismo que decir que el efecto existía antes de efectuarse. Por tanto, depende de otra cosa, esto es, de lo que es su causa eficiente. De ahí que todo en la naturaleza caiga bajo el concepto de «dependiente». Pero lo que es dependiente ha de depender necesariamente de algo, y aquello de lo que depende puede, a su vez, depender de otra cosa; pero tarde o temprano hemos de llegar a algo que en sí no dependa de nada, y de lo que depende todo lo demás. Y aquello que en sí mismo es independiente, dice Tomás de Aquino, es lo que llamamos Dios. Lo independiente, lo que en sí no depende de ninguna causa eficiente, no es la primera causa eficiente en el sentido de que es la primera causa eficiente en el tiempo. No es inconcebible según él, una serie infinita de causas que se extienda hacia otras en el tiempo. Según un ejemplo que aduce, no es inconcebible asumir que la serie de los hombres pudiera retroceder hasta el infinito.

Mi padre fue la causa eficiente de mi existencia. El padre de mi padre fue la causa eficiente de la existencia de mi padre, y así hasta el infinito.

Tomás de Aquino no trata de la causa de este o aquel hombre, sino de la causa del hombre como tal. ¿Cuál es la causa de la existencia del hombre, del hombre como en realidad es? Y aunque la causa de esta causa en sí misma pueda tener una causa, *esta* serie de causas no puede continuar infinitamente; porque si no hubiera una primera causa, no habría tampoco un primer efecto, y si no hubiera un primer efecto, no podría haber una segunda causa (el primer efecto es, desde luego, al mismo tiempo, la causa del siguiente número de la serie) y, consecuentemente, no podría existir el efecto que de hecho existe aquí y ahora. Según Tomás, es el mismo tipo de necesidad que, por ejemplo, el siguiente: Supongamos que soy un explorador y que llego a un país desconocido. Veo trabajar a algunos hombres y me explican que reciben órdenes de sus superiores. Los superiores me dicen que formulan las órdenes según las órdenes que reciben de *sus* superiores. Si entonces pregunto a estos nuevos superiores, se me informa de que formulan sus órdenes basándose en órdenes que reciben de superiores aún más altos. Pero, desde luego, esta serie no puede continuar infinitamente. En algún sitio ha de estar su fin. Ha de haber alguien que formule órdenes y que sea el único autor de esas órdenes; ha de ser un ordenador y no receptor de órdenes. Si la serie de ordenadores superiores fuera infinita, no podría haber ninguna orden. O supongamos que en ese mismo país descubro que hay máquinas. Estas máquinas pueden haber sido construidas por otras máquinas y estas máquinas aún por otras máquinas. De esta forma podemos tener una jerarquía de máquinas: máquinas de primer orden cuya función es producir máquinas de segundo orden; las máquinas de segundo orden producen máquinas de tercer orden, y así hasta que consigo las máquinas que de hecho encuentro. Pero también en este caso he de suponer, tarde o temprano, máquinas que no sean ellas mismas construidas por máquinas, sino que sean producidas por seres inteligentes.

La tercera vía de Tomás de Aquino utiliza el concepto de «aquello que existe por necesidad» y «aquello que existe contingentemente». Recordaremos, por la explicación del argumento ontológico de Anselmo, que podríamos distinguir entre (1) aquello cuya existencia era una imposibilidad (por ejemplo, el cuadrado redondo); (2) aquello cuya no existencia era una imposibilidad (según Anselmo era Dios), y (3) aquello cuya no existencia no era imposible. Esto es lo que Tomás de Aquino llamaba una existencia contingente. Según él, sabemos por experiencia que es operativo el concepto de existencia contingente. En el mundo empírico todo comienza y cesa de existir. De esto se deduce que en el mundo empírico nada puede existir por necesidad. No existe nada cuya esencia sea existir. Lo que existe por necesidad, evidentemente, no puede ni comenzar, ni cesar de existir— necesariamente debe haber existido siempre y siempre existirá. En el mundo empírico (o natural) nada existe por necesidad. Es concebible que pudiera haber un mundo donde no hubiera árboles, perros ni seres humanos, o donde no existieran los países que ahora tenemos. Pero como estas cosas no existen por necesidad, sino sólo como posibilidades que han sido actualizadas, debe haber habido un tiempo (el tiempo, según Tomás de Aquino, es infinito) en el que no existían. Por tanto, sería necesario aceptar un tiempo en el que no existían ni hombres, ni árboles, ni perros. Si no hubiera nada, excepto existencias contingentes, debería haber habido un tiempo en el que nada habría sido actualizado. Y de un mundo en el que no existe nada, nada puede venir. Si todo tuviera existencia contingente, nada podría existir ahora. El hecho de que algo exista implica que existe algo cuya esencia sea existir, o, de otra forma, que algo que existe, exista por necesidad. Existe algo cuya esencia implica la existencia. Y esto, según Tomás de Aquino, es lo que llamamos Dios.

En su cuarta vía Tomás de Aquino observa que la verdad, la bondad, y otras formas de perfección están actualizadas sólo en cierto grado, nunca completamente. La verdad y la bondad como tales no existen en el mundo natural. Nada en el mundo empírico es perfecto. Sin embargo, el hecho de que la verdad y la bondad existan imperfectamente en el mundo natural o empírico, presupone la existencia de la verdad y bondad perfectas. La media verdad presupone la verdad total. No tendría sentido hablar de lo imperfecto si no hubiera nada que pudiera ser llamado perfecto. A esto se podría objetar que una presuposición para llamar a algo imperfecto debe ser que se sabe lo que significa decir que algo no fuera imperfecto (para considerar una línea, como línea recta, se debe saber qué significa decir que una línea no es recta). O, con otras palabras, se debe tener un concepto de «perfección». El concepto debe existir. Y como él rechaza el argumento ontológico, rechaza la legitimidad de cualquier inferencia desde un concepto a la existencia de aquello sobre lo que el concepto es, no podría estar justificado en la inferencia que va del concepto de perfección a la existencia de la perfección. Pero Tomás de Aquino no habla del hecho lógico de que una condición para usar el término «lo imperfecto» deba ser que pueda tener uso el término «lo perfecto». Argumenta en el área ontológica. Es la existencia factual de cosas imperfectas lo que requiere la existencia de algo perfecto, o más bien, la existencia de la perfección misma. Y aquello que en sí es la perfección, dice Tomás de Aquino, es Dios.

La quinta vía aplica el concepto de causa final. Lo que ocurre en el mundo natural ocurre según ley. Lo que ocurre está determinado por ley. Nada ocurre de modo casual. El mundo natural no es un mundo caótico, es un cosmos, exhibe orden. El concepto de orden de Tomás, igual que el de Aristóteles, es de algo ordenado; y lo ordenado o planeado tiene un fin o propósito, y de aquí que tenga que ser explicado por una causa final. Según Tomás, decir que algo está ordenado, implica una inteligencia que ha establecido el orden. Y como la Naturaleza como tal no posee inteligencia, el orden que exhibe la Naturaleza presupone una inteligencia fuera de ella. Y tal inteligencia, según Tomás de Aquino, es Dios.

Estas cinco vías constituyen cinco modos diferentes con los que Dios puede ser caracterizado. Dios es el motor inmóvil, la primera causa eficiente, una esencia que implica la existencia necesaria, la verdad y la bondad en sí mismas y la inteligencia. Estas características diferentes, estos diferentes conceptos, implican otros conceptos. Como Dios es el motor inmóvil, no puede ser una sustancia corpórea. Ser motor inmóvil es ser aquello que jamás ha sido actualizado, ser aquello que no ha pasado de ser algo potencial a algo actual y en lo que nada es potencialidad para alguna otra cosa y debe ser en sí mismo algo actualizado.

Del concepto de perfección se sigue que Dios es infinito y que es la bondad en sí misma —es aquello según lo cual toda cosa buena es buena. Dios es eterno. Sin embargo, es eterno, no en el sentido de que su existencia continúe infinitamente, sino en el sentido de que no está en el tiempo. Estar en el tiempo implica que hay algo que dura un tiempo, lo cual a su vez implica que algo ocurre o que algo tiene lugar después de que otra cosa haya ocurrido o haya tenido lugar; y esto es inconsistente con el concepto de Dios, pues implicaría que algo estaba siendo actualizado continuamente.

Los conceptos como perfección, bondad y otros conceptos que, según Tomás, se aplican a Dios, los conocemos por el mundo empírico, pero aplicados a Dios tienen otro significado, significado cuya esencia no puede captar nuestra razón. Sin embargo, los conceptos aplicados a Dios no son sólo palabras que hayan perdido todo significado. Adquieren significado por analogía. Decir que conocemos atributos de Dios por analogía implica algo a la vez negativo y positivo. Si, por ejemplo, decimos de Dios que es sabio, esto es negativo en el sentido de que la palabra «sabio», no debe ser entendida como teniendo el mismo sentido que tiene cuando decimos de una persona que es sabia. Sin embargo, si esto fuera todo lo que pudiéramos decir sobre la palabra, no tendría sentido en absoluto, pues no se puede explicar el sentido de una palabra diciendo solamente lo que no significa. Se ha de incluir algo positivo. Y lo positivo que incluimos cuando decimos que Dios es sabio, es que es expresión de la sabiduría perfecta, perfección que no existe ni puede existir en el mundo natural, y perfección cuya esencia ni es, ni puede ser, captada por la razón humana. Se puede decir de los seres humanos que son sabios, buenos y perfectos, pero no se puede decir de Dios que sea sabio y bueno. Dios no es sabio; es la sabiduría. Dios no es bueno; es la bondad y Dios no es perfecto; es la perfección.

El fin propio del hombre es el conocimiento directo de Dios, conocimiento que no puede ser alcanzado por la razón humana, ni puede ser alcanzado en esta vida. Las virtudes de la razón —las virtudes naturales— son de suma importancia para la vida del hombre en el mundo natural; sin embargo, son insuficientes para obtener el fin propio; este fin sólo puede ser obtenido por las virtudes teologales, administradas por la Iglesia. Las virtudes naturales, las virtudes de razón, deben, por tanto, someterse a las virtudes teologales. La relación entre virtudes naturales y teologales se refleja en la relación entre el Estado y la Iglesia. El propósito del Estado es la sociedad bien organizada, donde los intereses de los ciudadanos se cuidan y armonizan del mejor modo posible. Pero el fin último del hombre —su salvación eterna— lo debe dejar el Estado a la Iglesia. La Iglesia tiene la autoridad en las cuestiones referentes a la salvación de las almas; el poder terrenal, por tanto, no debe ni ordenar ni promulgar leyes que vayan contra los mandamientos de la Iglesia. Según Tomás de Aquino, sin embargo, no hay conflicto entre razón y fe, ni puede haberlo; es, por tanto, imposible que pueda haber conflicto alguno entre el poder terrenal y el poder no terrenal, si el poder terrenal está organizado según las virtudes naturales, es decir, según la razón.

Filosofía moderna

Materialismo y mecanicismo de Hobbes

La historia de la filosofía europea se suele dividir en tres apartados principales: filosofía griega, filosofía medieval y filosofía moderna. Entre la filosofía medieval y la filosofía moderna está el *Renacimiento*. El Renacimiento constituye la transición de la filosofía medieval a la filosofía moderna. No examinaremos aquí las bases históricas del movimiento renacentista. Lo que caracteriza la transición de la filosofía medieval a la filosofía moderna son dos cosas. Es en parte la liberación de la razón con respecto a la teología, y en parte, el colapso del esquema conceptual aristotélico. Ya en el siglo XIV se decía que era imposible una teología natural, se decía que no le era posible a la razón probar ninguna de las proposiciones de la teología revelada. La razón no podía decir nada sobre los atributos de Dios, ni siquiera que Dios exista. Si pudiera, la consecuencia tendría que ser que la razón, la filosofía, no podría estar por más tiempo al servicio de la teología. La filosofía ha de ser concebida como disciplina independiente. La filosofía dejó de ser la sierva de la teología.

Otra característica del Renacimiento fue el enorme progreso de las ciencias naturales. *Copérnico* adelantó su osada hipótesis de que el sol, y no la tierra, era el centro del universo y *Giordano Bruno* fue quemado por hereje por su concepción panteísta (por la idea de que Dios y el mundo no son dos cosas, sino una y la misma. Ni la tierra, ni el sol, es el centro del universo, afirma Bruno.

El espacio es infinito, y en un espacio infinito no puede haber centro alguno, ni nada que sea arriba o abajo. Según Bruno, todo es relativo, incluso el tiempo. El tiempo es medido con el movimiento, y la velocidad del movimiento depende del lugar desde el que se observa (el movimiento observado desde gran distancia es más lento de lo que sería observado desde corta distancia). Pero en un mundo, en el que no hay centro, no puede haber un punto desde el que se observe todo movimiento. Por tanto, el movimiento y, como consecuencia, también el tiempo, son relativos.

Las teorías de *Kepler* y de *Galileo* ilustran el progreso y el alto nivel de la ciencia renacentista. Kepler estudió las órbitas de los planetas y rechazó la teoría comúnmente aceptada (en cierto tiempo también aceptada por él) de que los planetas eran movidos por almas planetarias. En lugar de esto aceptó el principio de que una explicación requiere causas observables. Y, como un alma planetaria es inobservable, rechazó su fuerza explicativa. Como consecuencia, Kepler rechazó también las causas finales y aceptó como causas eficientes solamente eventos o sucesos observables en el mundo empírico. Expresión de la misma actitud encontramos en Galileo, quien declaró que no pretendía responder a la cuestión de *por qué* caía un cuerpo sino solamente *cómo* caía. La última cuestión puede, cosa que no puede la primera, recibir una respuesta científica; y una respuesta científica, según Galileo, significa poder ser expresada en términos matemáticos. Galileo negará, pues, que la materia posea propiedades cualitativas; estas propiedades no pueden ser medidas, no se les puede asignar un número y no pueden, por tanto, tener el *status* científico. Como Demócrito, Galileo aceptó la teoría de la subjetividad de las cualidades sensibles.

Otra figura del Renacimiento es *Francisco Bacon.* En su obra *Novum Organum* se acentúa la importancia de la ciencia y afirma que el progreso científico es sólo posible si se introduce un adecuado método científico. El título *Novum Organum* es, desde luego, una referencia a los tratados lógicos de Aristóteles (a los que los aristotélicos llamaron el Organon). El nuevo Organon de Bacon debería reemplazar a los métodos silogísticos aristotélicos. Bacon defiende un método experimental, es decir, un método según el cual se generaliza solamente tras cuidadosas observaciones, tanto de las instancias positivas, como de las negativas (observación de las condiciones bajo las que ocurre el fenómeno y observación de las condiciones bajo las que no ocurre). A este método le llama método inductivo. El énfasis de Bacon en la necesidad de la experiencia no sólo era útil sino también necesario; pero por encima de este énfasis su obra no es tan interesante —estaríamos tentados inclusive a decir que es una descripción bastante engañosa del procedimiento científico, en cuanto que nos puede llevar a la opinión de que la ciencia progresa generalizando hechos observados. De más interés es lo que dice Bacon con respecto al motivo del estudio de la Naturaleza. El propósito de las ciencias naturales es conocer la naturaleza y el propósito de conocer la naturaleza, es que sólo así se está en posición de hacer uso de la naturaleza; sólo con el conocimiento de la naturaleza se tiene poder sobre ella. Esta opinión con respecto al motivo del estudio de la naturaleza —que podríamos llamar la razón pragmática o utilitarista— es radicalmente diferente de la concepción platónico-aristotélica. Según Platón y Aristóteles, el conocimiento de la realidad no implica experimentación u observación; no estaban interesados en el conocimiento con el fin de predecir resultados de experimentos o predecir el curso de la naturaleza; estudiaban la realidad para satisfacer el deseo del hombre de comprender de satisfacer su Eros. El conocimiento, tanto para Platón como para Aristóteles, era una disciplina metafísica y no una disciplina que caiga bajo las ciencias naturales. El fin del hombre, según Platón, era alcanzar el conocimiento de la verdad, lo bueno y lo bello; la posesión de este conocimiento era un fin en sí; no era un medio para satisfacer las diferentes necesidades del hombre.

Sin embargo, sería un error suponer que no existía

interés alguno por las ciencias naturales antes del siglo de Galileo y Bacon, esto es, antes del siglo XVI o XVII. Es característico de muchos aspectos del Renacimiento, incluyendo su aspecto científico, que tengan sus raíces en el periodo medieval. Ya en el siglo XII, el obispo inglés *Roberto Grosseteste* fue un entusiasta defensor de la aplicación del método experimental. Pero las ciencias naturales no ganaron sus grandes victorias hasta el siglo XVI, y no fue hasta este siglo cuando los pioneros de lo que con frecuencia, aunque no con absoluta corrección, se llama la nueva ciencia, hicieron su trabajo de pioneros. El espíritu que caracterizaba el Renacimiento no es un espíritu que llegó al mundo de repente; sus primeros rasgos pueden encontrarse trescientos años antes del siglo XVI. Ni tampoco se debe olvidar que la liberación de la filosofía con respecto a la teología fue resultado del pensamiento escolástico. Se dice a menudo que el pensamiento medieval era estéril, dogmático y falto de interés por las ciencias naturales, mientras que el pensamiento renacentista era fructífero, adogmático e interesado por las ciencias naturales. Sin embargo, esta opinión es, en el mejor de los casos, engañosa y, en el peor, una falsificación de hechos. Un estudio más a fondo ha demostrado que muchos de los pensamientos e ideas que caracterizan al Renacimiento fueron formulados y defendidos ya en el periodo medieval, y que, no sólo en el Renacimiento sino también en la época posterior a él, hay muchas ideas y muchas creencias que fueron características también del pensamiento escolástico.

Pero, aunque se debe acentuar la continuidad entre Escolasticismo y Renacimiento, tampoco se debe ignorar las diferencias entre ambos. La base común para todo el pensamiento escolástico fue el Cristianismo. Según la Escolástica, aquello de lo que la filosofía se liberó por el pensamiento renacentista, representaba la verdad; y la filosofía liberada estaba en gran manera basada en el esquema conceptual aristotélico. Ni el Renacimiento ni la filosofía moderna rechazan el Cristianismo. De hecho, el Cristianismo era considerado aún como la verdad, pero ya no una verdad administrada solamente por la Iglesia. ni era ya una verdad que constituyese una conclusión, cuyas premisas tenía que encontrar la filosofía. La primacía de la fe fue reemplazada por la primacía de la razón. Y aunque el pensamiento aristotélico no dejó de existir durante los siglos XVI y XVII, sin embargo, había sido destronado.

Si se rechazaron la causa formal y la causa final de Aristóteles, es importante recordar, sin embargo, que hay dos interpretaciones posibles de estos dos conceptos. Una de estas interpretaciones no sólo es correcta, es correcta en sentido trivial, y es, por tanto, inmune contra la crítica. Expresa un esquema conceptual necesario— necesario para nuestra comprensión y descripción del cambio. La segunda interpretación implica enunciados metafísicos y ontológicos nada triviales; y precisamente por no ser triviales pueden ser, y han sido, discutidos. Es difícil decidir cuál de estas dos interpretaciones representa la concepción de Aristóteles; es difícil porque ambas se pueden encontrar en los escritos de Aristóteles.

Está claro, sin embargo, que el aristotelismo atacado por Galileo, Bacon y Hobbes es el aristotelismo de la segunda interpretación. Como se recordará, ésta es la primera interpretación que se citó de las causas formal y final. Para cualquier tipo de proceso ha de haber una respuesta a las cuestiones: ¿Qué tipo de proceso es? y ¿cuál es el criterio según el cual consideraríamos completo el proceso? Es obvio que ha de haber respuesta a ambas cuestiones. Cualquier proceso, cualquiera que sea lo que ocurra o suceda, puede ser caracterizado y definido. Si no pudiera serlo, no se podría considerar como evento, suceso o proceso. Hemos de poder identificar los procesos. Y hemos de poder explicar qué es lo que hace que este proceso sea exactamente este proceso y no otro. Hemos de poder definir la esencia o, si se prefiere, la forma del proceso. Y más aún, para cualquier tipo de proceso se debe conocer la situación que contará como consumación del proceso. En cierto sentido de la palabra «meta» o «fin», se debe conocer la meta o fin del proceso. En otras palabras, se ha de poder responder a la cuestión: ¿Cuál es el criterio para la determinación del proceso? Sin embargo, según la interpretación ontológico-metafísica, una causa formal es una entidad existente que opera también como causa eficiente (Aristóteles mantiene en algún lugar que, en lo que se refiere a procesos naturales, no hay diferencia entre causa eficiente y formal) y Aristóteles frecuentemente habla de causa final como si fuera el propósito, en el mismo sentido en que los seres humanos actúan con un propósito.

Como se acaba de decir, la filosofía moderna estaba en oposición con la última interpretación de la causa formal y final, inspirada por la ciencia moderna. Contra la primera interpretación citada ni hubo ni pudo haber oposición.

Un filósofo que ha intentado con gran energía reemplazar el esquema conceptual aristotélico por otro no aristotélico es _Tomás Hobbes_ (1588-1679). El concepto básico de Hobbes es el de movimiento, y decir que el movimiento es un concepto básico es decir que es un concepto que se utiliza para explicar cualquier otra cosa. Es importante, sin embargo, advertir que el movimiento, según Hobbes, ha de ser entendido en sentido cuantitativo o físico; es decir, ha de ser entendido como el cambio de posición de un cuerpo en el espacio. Esto es diferente del concepto de movimiento de Aristóteles. Según Aristóteles, el movimiento ha de ser entendido en sentido cualitativo o metafísico: como potencialidad que estaba siendo actualizada. La diferencia entre Aristóteles y Hobbes, con respecto a su comprensión del concepto de movimiento, se puede expresar así: Según Aristóteles un movimiento cuantitativo (cambio de posición de un cuerpo en el espacio) puede explicarse en términos de movimiento cualitativo (una actualización de una potencialidad), mientras que según Hobbes el movimiento cuantitativo explica el cambio cualitativo.

Aceptar el concepto cuantitativo o físico del movimiento como concepto básico, es ser mecanicista. Y ser

MECANICISMO

mecanicista implica tener que ser también materialista; obviamente no tendría sentido hablar de movimiento, si no hubiera nada que se mueve y las únicas cosas que pueden cambiar de sitio en el espacio son los objetos materiales. Según Hobbes la realidad está constituida por pequeñas partículas o, si se prefiere, átomos. Lo que existe está constituido única y exclusivamente por tales partículas materiales en movimiento —en otras palabras, una concepción similar al atomismo clásico, cuyo intérprete más conocido fue Demócrito. Aristóteles no era ni mecanicista ni materialista. Rechazó el atomismo y creía, como acabamos de decir, que el movimiento cuantitativo era una instancia del proceso más amplio de cambio.

Supongamos que una hoja está cambiando de color. De ser verde, se hace amarilla. Según Aristóteles, la hoja verde es, en potencia, una hoja amarilla. La hoja verde es la causa material de la hoja amarilla. El hecho de que se actualice la propiedad potencial de hacerse amarilla se debe a las causas eficiente, formal y final. Según Hobbes, el cambio de color verde a color amarillo puede explicarse por el movimiento de las partículas materiales que constituyen la hoja. Aunque Aristóteles hubiera sido atomista (que no lo fue, como acabamos de decir) no habría cambiado su opinión, pues el movimiento de las partículas materiales tendría entonces que explicarse como actualización de algo potencialmente existente.

Si el movimiento explica todo aquello que ha de ser explicado, entonces las leyes básicas serán las del movimiento. Son leyes que en sí no tienen explicación alguna, ni la necesitan. Son ellas las que explican todo lo demás. Explicar algo es encontrar la causa eficiente; ya que según Hobbes, no existe ninguna otra causa; no existen ni causas finales, ni formales. La causa eficiente es una causa necesaria. Las causas necesarias para la explicación de movimientos pueden reducirse al impulso de una partícula material sobre otra partícula material. La cantidad de movimiento que la partícula impulsada recibe de la partícula impulsora, es recibida necesariamente. Todo lo que sucede en la naturaleza, incluso las acciones del hombre, sucede por necesidad. Todo, incluso los actos del hombre, está determinado.

Hobbes acepta lo que se podría llamar el concepto genético del movimiento. Comprender algo, es comprender su génesis, comprender cómo se ha convertido en lo que es, con ayuda del concepto de movimiento. Comprender una línea recta es concebirla como construida por el movimiento de un punto matemático; comprender un plano es comprenderlo como construido por el movimiento de una línea y, finalmente, un cuerpo tridimensional se comprende como construido por el movimiento de un plano. Sin embargo, los problemas son inevitables si se aplica una concepción genética del movimiento no sólo a la geometría sino también al mundo material. Pues si se quiere explicar qué es una partícula material, aplicando el concepto de movimiento, se ha de preguntar: ¿movimiento de qué? No sirve para nada contestar que es por el movimiento de una partícula material, ya que la partícula material es precisamente lo que se tiene que explicar genéticamente. Ni tampoco sirve para nada contestar que es por el movimiento de un punto matemático (es decir, inextenso): No se puede construir un mundo material de figuras geométricas. No se puede construir un cuerpo extenso añadiendo puntos inextensos. Sería lo mismo que obtener algo distinto a cero añadiendo sólo ceros.

No obstante, éste no es el único problema relacionado con el intento de explicar la realidad por el concepto de movimiento. Hobbes parece estar obligado a excluir la posibilidad del paso de reposo a movimiento o de movimiento a reposo. Supongamos que tenemos un cuerpo que está en reposo y que en un momento dado, por ejemplo, en el momento t_n, comienza a moverse. Se mueve en el momento t_n —si no fuera así no sería correcto decir que comienza a moverse en t_n. El criterio que se utiliza para determinar que algo se mueve es que se cubra cierta distancia, por pequeña que sea. Pero como

86

necesariamente se tarda un tiempo en cubrir cierta distancia, el cuerpo en movimiento debe haber estado en movimiento inmediatamente antes, por ejemplo, en el momento $t_n - 1$. Si entonces decimos que el cuerpo en movimiento debe haber empezado su movimiento en el momento $t_n - 1$, llegamos por el mismo tipo de razonamiento a la conclusión de que también debe haber estado en movimiento en $t_n - 2$ y así infinitamente. No sólo es imposible que un movimiento tenga un principio; también es imposible llegar a pararlo. Supongamos que un cuerpo se mueve en un tiempo t_n. La distancia hasta el punto hacia el que se mueve debe consecuentemente disminuir —si no fuera así, desde luego no estaría en movimiento. Pero decir que la distancia disminuye implica que también ha de estar en movimiento en el momento siguiente; si no, la distancia no podría disminuir. Y si se mueve en el tiempo $t_n + 1$, entonces por el mismo tipo de razonamiento hemos de inferir que también se mueve en $t_n + 2$, y así infinitamente.

Como acabamos de decir, la concepción de Hobbes es similar al atomismo de Demócrito. Se recordará que el materialismo de Demócrito encontró dificultades con respecto a la explicación de la conciencia. Es una dificultad con la que ha de encontrarse necesariamente cualquier materialismo; pues si no existe más que materia (cuerpos materiales o partículas materiales), ¿cómo podemos explicar la existencia de la conciencia? Hobbes no logra resolver este problema mejor que Demócrito.

Una impresión sensible, como toda conciencia para Hobbes, no es más que el movimiento de las partículas materiales del cuerpo. Es evidente, sin embargo, que no se puede *identificar* un fenómeno mental, como. por ejemplo, una impresión sensible, con el movimiento de partículas materiales. Hobbes realmente no identifica tampoco un suceso mental con el movimiento de partículas materiales. Lo que dice es que la única cosa que es real es el movimiento de partículas materiales; todo lo demás es irreal, es lo que llama «apariencia» o «fantasía». La realidad no posee más que propiedades cuantitativas como extensión y movimiento. Las llamadas cualidades sensibles como sonido, olor y color son irreales; son subjetivas. Hobbes acepta, pues, la teoría de la subjetividad de las cualidades sensibles.

Conocer un fenómeno, según Hobbes, es saber cómo ha llegado a ser lo que es; en otras palabras, conocer el movimiento o los movimientos que lo constituyen. Con el suficiente conocimiento de las leyes del movimiento se puede ver que el fenómeno en cuestión se ha producido necesariamente, se puede deducir su existencia. La experiencia (la recepción de impresiones sensibles) es condición necesaria para el conocimiento, pero no es condición suficiente. La experiencia puede informarnos sólo de que algo es así de hecho, pero no puede informarnos de que sea así por necesidad. Hobbes entiende que la necesidad es un concepto que (igual que el concepto de verdad) puede aplicarse sólo a proposiciones o a aserciones. Las proposiciones son verdaderas o falsas. El objeto de la proposición «esta bola se mueve» trata de una bola. La proposición es verdadera o falsa. La bola, al igual que la situación descrita por la proposición «esta bola se mueve», no es ni verdadera ni falsa. Las diferentes impresiones sensibles me informan de que la bola se mueve; pero las impresiones sensibles no me pueden informar de que se mueve por necesidad. De la premisa «esta bola es golpeada ahora por otra bola, con tal y cual fuerza» es posible que pueda deducir, con ayuda de las leyes del movimiento, la proposición «esta bola ahora se mueve a tal y cual velocidad». El paso de mera opinión a conocimiento, el paso de haber podido observar que algo es como es, a saber que necesariamente sea como es, sólo será posible, por tanto, para los seres que utilizan un lenguaje.

Hobbes sobre el Estado

¿Por qué y cómo?

Para encontrar una respuesta a la cuestión de por qué («por qué» en el sentido de razón o justificación) tenemos un Estado —una sociedad civil— es necesario hacer un experimento imaginario. ¿Cuáles serían las condiciones si no hubiera Estado, es decir, si viviéramos en el llamado estado de naturaleza? Si resultara que la vida en el estado de naturaleza fuera mejor que en cualquier forma de sociedad civil, no habría justificación para tener un Estado. Pero si se pudiera mostrar que la vida en el estado de naturaleza tiene condiciones indeseables o malas, condiciones que pueden ser eliminadas o controladas estableciendo un Estado o sociedad civil, el Estado o sociedad civil estaría entonces justificado. Hobbes, en su obra *Leviathan* intenta, con este experimento imaginario, justificar no sólo el Estado, sino también un Estado extremo, autoritario.

Según Hobbes, todos los hombres son iguales. Con esta afirmación Hobbes no está haciendo una afirmación política o normativa. No dice lo que *debe* ser, no afirma que los hombres *deben* ser iguales. Hobbes está haciendo una descripción de lo que él cree que es de hecho. Piensa que todos los hombres son iguales con respecto a fuerza física e inteligencia. O, por lo menos, tan parecidos entre sí, que cualquier ser humano es un peligro potencial para cualquier otro ser humano

En el estado de naturaleza el hombre tiene ciertos derechos, los llamados derechos naturales. En el estado de naturaleza el hombre tiene el derecho a la libertad. El hombre tiene el derecho «a usar su propio poder como quiera para la conservación de su propia naturaleza —es decir, de su propia vida y, por tanto, a hacer cualquier cosa que, según su juicio y razón, conciba como el medio más apropiado para ello». El derecho a la libertad es consecuencia del hecho de que en el estado de naturaleza no existen leyes ni reglas que puedan limitar la libertad del hombre. Sin embargo, los hombres, a menudo, desean las mismas cosas, y como todo el mundo tiene libertad para perseguir sus propios fines, y como, además, todos los hombres son aproximadamente iguales con respecto a inteligencia y fuerza física, el resultado, según Hobbes, es que el estado de naturaleza es un estado de guerra. Es la guerra de todos contra todos.

En un estado de naturaleza no se pueden aplicar los conceptos del bien y del mal; una condición para afirmar que un acto esté bien o mal, debe ser que haya una ley, regla o regulación según la cual el acto estará bien o mal. Pero en el estado de naturaleza no existe tal ley o regulación.

En el estado de naturaleza todo el mundo está, si no de hecho, por lo menos, potencialmente, en estado de guerra contra todos los demás. Por tanto, todo el mundo en el estado de naturaleza debe vivir siempre con el temor a la muerte violenta. El estado de naturaleza es, por tanto, indeseable. Para liberarse de esta situación indeseable se acuerda crear un Estado en el que se elimina el temor a la muerte violenta.

El propósito que acabamos de mencionar —la causa final del Estado —determina la cantidad, y el tipo de poder, que debería tener el Estado. En el estado de naturaleza —un estado en el que por definición no pueden existir leyes civiles— hay, además del derecho natural o la libertad, leyes de la naturaleza. El hombre es un ser

---

⁴ Hobbes, *Leviathan,* capítulo 14

racional, lo cual, entre otras cosas, significa que es capaz de prescribir una ley para sí mismo. Una ley de la naturaleza es, por tanto, una ley de la razón. Una ley de la razón, según Hobbes, es un precepto que nos prohíbe hacer lo que sea destructivo para nuestra propia vida u omitir lo que creamos necesario para su conservación. Es una ley de la razón en el sentido de que requiere una razón para no seguirla, pero ninguna razón para seguirla. Lo que una ley de la naturaleza prescribe es lo que es racional hacer. Si se actúa en contra de ella, por tanto, se ha de tener una razón para hacerlo. De lo contrario, los actos parecerían irracionales, o quizá, incluso incomprensibles. No requiere ninguna explicación el que nuestros actos pretendan la conservación de nuestra vida. No tendría sentido preguntar por qué actuamos para conservar nuestra propia vida. La ley primera y fundamental de la naturaleza es, por tanto, según Hobbes, buscar la paz y, si la paz es imposible, sacar el mayor provecho de la guerra. De esta primera ley de la naturaleza deduce la segunda ley de la naturaleza; según ésta, todo el mundo debería estar dispuesto a sacrificar su derecho a la libertad ilimitada en beneficio de su propia seguridad y sólo conservar tanta libertad de acción hacia los demás como admitiría que los demás tuvieran hacia él. La libertad que se debe sacrificar es la libertad de intentar obstruir los intentos de otros de obtener lo que deseen. Supongamos que dos personas, A y B, desean ambos algo, digamos G. Decir que A sacrifica su libertad significa, pues, que A sacrifica su libertad de impedir a B que se beneficie de su derecho a disfrutar de G. Hobbes llama al sacrificio de la libertad en beneficio de otra persona u otras personas transferencias de nuestro derecho a aquella persona o a estas personas. Así, A ha transferido su derecho a B. Sin embargo, esto no significa que A transfiera a B una libertad que no tenía ya. En el estado de naturaleza cada persona tiene libertad ilimitada y, por tanto, no puede recibir una libertad que no tenía ya. Decir que A transfiere su libertad a B significa que B recibe la ventaja de que A no intenta impedirle que obtenga *in casu,* G. La segunda ley de la naturaleza, sin embargo, afirmaba que sólo deberíamos conformarnos con la cantidad de libertad que estamos dispuestos a que tengan los demás. Por tanto, si A transfiere su libertad a B se presupone que lo hace sólo si B transfiere también su libertad a A.

Según la segunda ley de la naturaleza, cada uno transfiere sus derechos a los otros. Esto se hace por *contrato* o *pacto*. Es un pacto si la transferencia de derechos implica actos futuros, es decir, actos que implican promesa. Del concepto de pacto se sigue, por necesidad lógica, la tercera ley de la naturaleza, es decir, la ley de que se está obligado a cumplir los pactos. Y esto y sólo esto es lo que da sentido a tales conceptos como «justo», «injusto» y «obligación». Mantener el pacto es justo y no hacerlo injusto. Dado el significado del concepto «promesa», la tercera ley de la naturaleza se sigue, por necesidad lógica, de la segunda ley de la naturaleza. No se puede entender o definir el concepto «promesa» sin ver que implica obligación a actuar consecuentemente.

Pero incluso aunque la tercera ley de la naturaleza implique que sea un deber mantener el pacto —el pacto que, por así decirlo, actualiza la segunda ley de la naturaleza— está suficientemente claro que no implica que el deber sea cumplido. Conceptos morales como «derecho», «deber» y «obligación» derivan de la promesa implícita en el concepto «pacto». El motivo para pactar de cada individuo es asegurar su propia vida y su paz. El egoísmo es, según Hobbes, el único motivo para pactar. Es el deseo de asegurar la propia vida. La moralidad está así basada en el egoísmo y, por tanto, se la puede suspender cuando lo requiera la atención a la propia vida o a la paz. Si mi razón para aceptar un código moral es que creo que sirve a mi propio interés, entonces en situaciones en las que juzgo que no sirve a mi interés puedo no hacerle caso. Para asegurar que cada individuo mantenga el pacto es necesario tener un pacto según el cual cada uno transfiera sus derechos como donación a cierta persona, una persona que es, por tanto, la única poseedora de todos los derechos, que posea el poder soberano. Esta persona, el soberano, no es parte del pacto. Es elegido por mayoría simple por la gente que ha pactado. Desde el momento en que ha sido elegido —esto es desde el momento en que ha recibido todos los derechos— es el soberano. Desde ahora, es el único autor de todas las decisiones políticas. Está autorizado a tomar decisiones en nombre de cualquiera; él, y sólo él, posee todo el poder político. Por este acto —el acto en el que cada persona transfiere sus derechos como donación al soberano— una multitud de seres humanos quedan unidos en un pueblo representado por una sola persona: el soberano. En cierto sentido, el pueblo no sólo está representado por el soberano, se identifica con él. Su voluntad y la voluntad del pueblo es una y la misma. Desde este momento —esto es, el momento en que ha recibido los derechos y en que, por tanto, es soberano— se ha erigido el Estado.

Hobbes es consciente del hecho de que la vida en tal Estado no es ideal. No es un estado platónico. Pero dice que si se tiene que escoger entre dos males se debe escoger el mal menor. Y transferir los derechos a un soberano es un mal menor que vivir en el temor a la muerte violenta. El propósito del estado platónico es obtener el mayor bien. El propósito del estado de Hobbes, por otra parte, es evitar el mayor mal.

La justificación del estado de Hobbes es el deseo de eliminar el temor a la muerte violenta. De aquí se sigue que el Estado debe eliminar este mal. Y como la presuposición para entrar en el Estado es la satisfacción de este deseo, nadie cede el derecho a defender su propia vida.

Con frecuencia se oye una crítica a la teoría del estado de naturaleza de Hobbes contra la que debemos prevenirnos. Es una crítica basada en el malentendido de lo que Hobbes intenta hacer. La crítica dice que es históricamente incorrecto suponer que el hombre haya vivido alguna vez en un estado de naturaleza y que el estado haya sido creado por contrato. Esta crítica está basada, como se acaba de decir, en un malentendido. No es la intención de Hobbes hacer un relato histórico. Su intención es examinar lo que justificaría la existencia de un Estado. El estado de naturaleza es un concepto que es necesario entender para poder entender lo que es el Estado. Si se desea entender lo que significa vivir en un Estado. Desde luego, esto no justifica la suposición de que se deba haber vivido, de hecho, en tal Estado. Es engañoso suponer que la teoría del contrato se deba tener como referencia histórica. Por el uso que hace Hobbes de la teoría es irrevelante si tal contrato se hizo alguna vez. Su propósito es analizar los conceptos como «poder» y «autoridad» con la ayuda de conceptos tales como «pacto» y «transferencia de derechos». Intenta validar o justificar el poder político y la autoridad con estos conceptos; y esto no implica la existencia de ciertos sucesos históricos. Se debe considerar la fundación del Estado *como si* hubiera habido tal pacto.

Descartes

Descartes (1596-1650) es considerado a menudo como
el fundador de la filosofía moderna. Según Descartes,
la tarea de la filosofía no es sólo analizar una verdad
dada; la tarea de la filosofía, de la razón, es también descubrir la verdad. Éste es el reverso de la Escolástica.
Como se recordará, la tarea del filósofo, según la Escolástica, no es encontrar la verdad, pues la verdad ya está
dada; la tarea es analizar la verdad. Por tanto, en un
importante sentido, Descartes representa una ruptura con
la Escolástica.

¿Cómo se descubre la verdad? La respuesta a esta
pregunta es una información acerca del método a aplicar. El método que propugna Descartes es un método
de duda radical. Es un método para descubrir sentencias
de cuya verdad no se pueda dudar. Muchas proposiciones se han afirmado como ciertas, proposiciones que a
menudo se contradecían entre sí. Mediante la duda metódica se deben encontrar proposiciones que sean induda-
bles. Cuando Descartes habla de proposiciones que no
pueden ser dudadas, no habla de proposiciones de las que
sea imposible dudar psicológicamente. Con frecuencia
ocurre que las proposiciones de las que es psicológicamente imposible dudar resultan ser falsas. Lo que Descartes intenta encontrar es una proposición de la que sea
lógicamente imposible dudar. Negarla tiene que ser una
imposibilidad lógica o un absurdo. ¿Existe tal propo-

sición? ¿Es posible dudar de una proposición que se forma sobre la base de lo que se ha visto u oído? ¿Es posible que lo que se aprende utilizando los órganos sensoriales, lo que se ve y se oye, pueda ser falso? A menudo empleamos expresiones tales como «lo he visto con mis propios ojos» para eliminar la duda. Es un hecho, sin embargo, que frecuentemente estamos absolutamente seguros de algo porque lo hemos visto, y que después esta certeza es injustificada. Para usar uno de los ejemplos de Descartes: A lo lejos veo una torre, y la veo como redonda; pero cuando me acerco, descubro que no es redonda sino cuadrada. En nuestra vida cotidiana encontramos ejemplos de equivocaciones sobre algo que creímos poder asegurar mediante los ojos y oídos. Desde luego todos sabemos cómo comprobar y verificar proposiciones obtenidas por los órganos de los sentidos; todos sabemos cómo investigar si lo que creemos que vemos también ocurre realmente, y si lo que creemos que oímos también es correcto. En cierto modo, esto es admitido por el mismo Descartes al decir que, cuando se acerca a la torre, ve que no es redonda sino cuadrada. Afirma, sin embargo, que no sería un absurdo lógico o contradicción lógica mantener que, cualquier cosa que creamos que vemos u oímos, podría ser falsa. O, en general, que no sería contradicción ni absurdo lógico mantener que la experiencia puede estar engañándonos. Puede objetarse que sería imposible negar la verdad de una experiencia, si esa experiencia está comprobada por nosotros mismos de todos los modos posibles y, además, está comprobada y controlada por otras personas bajo las mejores circunstancias posibles. Pero Descartes mantiene que ni siquiera esto sería garantía. Presenta un famoso argumento en respuesta a esta objeción, un argumento que ha sido discutido casi desde entonces. El argumento dice así: He soñado, a menudo, que estoy en esta habitación. He soñado que he estado sentado cerca de la chimenea, calentándome las manos al fuego. Cuando sueño, no siento nunca duda sobre la verdad de mis sueños; cuando he soñado que estaba sentado en esta habitación, me ha sido imposible dudar que fuera verdad. No obstante, ha resultado después que era un sueño y que, por tanto, yo no estaba en esta habitación sino en mi cama. ¿Cómo puedo, en la situación en que me encuentro ahora, probar que no estoy soñando? Es psicológicamente imposible para mí dudar de que estoy despierto. No es un sueño el que yo esté ahora escribiendo en este papel; puedo decir incluso que *sé* que no estoy soñando. Pero decir que yo sé, es estar obligado a responder a la cuestión de cómo lo sé —debo poder probar que no estoy soñando. Si no puedo encontrar los criterios según los cuales puedo probar que no sueño, ¿cómo puedo entonces justificarme al declarar que yo lo sé? Se podría argumentar que otros seres humanos pueden informarme de que estoy despierto y, por consiguiente, no sueño; ellos pueden certificar que, en efecto, estoy en esta habitación escribiendo en este papel, etcétera. Pero, obviamente, éste no puede ser un argumento decisivo, decisivo en el sentido en que excluyera toda posible duda, porque, ¿cómo puedo responder la cuestión? ¿Cómo puedo probar que no sueño que otros seres humanos estén sentados en esta habitación e informándome de que estoy despierto y no dormido? Ni serviría que yo intentara pincharme en el brazo para probar que estoy despierto, porque puedo soñar que me pincho en el brazo.

En otras palabras, cualquiera que sea el criterio que proponga será siempre posible que sueñe que aplico este criterio. La conclusión de Descartes es que ninguna proposición que esté basada en la experiencia (basada en la información transmitida por los sentidos) puede superar la prueba de la duda metódica. No podemos *saber* que son ciertas. Es lógicamente posible dudar de ellas. Con frecuencia es psicológicamente imposible dudar de ellas. Pero esto no quiere decir que sea lógicamente imposible que pudieran ser falsas. En otras palabras, Descartes rechaza el punto de vista llamado empirismo (punto de vista desde el cual el conocimiento no sólo es derivado de la experiencia, sino también validado por ella).

¿Es posible dudar de las proposiciones matemáticas? ¿Es posible dudar de que $2+3=5$? Que $2+3=5$, no es un conocimiento derivado de la experiencia, no es una verdad que hemos obtenido a través de nuestros sentidos. Es lo que podríamos llamar una verdad de razón. Pero justamente porque una proposición parezca ser auto-evidente por la razón, no se deduce que necesariamente sea cierta. Descartes debe probar, por consiguiente, que la razón es perfecta: antes de realizar esto, no puede ir más lejos. Como dice Descartes: ¿cómo puedo saber que mi razón no está creada por un demonio que quiere engañarme? Puede ser que yo sea engañado cuando me parece que es evidente que $2+3=5$.

No obstante, Descartes encuentra una proposición de la que no puede dudar. Es una proposición de la que no sólo es psicológicamente imposible dudar, sino también una proposición —y esto es lo decisivo— que es lógicamente imposible negar. El hecho de que él dude implica la proposición de que existe como un ser dudante (o pensante). Y de esta proposición no puede dudarse. Así, es posible para Descartes pronunciar su famosa y clásica proposición: pienso, luego existo. *Cogito ergo sum.* Es imposible que pueda haber duda a menos que haya un dudante. Ésta es una verdad conceptual. Todos los llamados verbos mentales (verbos tales como pensar, creer, dudar, suponer, afirmar, etc.) requieren tener un sujeto. No tiene sentido decir que había un pensamiento T, pero no había nadie que pensara T; que había una suposición A, pero no había nadie que supusiera A; y que había una duda D, pero no había nadie que dudara D. Por tanto, Descartes piensa que está autorizado a afirmar que existe como dudante. ¿Es concebible también que esta proposición pueda ser falsa? ¿Sería comprensible que el mencionado demonio pudiera engañarle también con respecto a esta proposición? Obviamente, esto no puede ocurrir, pues ni siquiera un demonio puede engañar sin haber alguien al que engañar. El verbo engañar se usa con sentido sólo si tiene un objeto; debe haber una persona o cosa que sea engañada. Si se afirmara que hubo un demonio que engañó a Descartes, que le engañó permitiéndole convencerse de su propia existencia, sería entonces una proposición auto-destructiva, porque sólo es posible engañar si hay alguien al que engañar. El que es engañado debe, pues, existir necesariamente.

El resultado de la aplicación de la duda metódica de Descartes es tal que la proposición sobre su propia existencia es cierta necesariamente. Pero, ¿cómo proseguir desde aquí? Desde luego, no es mucho si todo lo que puede saber, todo lo que puede ser considerado como conocimiento es que puede afirmar que existe como dudante. Eso no le da ningún derecho a afirmar que aquello de lo que informan los sentidos es correcto. No tiene todavía derecho a afirmar que existe un mundo externo. Realmente, ni tan siquiera tiene derecho a afirmar que tiene un cuerpo, porque la existencia del cuerpo le es comunicada solamente a través de los sentidos. Él ve su cuerpo, siente su cuerpo, y, como hemos visto, la información transmitida por sus sentidos no es inmune a los ataques de su duda metódica. Descartes procede del siguiente modo: Toda proposición que sea tan clara y distinta como la proposición «pienso, luego existo», debe ser necesariamente cierta. Entre las proposiciones que, según Descartes, son tan claras y distintas como esa proposición, están proposiciones tales como «Lo que ha sucedido no puede no haber sucedido», o, «Es imposible que un cierto objeto sea y no sea al mismo tiempo». Tenemos que estar de acuerdo con Descartes en que estas proposiciones no pueden ser falsas. Sin embargo, Descartes añade a estas proposiciones otra proposición. Es una proposición que hemos visto afirmada antes. Los filósofos eleáticos ya la mantenían. Descartes piensa que esta proposición es tan clara y distinta como las otras, y, en consecuencia, necesariamente cierta. La proposición es ésta: «De la nada, nada viene.» Otro modo de expresarla, es decir, que todo tiene una causa. Como consecuencia de la proposición todo tiene una causa o, si se prefiere, de la nada, nada viene, se sigue otra proposición: «No puede haber más realidad en el efecto de la que haya en la causa.» Descartes cree que, a partir de estas proposiciones, puede probar la existencia de un mundo externo. Mantiene que no sólo existe como dudante o, como también lo expresa, como sustancia pensante, sino asimismo como un ser finito. El hecho de que le es posible dudar, prueba que él es finito. Un ser infinito no podría dudar. Del hecho de que yo sea finito se sigue que debo tener el concepto de infinito. Si no lo tuviera no podría predicar de mí mismo que fuera finito. ¿Cómo podría predicar la finitud de algo si yo no supiera lo que significa no ser finito; o, en otras palabras, si no supiera lo que significa ser infinito? Una condición para la aplicación del concepto de lo finito debe ser que yo tenga el concepto de lo infinito. Es importante señalar que tener un concepto, por ejemplo, el concepto de infinitud, no implica que se tenga una imagen mental de aquello de lo que es el concepto. Obviamente, no hay nada que pudiera valer como imagen mental de lo infinito; tener un concepto de lo infinito significa que se pueda aplicar el concepto, lo cual a su vez significa que se deba poder juzgar si algo es infinito o no. Pero si ocurre que, como sustancia pensante finita, yo tengo el concepto de lo infinito, éste debe entonces ser debido a una causa exterior a mí. La causa debe estar fuera de mí porque, como ser finito, no puedo ser la causa de algo infinito. Si lo fuera, habría algo en el efecto que tendría más realidad que la que hubiera en la causa. Es necesario, pues, que exista algo fuera de mí que sea la causa del concepto de infinito que de hecho tengo. Y esto es lo mismo que decir que, como sustancia pensante, he sido creado por algo infinito (una sustancia pensante que Descartes llama sustancia pensante pero inextensa); de lo cual se sigue que la razón, como tal, es infinita. Se sigue también, por tanto, que lo que es auto-evidente para la razón no puede ser erróneo.

Es importante ver de más cerca la prueba de Descartes de la validez de la razón. Como ya mantenían los contemporáneos de Descartes, ¿cómo puede escapar esta prueba a la acusación de que es circular?

Hay proposiciones que parecen auto-evidentes, es decir, claras y distintas para la razón. La verdad de tales proposiciones está garantizada sí y sólo si la razón es digna de confianza. Parece obvio que una prueba de la validez de la razón no puede ser dada por la razón. Usar la razón para probar la validez de la razón presupone aquello que se quiere probar: la validez de la razón. Esto sería un paradigma de *petitio principii*. Pero, ¿no es esto lo que Descartes está haciendo? Sin entrar en un detallado examen del problema, veamos cómo Descartes cree que puede escapar a este círculo. Descartes distingue entre dos clases de verdades. Tenemos verdades matemáticas y lógicas; son deductivas. Y tenemos verdades de razón que no son deductivas, es decir, proposiciones cuya verdad es aprehendida inmediatamente; son consideradas ciertas intuitivamente. Si una proposición es resultado de una deducción, nos hemos trasladado de una proposición a otra. Deducimos una proposición de otras proposiciones. Es un proceso racional en el que está involucrado el tiempo; en cada paso del proceso es necesario recordar el paso o pasos precedentes. Y el hecho de que recuerde algo como siendo claro y distinto no supone que ello sea en realidad claro y distinto. No es imposible (por lo menos, lógicamente imposible) que mi memoria me engañe. Sin embargo, en casos en los que la proposición misma es clara y distinta y donde la memoria, por tanto, no está implicada, la verdad está fuera de duda. Según Descartes, la prueba de la existencia de Dios no es una prueba deductiva; está basada en la intuición. No es un silogismo, sino una verdad percibida inmediatamente. No se hará aquí ningún intento de examinar si Descartes ha logrado escapar al círculo citado. Es un tópico que está aún en discusión, y, como es de esperar, las opiniones están divididas.

A las proposiciones cuya verdad es inmediatamente percibida por la razón, las describe Descartes como propo-

siciones innatas o, mejor, ideas innatas. No son adqui-
ridas por la experiencia (si lo fueran no serían verdades
necesarias como de hecho lo son). No obstante, la razón
tiene capacidad para descubrir estas verdades. Al afirmar
que la verdad es descubierta no por la experiencia sino
por la razón, Descartes rechaza el empirismo y acepta el
racionalismo.

Pero Descartes no ha probado todavía la existencia del
mundo externo (el mundo del cual somos informados
por nuestros sentidos). La aplicación de la duda metódica
había demostrado que no teníamos ningún derecho a
afirmar que exista tal mundo. Era lógicamente posible
dudar de cualquier supuesto conocimiento comunicado
por la experiencia. Sin embargo, Descartes piensa ahora
que ha probado que nuestra razón es infinita. Es infinita porque está creada por un ser infinito, está creada
por Dios. Lo que es infinito y perfecto, metafísica y moralmente, no puede ser causa de algo defectuoso. Nuestra concepción de la experiencia sensible es que es información del mundo externo comunicada por los sentidos. Esto es lo que necesariamente debe ser la experiencia sensible, es la naturaleza y esencia de ella. Nada más
podría ser considerado como experiencia sensible. Sería
incompatible con la esencia de Dios el crear en mí una
inalienable concepción de la experiencia sensible, si esa
concepción fuera totalmente falsa. Puedo estar equivocado hasta dónde esta o aquella experiencia sensible particular esté afectada; puedo creer o puedo incluso estar
convencido de que yo veo algo que ocurre y, a pesar de
todo, estar equivocado. Pero según la esencia de la experiencia sensible ésta es una información de algo que existe externamente a mí. Es una información de un mundo
extenso. La experiencia sensible como tal sería una decepción si no hubiera un mundo extenso. Ya que la experiencia sensible tiene su causa en un ser infinito, no
puede ser, por su misma naturaleza, una decepción. Puedo saber, consecuentemente, que la experiencia sensible
me da información de un mundo extenso.

Esto no implica, sin embargo, que el mundo extenso posea todas las propiedades o cualidades que parece tener. Según Descartes, el mundo externo no posee las cualidades secundarias, sólo posee las cualidades primarias (sólo los predicados «extensión» y «movimiento» pueden ser predicados de él, mientras que predicados como «color», «sonido», «olor» y «sabor» no pueden).

Como Demócrito, Galileo y Hobbes, Descartes acepta la teoría de la subjetividad de las cualidades sensibles. Descartes intenta probar que la extensión es la cualidad esencial del mundo exterior del siguiente modo: Supóngase que tenemos un trozo de cera; tiene unas ciertas propiedades empíricas: tiene un determinado color, olor, temperatura y consistencia. Lo caliento ahora; durante este proceso las diferentes propiedades cambian. Su consistencia cambia, la temperatura cambia, su forma cambia, el olor cambia, etc. En otras palabras, todas las propiedades empíricas cambian. Lo que experimentamos es diferente de lo que era antes; no hay nada que pueda ver, oír, probar y oler, que sea lo mismo que era hace un momento. Si mi conocimiento estuviera constituido por aquello de lo cual mis sentidos me informan, no podría estar justificado al declarar que era el mismo trozo de cera: todas las propiedades que puedo experimentar son diferentes. Y en realidad, aún es el mismo trozo de cera: es el mismo trozo de cera que ha tomado diferentes propiedades. Descartes llama sustancia a aquello respecto de lo cual son inherentes las propiedades. Observamos aquí una diferencia entre lo que Aristóteles y Descartes entienden por sustancia. Según Aristóteles, este trozo de cera es una sustancia; según Descartes, no es la cera como tal, sino aquello respecto de lo cual son inherentes las diferentes propiedades. Es lo que constituye la cera misma; es lo que permanece incambiable mientras las diferentes cualidades cambian; es aquello que proporciona la justificación para hablar de uno y el mismo trozo de cera. Todo lo que estamos autorizados a decir sobre la sustancia es que es extensa. Es imposible predicar color de la sustancia porque el color es una propiedad

103

de la sustancia y, por tanto, no la sustancia misma. El color es aquello que puede cambiar mientras la sustancia permanece incambiable. Tampoco podemos decir que la sustancia tiene temperatura. La sustancia es aquello que posee propiedades; no puede, pues, ser ella misma una propiedad. El único predicado que podemos atribuir a la sustancia es la extensión.

Descartes es un dualista. El dualismo es la creencia de que existen dos principios radicalmente diferentes. Decir que son radicalmente diferentes es decir que uno no puede ser sometido al otro. El dualismo que aquí será examinado es la afirmación de Descartes de que existen dos sustancias: el alma, como sustancia pensante, pero inextensa, y el cuerpo, como sustancia extensa, pero no pensante. El hombre es un ser en el que están unidas ambas sustancias; tiene a la vez un cuerpo y un alma. Según Descartes, estas dos sustancias están integradas en el hombre; no obstante, existen como sustancias independientes. Y no sólo existen como sustancias independientes, sino que también interactúan.| Los sucesos en la sustancia extensa, el cuerpo, provocan sucesos en la sustancia inextensa; y viceversa, los sucesos en la sustancia inextensa provocan sucesos en la sustancia extensa. Éste es un ejemplo trivial pero ilustrativo: Me quemo con una estufa caliente; se producen ciertos procesos en mi cuerpo. Estos procesos son la causa eficiente de las sensaciones de dolor en la sustancia inextensa pero pensante. Estas sensaciones de dolor causan, a su vez, ciertos procesos físicos en la sustancia extensa: retiro mi brazo, por ejemplo, y puedo mostrar con diferentes tipos de comportamiento mi dolor. La suposición de que hay dos sustancias, una inextensa, pero pensante y otra extensa, pero no-pensante, que interactúan, crea más problemas que resuelve. Es difícil, e incluso imposible, dar un sentido a la proposición de que dentro de mi cuerpo hay una sustancia inextensa. El concepto «dentro de» debe ser tomado aquí en sentido metafórico; es un sentido en el que es difícil ver lo que podría entenderse por el concepto «fuera de», y, como ocurre muy a menudo en filosofía, un concepto tiene sentido solamente si puede comprenderse su concepto opuesto. Si no sabemos lo que debe entenderse por el concepto «fuera de», no podemos comprender tampoco el concepto «dentro de».

La teoría de Descartes sobre la interacción entre las dos sustancias fue sometida a crítica ya en su propia época. Así, *Malebranche* mantenía que, aunque era necesario suponer la existencia de un alma y un cuerpo a la vez, era imposible suponer que el cuerpo pudiera afectar al alma o que el alma pudiera afectar al cuerpo. Se debería, más bien, concebir la relación del siguiente modo: si algo sucede en el cuerpo, es un error suponer que ese suceso afecte al alma; es Dios el que afecta al alma. Son los acontecimientos en el cuerpo los que ocasionan que Dios realice un adecuado efecto en el alma. Para cualquier evento que ocurra en una sustancia. Dios crea un evento correspondiente en la otra sustancia. Cuando una persona se quema en un hornillo, esto es ocasión para que Dios también produzca dolor en el alma, y el dolor en el alma es la ocasión para que Dios cree correspondientes sucesos en el cuerpo, sucesos que pueden ser llamados conducta de dolor. Esta teoría se llama Ocasionalismo.

No deja de tener interés observar que nuestro lenguaje ordinario está de acuerdo con el sistema conceptual de Descartes. El dolor en mi mano es debido al hecho de que me corté con un cuchillo, y es el dolor lo que causa el que me comporte así. Decimos que son los procesos neurológicos en el centro visual del cerebro lo que motiva que vea las diferentes cosas (que tenga sensaciones visuales), y decimos que son los procesos físicos en mis oídos lo que causa la experiencia de un sonido. El problema de la relación entre lo que se podría llamar procesos de la conciencia y procesos en el cuerpo, o, si se prefiere, el problema de la relación entre el cuerpo y la conciencia, ha resultado ser, un difícil problema filosófico, y un problema sobre el que parece difícil alcanzar un acuerdo sobre cualquier solución propuesta. Se debe hacer notar, sin embargo, que no es una cuestión psicológica. Por mucho que incrementemos nuestro conocimiento de la psicología, ningún experimento o examen psicológico puede contribuir de ningún modo a una solución de la relación entre el cuerpo y el alma; se trata de un problema conceptual, un problema relacionado con una mayor comprensión de nuestro sistema conceptual, o, si se prefiere, de nuestro lenguaje. No es un problema que pueda resolverse con ayuda de experimentos psicológicos.

Naturalismo de Spinoza

Es costumbre caracterizar a *Spinoza* (1632-1677) como naturalista; y es ésta una caracterización justificada. Recordaremos que Tomás de Aquino creía poder probar que la Naturaleza no podía entenderse, ni explicarse, por sí misma. Era necesario suponer la existencia de algo sobre y por encima de la Naturaleza. Según Spinoza éste no es el caso. Para ser explicada, la Naturaleza no requiere ningún principio, ser o sustancia más allá de la Naturaleza misma. La existencia de la Naturaleza no depende de nada, excepto de su propia esencia. Entender la esencia de la Naturaleza es entender que existe por necesidad. Pertenece a la esencia de la Naturaleza el existir por necesidad. Aquello cuya esencia es existir se llama Dios según Tomás de Aquino (y otros escolásticos); y ésta es también la concepción de Spinoza. Pero la diferencia entre Spinoza y Tomás de Aquino, como ya se ha dicho, es que si bien éste mantiene que, aunque hay algo a cuya esencia pertenece la existencia, no puede ser la Naturaleza, sin embargo, para Spinoza no puede ser otra cosa que la Naturaleza. Dios y la Naturaleza, por tanto, según Spinoza, son una y la misma cosa. Spinoza usa también la palabra «sustancia» y por sustancia quiere decir aquello que existe por sí mismo y se entiende por sí mismo.

Antes de continuar es útil recordar las diferentes aplicaciones de la palabra «sustancia». Según Aristóteles una sustancia es cualquier cosa individual. Es una cosa a la que se puede dar un nombre propio. Es, por tanto, también algo que no puede predicarse de otra cosa. De Pedro podemos predicar que es bajo, gordo, que tiene nariz larga y otras cosas. Pero no tendría sentido predicar Pedro de algo. No hay nada de lo que podamos decir que tiene más o menos «Pedreidad» (cuando de una persona decimos cosas tales como que es un Sócrates o que es como una Xantipa, Sócrates y Xantipa se toman, no como nombres propios de personas individuales, sino como nombres de las propiedades que caracterizan a estas dos personas). La distinción entre el concepto de individuo y el concepto de propiedades es una distinción importante en el pensamiento metafísico. En honor a la verdad se debe mencionar que además de este concepto de sustancia —que llama sustancia primera— Aristóteles tiene otro concepto de sustancia— que llama sustancia segunda. El nombre de sustancia segunda puede servir como respuesta a la cuestión «¿De qué clase?». Sócrates y Aristóteles son hombres. Hombre es sustancia segunda. En Descartes encontramos el concepto escolástico de sustancia. Sustancia es aquello que existe por sí mismo; cualquier cosa que exista sin presuponer algo distinto para existir es una sustancia. Con esta definición, Dios, por tanto, debe ser, según Descartes, la única sustancia. Sin embargo, caracteriza también cuerpo y alma como dos sustancias; está claro que sus existencias dependen de Dios, pero no dependen de nada más. Son independientes de cualquier otra cosa. Sin embargo, Descartes tiene también otro concepto de sustancia, un concepto que encontramos asimismo, por ejemplo, en Locke y Kant: un objeto material tiene diferentes propiedades. Las propiedades pueden cambiar mientras que el objeto permanece uno y el mismo. Así, las propiedades no pueden ser aquello que constituye el objeto en sí mismo, no pueden ser lo que constituye la esencia del objeto. Las propiedades son propiedades del objeto; existen en el objeto; el objeto ha de ser, entonces, algo diferente de esas propiedades. El objeto que tiene las propiedades, pero que no es él mismo una propiedad se llama sustancia. Pero según Spinoza sustancia es, como hemos visto, aquello que se entiende por sí mismo y existe por sí mismo. Por tanto, el concepto de sustancia es idéntico al concepto de Dios y de Naturaleza.

Spinoza habla de Naturaleza como unidad o entidad. Sólo hay una Naturaleza (un Dios, una sustancia). Esto es hablar como si la Naturaleza fuera un tipo de cosa u objeto lo que, evidentemente, es engañoso. Una cosa u objeto es una unidad precisamente porque está limitada. Es algo que tiene cierto lugar en el espacio y tiene diferentes relaciones espaciales y temporales con otras cosas u objetos. Claramente, la Naturaleza no puede ser una entidad e individuo en este sentido. La Naturaleza es una unidad debido al hecho de que todo lo que existe en la Naturaleza está unido por una ley. La Naturaleza está determinada por ley. Que la Naturaleza esté determinada por ley y que las leyes sean como son, no son hechos contingentes; no son contingentes en el sentido de que sería concebible que la leyes pudieran haber sido diferentes. Las leyes que gobiernan la Naturaleza, según Spinoza, no pueden ser diferentes a lo que son; el orden de la Naturaleza es lo que es con absoluta necesidad. Es, por tanto, un orden que es posible no sólo *observar* sino también *entender*. Es un orden que no sólo es como es, sino un orden que es como es por necesidad.

La idea de necesidad es fundamental en la filosofía de Spinoza. La suposición de que todo lo que ocurra en la Naturaleza, ocurre con el mismo tipo de necesidad que encontramos en la matemática y en la lógica, está relacionada con la suposición de lo que está implícito en conceptos, tales como «entender» y «explicar». Asegurar, observar o describir que algo sea el caso no es ni entenderlo ni explicarlo. No se ha entendido ni explicado nada hasta que se ha visto que no sólo de hecho es el caso, sino que ha de ser también así necesariamente. Si no se puede atribuir el concepto de necesidad, parece ser imposible atribuir los conceptos de «entender» o «explicar». Cuando más tarde se abandonó la aplicación del concepto de necesidad a la Naturaleza (se abandonó principalmente debido al ataque que le hizo el filósofo escocés David Hume) se convirtió en un problema aclarar qué debía entenderse por el concepto de «explicación».

Pero según Spinoza, la idea de necesidad no sólo es atribuida; es, por decirlo así, su concepto fundamental; es atribuida con gran consecuencia. Es, en cierto sentido, la base de la filosofía de Spinoza.

Como se acaba de decir, hay diferencia entre asegurar u observar que algo es el caso y ver que es lo que es por necesidad. Debido al orden necesario que prevalece en la Naturaleza, podemos entender y explicar que las cosas son como son. Al ser explicada la cosa individual que se explica, la vemos como elemento necesario en el sistema. Cada cosa individual, por así decirlo, pierde su individualidad. Al ser entendida, la Naturaleza cambia de ser una pluralidad no coherente a ser una unidad. A la Naturaleza concebida como unidad, concebida, por lo tanto, como aquello que explica todos los fenómenos o cosas individuales, la llama Spinoza Naturaleza activa o creativa (*Natura Naturans*). La Naturaleza creada o pasiva (*Natura Naturata*) es, por tanto, aquello que es explicado, es decir, aquello que al ser explicado se ve como elemento en el orden necesario o sistema. En pocas palabras, se puede decir que la Naturaleza creadora (*Natura Naturans*) es la sustancia o Dios, mientras que la Naturaleza creada (*Natura Naturata*) es el conjunto de todas las cosas existentes (lo que Spinoza llama *modi*). El concepto de pluralidad pertenece a la Naturaleza creada o pasiva, mientras que el concepto de unidad pertenece a la Naturaleza creativa o activa.

El hecho de que el hombre sea un ser que tiene conciencia, es decir, un ser que puede pensar, sentir, percibir, etc., crea uno de los problemas más difíciles de la filosofía. Platón y Descartes eran dualistas: el hombre tiene un alma y un cuerpo. Como lo expresa Descartes: el hombre es la unión de dos sustancias, la sustancia extensa pero no pensante y la sustancia inextensa pero pensante. La dificultad de la teoría dualista, o, si se prefiere, del marco conceptual dualista, es que nos deja con tantos problemas por lo menos como los que pretende solucionar. El concepto de sustancia inextensa y la suposición de que hay interacción entre esas dos sustancias lleva al dualismo cartesiano a un callejón sin salida.

Spinoza tiene una respuesta completamente diferente al mismo problema. Cuerpo y mente no son dos sustancias: ¿cómo podrían serlo, si se da el caso, como afirma Spinoza, de que sólo hay una sustancia? Spinoza intenta solucionar el problema con ayuda del concepto de *atributo*. La Naturaleza se concibe, entiende y explica con ayuda de un atributo. Un atributo es un modo, un marco conceptual, un sistema conceptual, o, si se prefiere, un lenguaje, con el que nos es posible entender la Naturaleza (sustancia, Dios). Cada cosa (cada modo), por tanto, ha de ser explicado y entendido con ayuda de un atributo. Hay una infinidad de atributos, es decir, hay una infinidad de esquemas conceptuales, con cuya ayuda se puede explicar la Naturaleza. Pero el hombre, que es un ser finito, sólo conoce dos atributos, el atributo de extensión y el atributo de pensamiento.

Para explicar el concepto de atributo de Spinoza, pongamos un ejemplo: Supóngase que una persona ve un color. Supóngase además que dos personas, A y B, han de explicar este hecho. A afirma que ver un color es un cierto proceso cerebral, un proceso sobre el que la ciencia sabe cada vez más. La diferencia entre ver, por ejemplo, un color rojo y un color azul se debe a diferencias en los estímulos físicos y en los procesos orgánicos. A define ver un color con ayuda de tales procesos físicos y neurológicos. A afirma, como lo hace Hobbes, que ver, en realidad, no es más que las ocurrencias de estos procesos. B, sin embargo, afirma que ver un color se puede describir y entender sólo en un lenguaje fenomenista; será una descripción de la imagen visual. Según A, el ver puede explicarse con ayuda de conceptos no psicológicos o fenomenistas —en el lenguaje de Spinoza, bajo el atributo de pensamiento. Según Spinoza, tanto A como B están en lo cierto, pues ambos modos de explicación— ambos sistemas conceptuales, ambos lenguajes son válidos. Pero si A y B creen que sólo un modo es correcto, están equivocados. El atributo de extensión y el atributo de pensamiento son modos, igualmente válidos, de entender la Naturaleza. Ambos son válidos pero se excluyen entre sí.

Según Spinoza el dualismo es, por tanto, un malentendido. El hombre no es cuerpo y mente, pero el hombre puede ser descrito, puede ser entendido, por un lenguaje que cae bajo el atributo de extensión o bajo el atributo de pensamiento. La teoría de la interacción entre los fenómenos mentales y los fenómenos físicos es también, consecuentemente, un malentendido; no hay dos tipos diferentes de fenómenos, sino dos modos diferentes, que se excluyen entre sí, de concebir la Naturaleza. Si, bajo el atributo de extensión, se usan palabras como dolor, amor, odio, y conciencia, estas palabras deben concebirse como nombres de ciertos procesos en el organismo. Y, viceversa, si bajo el atributo de pensamiento se usan palabras como procesos cerebrales, organismo y cuerpo, deben entenderse como nombres de fenómenos mentales, o, para decirlo de otro modo, uno y el mismo fenómeno ha de concebirse bajo un atributo, como proceso físico, y bajo el otro atributo, como fenómeno mental. Pero sólo hay un fenómeno y no dos; son dos modos diferentes de describir, entender y explicar uno y el mismo fenómeno.

Para mayor aclaración de la relación entre los dos atributos, tomemos otro ejemplo sobre la percepción: Supóngase que estoy en una habitación y que miro a la puerta. Bajo el atributo de extensión, esta percepción se explica como movimiento de partículas materiales en el espacio que incluye la puerta, mi organismo y el espacio entre la puerta y mi organismo. Bajo el atributo de pensamiento se explica como la imagen visual que tengo cuando miro a la puerta. Supongamos además que abro la puerta para entrar en la otra habitación. Bajo el atributo de pensamiento la descripción incluirá la imagen visual que llamo la puerta, las sensaciones cinestésicas del movimiento de mi mano a la puerta y las sensaciones táctiles que tengo cuando mi mano toca la puerta. Después de abrir la puerta aparecen otras ciertas imágenes visuales, y cuando entro en la habitación y cierro la puerta ocurren aún otras sensaciones cinestésicas y táctiles. Cuanto más conocimiento tenga de la situación mejor podré predecir las sensaciones visuales, cinestésicas, táctiles y otras más que van a ocurrir, pues ocurren en un orden especial —según Spinoza en un orden lógico, necesario. Tenemos, entonces, dos sistemas conceptuales diferentes con los que podemos explicar uno y el mismo hecho. Por una parte tenemos el lenguaje que un fisiólogo, un físico y un neurólogo usarían para describir y explicar el hecho de que miro una puerta, la abro y entro en la otra habitación. Por otra parte, tenemos el lenguaje según el cual podemos dar una descripción exhaustiva fenomenista del mismo hecho.

Como se ha dicho ya, describir el hecho de ver un objeto, bajo el atributo de extensión, implica la descripción de los procesos en el objeto, el organismo, y también en el espacio intermedio, esto es, procesos que incluyen procesos en el organismo perceptor. Bajo el atributo de pensamiento esto significa que la imagen queda afectada subjetivamente —que es lo mismo que decir que Spinoza acepta la teoría de la subjetividad de las cualidades sensibles.

Si se concibe la percepción bajo el atributo de extensión parece ser un proceso físico, fisiológico, bioquímico y neurológico muy complejo. Sólo puede haber conciencia cuando existen tales procesos. Cuanto menos complejos y menos variados sean estos procesos, menos razón habrá para hablar de conciencia.

Sin embargo, no sólo el hombre tiene conciencia. Según Spinoza también Dios (la Naturaleza, la Sustancia) tiene conciencia. ¿Cómo se ha de entender esto? La Naturaleza como tal, no tiene ni cerebro ni organismo; sólo tiene árboles, pájaros, montañas, ríos y hombres. ¿Cómo puede, entonces, afirmar Spinoza con sentido que la Naturaleza o Dios tenga conciencia?

113

Que la Naturaleza sea una unidad concebida bajo el atributo de extensión, significa, como se ha dicho, que todos los procesos de la Naturaleza están relacionados por necesidad lógica. Debe existir una ley; una ley en sí verdadera por necesidad lógica, con cuya ayuda se puede deducir toda ocurrencia. Bajo el atributo de pensamiento esto significa que, en último análisis, toda descripción fenomenista posible está relacionada con un sistema por necesidad lógica. En otras palabras, debe existir una ley que sea verdadera por necesidad lógica y por la que se puede deducir cualquier descripción fenomenista existente o posible. La conciencia de Dios es esta unidad, una unidad constituida por la ley, según la cual, todo está necesariamente relacionado. Por tanto, no es una conciencia personal ni individual —sólo el hombre tiene conciencia personal o individual.

Filosofía moral de Spinoza

La filosofía moral de Spinoza está íntimamente relacionada con su metafísica. Es una idea fundamental en la filosofía de Spinoza que todo sucede por necesidad. Nada sucede casual o accidentalmente, y nada sucede como mero hecho contingente. Los actos humanos son exactamente tan necesarios como otros fenómenos naturales. La respuesta de Spinoza a la cuestión de si la voluntad del hombre es libre, es clara y sin ambigüedad, la suposición de que el hombre tenga voluntad libre es una ilusión. Todo lo que el hombre hace, toda decisión que toma, todo acto que realiza, está determinado tan exactamente como el hecho de que la piedra que lanzo al aire caiga a la superficie de la tierra. En ningún momento de mi vida puedo decir, de alguno de los actos realizados, que hubiera sido posible actuar de modo diferente del que de hecho actúe.

Sin embargo, es un hecho que con frecuencia nos arrepentimos de lo que hemos realizado. Pero el arrepentimiento tiene sentido sólo si se presupone que hay actos que podría haber decidido no realizar o podría haber realizado de otro modo. Si no se satisface esta presuposición no tiene sentido arrepentirse de un acto. El arrepentimiento es una emoción que Spinoza llama emoción pasiva. Una emoción pasiva es una emoción que tiene sus raíces en una concepción falsa de los hechos (lo que Spinoza llama tener una idea inadecuada). Otras emociones pasivas son la ira, la envidia, los celos y el enfado. El hombre que no tiene conocimiento o tiene conocimiento defectuoso, está dominado por emociones pasivas. Para liberarse de las emociones pasivas, por tanto, es necesario comprender que ni yo, ni nadie, podría haber actuado de otro modo del que de hecho actuarían, y que nada en el mundo podría ser diferente de lo que es. Son incompatibles la necesidad y el arrepentimiento, la necesidad y el enfado, la necesidad y la envidia, y la necesidad y todas las demás emociones pasivas. En la medida en que entiendo la necesidad de todo lo que es y todo lo que ocurre, en esa misma medida entiendo también la irracionalidad de las emociones pasivas —entiendo que no existe la presuposición de su existencia. Pero incluso entendiéndolo así, no es suficiente eliminar las emociones pasivas. Me es muy posible entender que un acto ofensivo, que cierta persona ejecuta contra mí, es un acto que realiza por necesidad; pero aún puedo sentir la sensación de ira. El modo de luchar contra las emociones pasivas es eliminarlas con ayuda de lo que Spinoza llama emoción activa.

En nuestro intento de entender por qué la Naturaleza es como es (esto es, en nuestro intento de entender la necesidad de todo lo que es y todo lo que sucede), se experimenta lo que Spinoza llama amor al conocimiento y amor al objeto de conocimiento, es decir, amor a la Naturaleza o, puesto que la Naturaleza y Dios son idénticos, amor a Dios. Es con la ayuda de estas emociones con lo que podemos liberarnos del dominio de las emociones pasivas.

El hombre es una de las cosas individuales de la Naturaleza; es uno de los modos. Y, dado que Spinoza define el modo como lo que necesita de otra cosa para ser explicado y entendido, el hombre puede entenderse a sí mismo sólo si ha entendido su existencia como consecuencia de otra cosa. Supongamos que el hombre poseyera un completo conocimiento y entendimiento del orden lógico que determina la Naturaleza —esto es, que entendiera la necesidad de todo lo que es. Si fuera posible poseer tal conocimiento —que según Spinoza, no está a nuestro alcance— el hombre se entendería a sí mismo como parte de Dios. La condición para la existencia y la realidad del hombre es Dios, y la condición para explicar y entender la existencia y la realidad del hombre es, por tanto, el conocimiento de Dios. O, mejor dicho, como el hombre tiene realidad sólo al ser parte de la Naturaleza o de Dios, el conocimiento de la Naturaleza o de Dios es lo mismo que el autoconocimiento.

Lo que el conocimiento logra es, pues, lo siguiente: 1) un entendimiento de la irracionalidad de las emociones pasivas. 2) La eliminación de las emociones pasivas por el amor al conocimiento y el amor al objeto de conocimiento, o, lo que es lo mismo, el amor a Dios. 3) El entendimiento de que el conocimiento de la existencia y realidad del hombre es idéntico al conocimiento de Dios. 4) El entendimiento de que el conocimiento de Dios y el autoconocimiento son idénticos, igual que el amor a Dios y el amor a sí mismo son idénticos. Así, el conocimiento es lo que crea una emoción activa; por tanto, es también lo que hace al hombre libre.

Spinoza afirma que el alma del hombre es inmortal. Desde un punto de vista spinoziano esto suena raro. Parece una afirmación dualista y, por tanto, una afirmación incompatible con la filosofía de Spinoza. Sin embargo, la inmortalidad, de la que habla Spinoza, no es una inmortalidad personal —y, por tanto, no es una inmortalidad que tenga la misma importancia que la inmortalidad que preserva a cada persona individual. Mi conciencia de mí mismo se pierde cuando muero. Bajo el atributo de extensión corresponde el cesar de los procesos en mi organismo; bajo el atributo pensamiento significa el cesar de la conciencia llamada *mi* conciencia. Pero si esto es así, ¿en qué sentido se puede decir que el alma es inmortal? Según Spinoza cada hombre individual es real al ser un elemento en un sistema relacionado necesariamente, es decir, relacionado por una ley verdadera por necesidad lógica. Esta ley explica la existencia de todo lo que es. Con ayuda de esta ley se puede deducir, por así decirlo, que una cosa existe y el modo cómo existe. Supongamos que tenemos una proposición física y que realizamos un experimento típico que ilustra esta proposición. El resultado de este experimento podría haber sido deducido por adelantado por la proposición física. El experimento puede tener diferentes pasos, por ejemplo, a, b y c. Digamos que el paso b dura un minuto. En cierto sentido, se puede decir que b no existía antes de realizar el experimento, ni existe después de realizarlo; b existe sólo durante ese minuto que dura el experimento. Pero, en otro cierto sentido, se puede decir que b existe tanto antes como después de ser ejemplificado en el experimento. Si hubiera que explicar lo que significa la proposición física, esto se podría hacer sólo explicando qué resultados darían ciertos experimentos; b existe, por así decirlo, implícitamente en la proposición. Y como una proposición física es eterna (eterna no en el sentido de que dure, sino en el sentido de que el concepto de tiempo no puede aplicársele significativamente), b también será eterno.

O imagínese que presuponemos la regla para nombrar los días de la semana con que de hecho contamos. Según esta regla se puede decir que los domingos existen por necesidad. Este o ese domingo particular dura veinticuatro horas; pero que se dé este o ese domingo particular podría haber sido deducido de antemano por los datos de nuestro calendario. Este domingo particular existe necesariamente de modo implícito en el calendario.

Una persona P existe sólo durante un cierto tiempo. Pero su existencia, sus actos y experiencias se pueden deducir con ayuda de las conexiones necesarias que hacen de la naturaleza una unidad. Si se tiene un entendimiento y conocimiento absoluto de la Naturaleza, se tendrá también conocimiento de cada modo, y, por tanto, conocimiento de cada hombre individual. La existencia de la persona P está implícita en la ley necesaria de la Naturaleza.

Que Dios, o la Naturaleza, sea eterno significa, como se acaba de decir, que el concepto de tiempo no se le puede aplicar. Una persona que tiene un conocimiento completo del orden lógico de la Naturaleza podría ser intuitivamente capaz de ver todo lo que está implícito en la Naturaleza. Conocer intuitivamente es, según Spinoza, la forma más alta de conocimiento. Esto presupone, sin embargo, un conocimiento discursivo (esto es, un conocimiento que procede deductivamente de una proposición a otra). Supongamos que tengo un triángulo y que no sé nada acerca del triángulo. Mido la suma de los ángulos y encuentro que la suma es 180º. He *observado* o *establecido* que la suma es 180º, pero no lo he *entendido;* porque sólo puedo observar que la suma de los ángulos de hecho es 180º, pero no que, necesariamente, tenga que ser así. Sólo lo entiendo si lo puedo probar. Tal prueba debe proceder discursivamente; procedo de proposición a proposición hasta llegar a la proposición que quiero probar. Sin embargo, el conocimiento discursivo puede evolucionar hasta convertirse en intuitivo; esto es, puedo conseguir ver la prueba sin recorrer los diferentes pasos de la misma. En lugar de ello, puedo ver de golpe la necesidad de la proposición. Se sigue del concepto de triángulo o, si se prefiere de su definición, que la suma de los ángulos sea 180º. Pero este «se sigue» es externo al tiempo (es eterno). No tiene sentido afirmar que la suma de los ángulos *deviene* 180º —es así simultánea o inmediatamente tras la definición de triángulo. Que se proceda discursivamente, y que, por tanto, se emplee tiempo para conseguir la conclusión, es expresión de imperfección. El conocimiento de Dios, que es perfecto, es, por tanto, intuitivo. Como el hombre nunca puede ser Dios, nunca puede llegar a tener el conocimiento de Dios; pero éste es un conocimiento al que el hombre debe aproximarse tanto como le sea posible. Pues sólo al obtener tal conocimiento, tendrá plena conciencia de sí mismo y de su realidad, y sólo este conocimiento le da la emoción activa, el amor al conocimiento, que es el mayor bien y le libera y le hace activo y libre. Es el mayor bien intelectual y espiritual; y los bienes intelectuales o espirituales son siempre, también según Spinoza, más elevados que cualquier bien material. Esto ha sido mantenido, sin embargo, no sólo por Spinoza. Casi todos los filósofos lo han mantenido. Como se recordará, tanto Platón como Aristóteles lo mantuvieron; y contrariamente a lo que se afirma comúnmente, fue también mantenido por el filósofo postaristotélico *Epicuro.* Pero pocos o ninguno, lo han afirmado con tal intensidad y tan consecuentemente como lo hizo Spinoza.

La metafísica de Leibniz

¿Qué es un cuerpo? Descartes, por ejemplo, afirmaba que la propiedad que define un cuerpo era su extensión. La materia según Descartes, se define en términos de extensión. Desde luego parece difícil dar algún significado al concepto de cuerpo inextenso. Sin embargo, esto es lo que afirmaba el filósofo alemán *Gottfried Leibniz* (1646-1716). Si se afirma que la materia inextensa es una contradicción, pero al mismo tiempo se aceptan los argumentos de Leibniz, la consecuencia debe ser que la llamada materia en realidad es de naturaleza no material. ¿Cómo llega Leibniz a una proposición tan paradójica?

En primer lugar, Leibniz afirma que extensión no puede ser la propiedad definitoria (lo que Aristóteles llamó la forma) de un cuerpo. Por física sabemos que el cuerpo tiene inercia. La inercia no se puede explicar con ayuda del concepto de extensión. La inercia ha de explicarse con ayuda del concepto de fuerza. Y el concepto de fuerza no puede deducirse del concepto de extensión.

En segundo lugar, la extensión es una propiedad que la materia aparenta solamente tener. Percibimos lo que parecen ser cuerpos extensos y en realidad, sin embargo, no son extensos. Leibniz basa sus argumentos en la divisibilidad infinita de la extensión. Toda extensión debe tener un punto medio; nunca se puede alcanzar extensión tan corta que no tenga un punto medio. Lo extenso puede ser dividido. Y, según Leibniz, ser divisible equivale a estar compuesto de partes, o ser agregado de componentes. Cualquier cosa compuesta puede estar compuesta de partes que a su vez están compuestas de partes; pero antes o después debemos llegar a elementos que no estén compuestos, es decir, a partes individuales. Y decir de algo que no está compuesto es decir que no consta de partes; es, por tanto, decir que no puede ser dividido. Lo que a su vez es lo mismo que decir que no es extenso.

Podemos afirmar ahora una de estas dos cosas. Podemos afirmar que la extensión es nuestro modo de percibir el mundo externo. Igual que las cualidades sensibles secundarias (color, sonido, olor y gusto) no existen en el mundo externo, sino que se deben solamente a nuestro modo de percepción y, por tanto, sólo existen en el sujeto perceptor, del mismo modo la extensión es algo subjetivo. O podemos afirmar que la percepción del mundo externo no surge por estímulo externo o al ser afectados externamente; podríamos afirmar que se debe exclusivamente a la propia actividad individual de cada uno. El mundo externo en sí es, por tanto, algo subjetivo. Según la primera afirmación no es un error creer que exista un mundo externo, pero sí es error creer que sea extenso. Según la otra afirmación es erróneo creer que exista un mundo externo. El llamado mundo externo está, por así decirlo, producido por la mente de cada individuo. Según la primera afirmación, existe el mundo externo, pero debido a un defectuoso conocimiento filosófico, atribuimos extensión al mundo externo (afirmación difícil de mantener porque el concepto «externo» amenaza con desplomarse si se niega que el concepto pueda ser aplicado al llamado mundo externo). Según la otra afirmación no existe mundo externo; lo que existe es sólo la mente individual de cada uno y el contenido de tales mentes.

De estas dos afirmaciones Leibniz acepta la segunda. El mundo externo solamente existe como producto de cada conciencia individual. Si no existe mundo externo, tampoco existe cuerpo alguno, incluidos los humanos. Sin embargo, Leibniz no mantiene separadas completamente estas suposiciones. Cuando afirma, por ejemplo, que un cuerpo debe estar compuesto de partes indivisibles, presupone el mundo externo; pues la imagen mental que produzco en mi conciencia no está compuesta de partes divisibles ni de indivisibles; no está compuesta en absoluto. Leibniz dice en algún sitio que, igual que en el arco iris vemos partículas incoloras como si fuesen de color, también vemos sustancias inextensas como si fuesen extensas. Es fácil ver que esta comparación es poco afortunada: del arco iris tiene sentido decir que se conciba de otro modo del que de hecho se concibe; pero de una imagen en mi conciencia, no puedo decir con sentido que se conciba de otro modo del que de hecho se concibe. Leibniz tiene otro argumento para la irrealidad de la extensión: si analizamos el concepto de extensión, encontramos que está compuesto de tres, y sólo tres, conceptos: pluralidad, coexistencia y continuidad. Ninguno de estos conceptos, por sí mismos, implica el concepto de extensión ni puede entenderse con su ayuda. El concepto de extensión puede reducirse a algo no extenso. Para la extensión se necesitan los tres conceptos. Cada uno de ellos puede aplicarse a algo inextenso. El tiempo y el movimiento, por ejemplo, tienen continuidad, pero no coexistencia. Sin embargo, también este argumento parece presuponer la existencia del mundo externo —la existencia de la materia: pluralidad, coexistencia y continuidad son conceptos que se pueden aplicar con sentido al concepto de materia, pero no a las imágenes mentales. Pero aunque los argumentos de Leibniz presupongan con frecuencia la primera suposición, él defiende, como se ha dicho, la segunda: lo que existe en este mundo son sustancias inextensas. Leibniz llama a estas sustancias *mónadas.*

No existen dos mónadas idénticas. Pero ¿cómo es posible que dos mónadas —dos sustancias inextensas— sean diferentes? Las mónadas son puntos, por así decirlo, dotados de fuerza; pero como sólo existen mónadas inextensas, no es una fuerza que produzca movimiento en los cuerpos, sino una fuerza que produce fenómenos, es decir, que produce el contenido de la conciencia (imágenes sensibles, emociones, pensamientos, etc.).

Cada mónada se caracteriza por el contenido de su conciencia; ninguna mónada tiene el mismo contenido de conciencia que otra. La diferencia entre la persona A y la persona B es la diferencia entre las percepciones que tenga A y las que tenga B. Pero aunque las percepciones de A y B en un mismo momento no sean idénticas, puede haber situaciones en las que sus percepciones son casi idénticas. Supongamos que A y B se ponen uno al lado del otro y miran lo más alto de la Torre Eiffel. Ambos tienen percepciones que podrían describirse como «ver lo más alto de la Torre Eiffel». No obstante, habrá diferencias, que normalmente se diría que se deben al hecho de que A y B no miran la Torre Eiffel exactamente desde el mismo punto. Además, habrá diferencias debidas a las diferentes percepciones que A y B tengan de sus propios cuerpos. Si, por ejemplo, A ve sus propias manos, las verá necesariamente de modo diferente del que las ve B y A puede tener ciertas sensaciones de su propio organismo que evidentemente es imposible que tenga B.

Ninguna mónada puede afectar a otra. Como dice Leibniz, las mónadas no tienen ventanas. De ahí que las percepciones del llamado mundo externo no puedan ser efecto de causas externas; se deben exclusivamente a la fuerza interior de las mónadas. Supongamos que doy un paseo. Mis percepciones —percepciones de las calles, casas, hombres que pasan, etc.— ocurren en cierto orden (según nuestra concepción ordinaria decimos que vemos las diferentes cosas por las que paso en mi camino). Si es un paseo que doy con frecuencia, conozco el orden de muchas de las percepciones. Según Leibniz, estas percepciones no son percepciones de algo externo a mí (esto es, externo a la mónada); son producidas por mí. Las percepciones de la mónada no ocurren arbitrariamente. Ocurren según ley.

Supongamos que durante mi paseo encuentro a una persona que conozco, B, y que le hablo. Según Leibniz, esta ocurrencia debe describirse como percepciones producidas por mí. Sin embargo, B es en sí sólo una mónada. Además de tener percepciones de casas y seres humanos que pasan, él también tendrá percepciones que describirá como haberme encontrado y haber hablado conmigo. ¿Cómo puedo saber que esto es así? Lo sé porque Dios ha creado un mundo en el que hay una armonía determinada por ley entre las percepciones de las diferentes mónadas (diferentes personas). Existe, como dice Leibniz, una armonía preestablecida.

Que Dios exista es una proposición que Leibniz cree poder probar con ayuda del argumento ontológico. Sin embargo, hace una modificación importante: el argumento ontológico es válido sólo si presuponemos que el concepto de ser perfecto no es contradictorio consigo mismo. Leibniz cree poder probar, de dos modos distintos, que se satisface esta presuposición.

La condición necesaria y suficiente para la posibilidad de la existencia de «x» es que el concepto de x no se contradiga a sí mismo. El concepto de un animal con treinta y cinco patas no es contradictorio; por tanto, es una posibilidad. Si por perfección se entiende que se deba aplicar todo predicado existente, es difícil evitar predicados que se contradigan entre sí: todo predicado tiene su contrario. Por cada predicado que se predique de aquello que posee todas las propiedades, parece necesario, por tanto, predicar también su contrario. Sin embargo, según Leibniz, éste no es el caso. Las propiedades en cuestión son las propiedades positivas. La propiedad de ser inteligente es una propiedad positiva. Ser estúpido es una propiedad negativa; una propiedad negativa realmente no es propiedad. Es carecer de una propiedad —*in casu* de la propiedad inteligencia. Carecer de una propiedad no es en sí una propiedad. Y si se habla sólo de las propiedades positivas, ninguna propiedad será negación de otra. Un concepto del que podamos predicar sólo propiedades positivas no es, por tanto, contradictorio; consecuentemente, es posible.

125

Se recordará que en su respuesta a Gaunilo, Anselmo definió el concepto de Dios como el concepto de un ser cuya no-existencia es inconcebible. Leibniz utilizó este concepto de existencia necesaria en su segunda prueba de la posibilidad del concepto de lo perfecto. Leibniz afirma, igual que Tomás de Aquino en su tercera prueba, que lo que existe contingentemente depende de una existencia no contingente, esto es, de una existencia necesaria.

El argumento de Leibniz es el siguiente:

1) Si el concepto de existencia necesaria fuera imposible, no habría existencia en absoluto.
2) Según el argumento ontológico, el concepto de existencia necesaria debe ser un concepto de algo existente. Sin embargo, una presuposición es que el concepto sea una posibilidad lógica.
3) Si el concepto de existencia necesaria no fuera concepto de algo existente por necesidad, no existiría nada.
4) Pero algo existe.
5) Por tanto, existe un ser que existe por necesidad.

Hablar de la perfección de Dios es, según Leibniz, hablar de dos cosas. la perfección metafísica y la perfección moral. La perfección metafísica está constituida por la posesión de todas las propiedades positivas, o, como Leibniz dice, por todas las esencias (por todas las formas, como diría Aristóteles). La perfección moral está constituida por el mayor grado de bondad. Dios posee la perfección metafísica por necesidad. La perfección moral —esto es, que Dios sea un ser moralmente perfecto— no es una necesidad. Dios no es bueno por necesidad. Frente a Spinoza, por ejemplo, Leibniz afirma que Dios es libre; Dios elige ser bueno. A la famosa pregunta de Sócrates a Eutifrón de si los dioses aman lo bueno porque es bueno, o si es bueno porque los dioses lo aman, Leibniz respondería —aquí también frente a Spinoza— que Dios ama (quiere) lo bueno porque es bueno. Es bien sabido que esta opinión crea dificultades. Aquí no las analizaremos, sólo las describiremos: si Dios es libre, ¿qué es lo que le mueve a elegir ser bueno? No sirve de nada contestar que lo elige porque es bueno. La bondad que le mueve a elegir ser bueno ¿es una bondad que tiene por necesidad, o es una bondad que ha elegido con su libertad absoluta? La alternativa de decir que Dios es bueno por necesidad amenaza ser pura arbitrariedad. Expresándolo crudamente: ¿qué le ha movido a Dios a ser Dios en vez de ser Satán? Decir que Dios ha movido a Dios a ser Dios en vez de ser Satán por pura arbitrariedad es una visión que difícilmente armoniza con la visión o concepto normal de Dios. Sin embargo, Leibniz afirma que Dios elige la bondad por necesidad, pero esta necesidad no es una necesidad lógica, sino una necesidad de tipo contingente. Es necesario distinguir entre la naturaleza de Dios y los actos que realiza por tener la naturaleza que tiene. Dios es eterno y, por ello, no creado (un Dios creado obviamente no es Dios). Por tanto, es imposible decir que Dios ha elegido su propia bondad; pues elegir es un acto, y el acto necesariamente debe haberse realizado en un tiempo determinado, lo que a su vez implica que debe haber habido un tiempo en el que Dios no había elegido aún su propia perfección moral —y, por tanto, un tiempo en el que Dios no era Dios. A este argumento se puede objetar (utilizando una especie de lenguaje existencialista o, si se prefiere, lenguaje estoico) que si Dios elige su propia ley de perfección, esto significa que Dios no sólo es bueno de hecho, sino también que elige ser lo que de hecho es—, elige en el sentido de que acepta (o, en lenguaje estoico, quiere) lo que de hecho es el caso. Pero en contra de esta objeción, se puede argüir que si Dios es moralmente perfecto, ello implica (debido al significado del concepto «moralmente perfecto») que Dios quiere ser moralmente perfecto. Es difícil en realidad que esto sea contingente, como afirmaba Leibniz (es decir, que no sea contradicción negarlo). Igualmente, es difícil ver que sea contingente la relación entre la naturaleza moralmente perfecta y la acción buena. Pues si se explica lo que queremos decir con naturaleza moralmente perfecta, se podrá explicar sólo con ayuda de los actos que el ser moralmente perfecto está dispuesto a realizar.

Pero sea verdad contingente o verdad lógica que Dios sea un ser moralmente perfecto, el hecho de que sea moralmente perfecto implica que el mundo creado por Dios es el mejor de los mundos posibles. Es importante observar también en este punto la diferencia entre Leibniz y Spinoza. Según Spinoza, no hay diferencia entre el mundo posible y el actual. El mundo que existe, existe por necesidad lógica y es, según Spinoza, el único posible. Según Leibniz hay un número infinito de mundos. Y como estos posibles mundos son diferentes, debe haber uno que sea el mejor. Dios ha elegido crear el mejor de los mundos posibles, pues es un ser moralmente perfecto.

El que mantenga que el mundo está creado por un Dios perfecto se enfrenta a la cuestión de por qué este mundo —el mejor de todos los mundos posibles— es, no obstante, un mundo en el que hay tanto sufrimiento. La respuesta es que o Dios es bueno pero no todopoderoso o todopoderoso pero no bueno.

Un esbozo de la respuesta de Leibniz a esta pregunta es el siguiente: el sufrimiento, el mal o la imperfección son de tres tipos: metafísico, físico y moral. La imperfección metafísica es expresión de la falta de propiedades positivas o esencias. El mundo creado no puede ser ni infinito ni perfecto. Ninguna mónada es infinita, las mónadas no constituyen sistema como los modos de Spinoza y, por tanto, tampoco un sistema que pueda aspirar a ser perfecto o infinito. Cada mónada individual constituye su propio mundo. Su imperfección metafísica es necesaria en cuanto que se refiere al mundo creado.

La imperfección física y el sufrimiento físico son necesarios si el mundo ha de ser el mejor de todos los mundos posibles. Si el mundo creado, *per impossibile,* fuera perfecto, no habría sufrimiento (esto es: si cada mónada individual fuera como Dios, o de otro modo, si la actividad creadora de Dios produjera un mundo infinito de dioses que tuvieran que ser idénticos). Pero debido a la imperfección del mundo —imperfección necesaria— no puede existir un mundo sin sufrimiento físico. Como no hay dos de los mundos posibles que sean idénticos, debe haber necesariamente un mundo donde haya menos sufrimiento y mayor participación del bien que en los demás mundos. Además mucho de lo que parece un mal a los seres humanos no lo es necesariamente. Lo que parece un mal, cuando se concibe sólo parcial y aisladamente, no se concibe necesariamente como tal si lo vemos en un contexto mayor. Finalmente, hay bienes que lo pueden ser sólo si se conciben en relación a los males de los que son negación. Presuposición para entender que, por ejemplo, la buena salud es buena es que sepamos que la falta de salud es la negación de algo bueno; se ha de conocer el mal del que nos hemos liberado o que hemos evitado.

La imperfección moral se debe a la imperfección de la voluntad y de la razón. El mal moral no es algo real. El carácter moralmente objetable no es un carácter dotado de malas propiedades. No hay dos tipos de realidades: la buena y la mala. Hay realidad y carencia de realidad. La voluntad del hombre ni es perfecta ni deja de participar de la perfección. Que el hombre esté creado con voluntad y razón imperfectas no es porque Dios no quiera la perfección sino porque a Dios le es imposible crear un número infinito de dioses. Y más aún, el principio de identidad de Leibniz —principio que se explicará a continuación— prohíbe la existencia de dos cosas idénticas. Por tanto, no pueden existir dos cosas perfectas —como tampoco dos creaciones (dos mónadas) que sean idénticas.

Epistemología de Leibniz

La epistemología de Leibniz está íntimamente conectada con su metafísica. Un concepto importante y central en su epistemología es el juicio o la proposición. Desde Aristóteles el juicio se ha analizado en términos de sujeto y predicado. El sujeto es aquello de lo que trata el juicio y el predicado es lo que el juicio dice del sujeto. En el juicio: «La casa es grande», «la casa» es el sujeto; es aquello de lo que se dice algo. El predicado es «grande», porque es lo que el juicio dice (predica) del sujeto. Comparemos ahora los dos juicios siguientes: 1) «Todos los cuadrúpedos tienen cuatro patas» y 2) «César cruzó el Rubicón». Una diferencia epistemológica importante entre estos dos juicios es que mientras la verdad de (1) es lógicamente necesaria, la verdad de (2) ha de afirmarse por investigación histórica empírica. Esta diferencia se expresa en el hecho de que de la negación de (1) resulta una contradicción; pero no resulta contradicción negar (2). El juicio «Algunos cuadrúpedos no son cuadrúpedos» claramente es una contradicción, mientras que el juicio «César no cruzó el Rubicón» no lo es. Es un juicio empíricamente falso, pero un juicio empíricamente falso no es lo mismo que una contradicción. En la contradicción se dice algo que es incompatible con el significado del sujeto. La falsedad de una contradicción puede ser vista *a priori*. Sería malentender el significado del juicio «Todos los cuadrúpedos son cuadrúpedos» intentar verificarlo por la experiencia, es decir, contar las patas de todos los cuadrúpedos para ver si de hecho tienen cuatro patas. Pero si César cruzó o no el Rubicón debe decidirse por investigación empírica.

Según Leibniz, los juicios verdaderos por necesidad lógica deben su necesidad al hecho de que son lo que llama juicios primitivos, o pueden ser reducidos a tales juicios. Un juicio primitivo, según Leibniz, es un juicio cuyo predicado está contenido en el sujeto. En el juicio «Todo cuadrúpedo es cuadrúpedo» el predicado «cuadrúpedo» está contenido en el sujeto «Todo cuadrúpedo». El juicio «El hombre es un animal racional» no es un juicio primitivo, pero puede reducirse a uno. Puesto que el hombre se define como «el animal racional» el juicio «El hombre es un animal racional» se convierte en «El animal racional es un animal racional»; Leibniz, por tanto, llama a tales juicios primitivos juicios verdaderos idénticos o juicios analíticos. Los juicios verdaderos idénticos se caracterizan, además, por ser no existenciales. El juicio «Todos los cuadrúpedos son cuadrúpedos» no dice que existan tales animales. Igual que el juicio «Todos los animales de mil patas son de mil patas» tampoco dice que haya animales con mil patas. Que el juicio es verdadero por necesidad es independiente de si existen o no animales de mil patas. El hecho de que existan cuadrúpedos pero no existan animales de mil patas no es una verdad necesaria sino contingente, esto es: una verdad empírica. Un juicio verdadero por necesidad lógica podría escribirse así: «Si existen cuadrúpedos, entonces son cuadrúpedos.»

Como los juicios necesariamente verdaderos están libres de contradicción, son juicios de algo posible. Pero se ha de decidir por experiencia si aquello que es posible, existe. La única excepción que Leibniz admite a esta regla es la existencia de Dios. De la posibilidad de la existencia de lo perfecto se sigue por necesidad su existencia actual.

Como se recordará, el paso de la potencialidad a la actualidad está condicionado, *inter alia,* según Aristóteles, por la causa final. Según Leibniz, ¿qué condiciona este paso —el paso de la posibilidad de la existencia a la existencia actual? Leibniz acepta un principio teleológico que llama el principio de razón suficiente. Hay infinitos mundos posibles, pero sólo existe uno. Ha de haber una razón —una razón suficiente— por la que Dios escogiera éste y no otro. La razón suficiente es, como se ha dicho, que este mundo es el mejor de todos los mundos posibles.

Otro principio importante formulado por Leibniz es el llamado principio de *inesse*. Como anteriormente se ha explicado, el sujeto es aquello sobre lo que algo (el predicado) se predica. El sujeto en una proposición puede ser el predicado en otra proposición. En la proposición «El conocimiento es una virtud», «el conocimiento» es el sujeto. Pero es el predicado en la proposición: «El hombre posee muchos conocimientos.» Sin embargo, hay conceptos que funcionan como sujetos pero no pueden funcionar como predicados. A tales conceptos los llama Leibniz sustancias o mónadas. De una mónada se puede predicar una infinidad de cosas, pero ella misma no puede predicarse de nada. En la proposición: «César cruzó el Rubicón», «César» es el nombre de una sustancia; el nombre «César» no puede predicarse de nada. Desde luego, podemos decir, por ejemplo, «Es un César», pero al decir esto no usamos la palabra «César» para nombrar a una persona; la usamos para connotar ciertas propiedades a saber: las propiedades que caracterizan a César.

De una persona se puede predicar una infinidad de cosas. Conocer a una persona es saber cómo actuará en esta o aquella situación. Es poder hacer aserciones sobre ella —sobre sus capacidades, sus decisiones y sus actos; la validez de tales enunciados con frecuencia será defendida aludiendo a la naturaleza del carácter de la persona. De su carácter se sigue que se comporte y actúe de esta o esa manera. Expresado en el lenguaje de la epistemología de Leibniz, esto es decir que los diferentes predicados están contenidos en el sujeto. Conocer a una per sona es, por tanto, saber *a priori* cómo actuará. No es posible, sin embargo, adquirir suficiente conocimiento de una persona como para poder hacer *a priori* todas las aserciones verdaderas que es posible hacer acerca de esa persona. Nadie podría haber estado *a priori* en posición como para haber afirmado que César cruzara el Rubicón, o que sus últimas palabras fueran: «Et tu, Brute! » Sin embargo, estas aserciones, como todas las otras posibles aserciones verdaderas acerca de César, son consecuencia de la naturaleza del carácter de César. Por un conocimiento suficiente del sujeto, en las proposiciones que tiene «César» como sujeto, sería posible saber *a priori* todos los predicados. Tal conocimiento presupone una razón infinita y, por tanto, no puede ser conseguido por el hombre. El hombre debe, pues, adquirir su conocimiento por medio de la experiencia. Lo que puede ser conocido *a priori* por una razón infinita debe ser adquirido *a posteriori* por el hombre. Lo importante, sin embargo, es que *podría* ser conocido *a priori,* y según Spinoza, así es conocido por Dios.

De cualquier sustancia o mónada dada (creada por Dios según el principio de razón suficiente) se puede hacer una infinidad de aserciones verdaderas. Cada una de estas aserciones es acerca de un hecho que se sigue de, y nada más que de, la naturaleza individual de la sustancia —de lo que Leibniz llama su *haecceitas.* Ninguno de estos hechos puede ser efecto, por tanto, de nada externo a esta sustancia. Como dice Leibniz en su metafísica: ninguna mónada puede afectar a otra mónada; las mónadas no tienen ventanas.

Todas las proposiciones verdaderas, en principio, pueden ser conocidas *a priori,* y, por tanto, puede saberse que son verdaderas por necesidad. ¿Implica esto que Leibniz asuma que sean proposiciones verdaderas idénticas? Como Leibniz algunas veces parece dar una respuesta afirmativa y otras negativa, la cuestión no puede zanjarse definitivamente. Pero incluso si decimos que son proposiciones verdaderas idénticas, será siempre imposible al ser humano reducirlas a tales proposiciones.

Para los seres humanos siempre seguirán siendo proposiciones *a posteriori;* serán siempre proposiciones que pueden ser verificadas sólo por la experiencia.

Debe mencionarse un principio más: el llamado principio de *identidad.* Según este principio dos cosas nunca pueden ser exactamente idénticas. Dos cosas cualesquiera han de diferir no sólo al ser dos cosas —ser espacialmente distintas— sino también por lo menos en una propiedad. De dos cosas, cualesquiera que sean, ha de haber por lo menos una propiedad que tiene una y no la otra.

Se debe distinguir entre dos tipos de identidad: identidad numérica e identidad cualitativa. Estos dos tipos de identidad se pueden explicar así: supongamos que tengo un coche. Un amigo me pregunta si es el mismo coche que yo tenía el año pasado. Si mi respuesta es afirmativa, hay identidad numérica entre el coche que tenía el año pasado y el que tengo ahora. Si mi amigo tiene un coche de la misma marca y del mismo año y exactamente con la misma apariencia, su coche y el mío son numéricamente diferentes, pero cualitativamente idénticos. Según el principio de identidad de Leibniz —lo que él llama el principio de identidad de indiscernibles *(principium identitatis indiscernibilium)*— se niega la posibilidad de identidad cualitativa. Dos hojas o dos gotas de agua nunca son idénticas exactamente; que esto es así se puede saber *a priori.* Se sigue del principio de identidad, que a su vez se sigue del principio de razón suficiente: Si dos cosas, A y B, fueran numéricamente diferentes pero cualitativamente idénticas, A y B, serían espacialmente distintas. A podría estar, digamos, en S_1 y B en S_2. Pero si A y B fueran idénticas en todos los sentidos, Dios no habría tenido ninguna razón para que A esté en S_1 en lugar de en S_2 y B en S_2 en lugar de en S_1.

A veces, Leibniz parece también basar su principio de identidad en la lógica. En su famosa correspondencia con el filósofo inglés Samuel Clark (que defendía la idea de

Newton de un espacio y tiempo absolutos), Leibniz basa su principio de identidad tanto en el principio de razón suficiente como en la lógica. En la quinta carta afirma Leibniz que sólo con ayuda del principio de razón suficiente se puede probar el principio de identidad; aunque le sería posible a Dios crear dos cosas idénticas, se ha abstenido de hacerlo, pues tal acto no tendría una razón suficiente. En su cuarta carta a Clark, sin embargo, basa su principio de identidad en la lógica. Supongamos que existan dos cosas, A y B, que son idénticas. Son numéricamente diferentes pero cualitativamente idénticas. Sin embargo, los nombres y descripciones de todas las propiedades que pueden ser predicados de A y predicados de B —propiedades contenidas en A y B— serían idénticas. A y B son, por tanto, sólo dos descripciones o nombres diferentes de una y la misma cosa. Si se considera además que para Leibniz el espacio es irreal, se sigue que las únicas diferencias que pueden existir entre dos cosas (dos sustancias o mónadas) son las propiedades inherentes a la sustancia. La distinción espacial es, por tanto, ilusoria. Y si la distinción espacial es una ilusión, el concepto de diferencia numérica y el concepto de identidad numérica se convierten en conceptos sin sentido.

Leibniz no era sólo filósofo. Tenía una inteligencia casi universal. Hizo importantes contribuciones a las ciencias naturales, al derecho, a la matemática, a la lógica y a otras muchas disciplinas. Pero primero, y ante todo, fue filósofo. Y como filósofo se concentró principalmente en epistemología y metafísica. Leibniz fue uno de los últimos grandes metafísicos y aun así fue un metafísico de gran influencia. Entre otros, influyó profundamente en el que probablemente sea el mayor filósofo que jamás haya tenido Alemania, Immanuel Kant. Kant no sólo estuvo influido por la filosofía alemana; no es sólo Leibniz el que influyó en Kant. También el empirismo británico fue decisivo —un empirismo que tuvo sus comienzos con John Locke y fue llevado a su fin por David Hume.

John Locke

A *Locke* (1632-1704) se le considera normalmente como el padre del empirismo británico, o más bien el padre de cierta fase de él —la caracterizada por tres grandes nombres: Locke, Berkeley y Hume.

Como se recordará, Descartes negaba que la percepción sensible pueda ser el origen del conocimiento. La información que se nos transmite por los sentidos no es inmune a la duda metódica. El origen del conocimiento debe ser inmune a tales ataques. El origen lo encuentra Descartes en la razón, o, más bien, en las ideas innatas de la razón. Los criterios de las ideas innatas son, según mantiene, su claridad y distinción —los conceptos de «claridad» y «distinción» entendidos no psicológica sino epistemológicamente, lo cual es decir que la verdad de esas ideas se ve clara y distintamente, o, lo que es lo mismo, se ve que son verdaderas por necesidad.

Siempre ha sido un problema filosófico cómo explicar el hecho de que haya proposiciones que sean verdaderas por necesidad. Platón lo explicó con la teoría de la preexistencia del alma. Antes del nacimiento el alma tenía conocimiento de las ideas; con el nacimiento el alma perdió este conocimiento pero con una enseñanza adecuada, el conocimiento olvidado puede salir a la luz. La explicación de Descartes, como se ha dicho, está en términos de ideas innatas. Una explicación más elegante fue la dada por Leibniz: las proposiciones verdaderas por necesidad son proposiciones verdaderas idénticas. Locke presentó una drástica teoría que a duras penas se puede mantener: la teoría de que la verdad de las proposiciones necesarias se adquiere del mismo modo que la de todas las demás proposiciones. Nadie negaría que sólo por experiencia podemos verificar la proposición de que hay elefantes en África. Pero pocos mantendrían que la proposición de que es imposible que, a la vez, pueda y no pueda haber elefantes en África también debe ser verificada por la experiencia. En realidad, se consideraría superfluo ir a África para convencerse de la verdad de esta proposición. La concepción filosófica más extendida ha sido que la verdad de las proposiciones ha de conocerse o por la experiencia o por la razón. Y además, ha sido opinión aceptada que las proposiciones cuya verdad hemos confirmado por la experiencia no pueden ser verdaderas por necesidad; y que las proposiciones necesariamente verdaderas son proposiciones conocidas por la razón independientemente de la experiencia. La estructura de la razón nos permite ver la verdad de ciertas proposiciones. La razón está dotada de ciertas ideas innatas.

Locke, sin embargo, no acepta la opinión de que la razón posea ideas innatas. La mente, mantiene Locke, es una hoja blanca de papel; es, como él dice, una *tabula rasa.* El único modo de escribir algo en esta *tabula rasa* es por medio de la experiencia, de la experiencia sensible. La experiencia sensible es resultado de la afección de los órganos de los sentidos (el ojo, por ejemplo, es afectado por los rayos de luz, y el oído por las ondas sonoras); esta afección es transmitida al cerebro. Cuando el cerebro ha sido afectado produce lo que Locke llama ideas en la mente. Todas las ideas en la mente, en última instancia, vienen de la experiencia. Las ideas son lo que Locke llama el material del conocimiento.

Pero aunque las ideas sean transmitidas a la mente desde el exterior, esto no implica que la mente las reciba pasivamente. Las ideas son sólo el material, y es tarea de la mente trabajar con este material. Aunque la mente no posea ideas innatas, posee ciertas capacidades. Posee, por ejemplo, la capacidad de distinguir entre las diferentes ideas; y es esta capacidad de distinguir una cosa de otra, según Locke, el origen de toda evidencia y necesidad y el origen, entre otras cosas, de las proposiciones o ideas que han sido tomadas, aunque falsamente, como ideas innatas.

Se ha supuesto con frecuencia que la negación por Locke de la existencia de las ideas innatas estaba en pugna directa con las concepciones de Descartes y de Leibniz. Un examen más a fondo muestra, sin embargo, que la diferencia entre ellos no es tan grande como se suponía. Es dudoso si el concepto de ideas innatas que ataca Locke es el concepto mantenido por filósofo alguno. La concepción de Locke, además, no se desvía tanto del concepto que de hecho aceptan Descartes y Leibniz. Hay, sin embargo, otra diferencia más pronunciada entre Descartes y Leibniz por una parte y Locke por otra. Mientras Descartes y Leibniz arguyen con sutileza, claridad lógica y agudeza, Locke es un filósofo con más aptitud para el sentido común que para distinciones sutiles y lógicas. Apenas seríamos injustos con Locke al mantener que sus argumentos contra la teoría de que existen ideas innatas no han tenido demasiada influencia en la filosofía posterior.

El concepto de idea es un concepto con una larga tradición filosófica. Se recordará que este concepto jugó un papel decisivo en la filosofía de Platón. Una idea, según el uso de la palabra por Platón, es un objeto no empírico. Es un objeto del pensamiento y no de los sentidos. Podemos entender lo que significa la palabra, pero no podemos imaginar una idea; no lo podemos hacer por la simple razón de que no hay nada que imaginar. La idea no es una entidad psicológica, no es un fenómeno mental, no es subjetiva sino objetiva. En los racionalistas como Descartes, Spinoza y Leibniz se mantiene gran parte del significado platónico. Descartes, por ejemplo, dice: «Lo que llamo ideas no son sólo figuras en mi imaginación; diré que tales figuras no se llaman ideas por cuanto son figuras en el aspecto corporal de la imaginación, esto es, el cerebro.» Y cuando Descartes dice que tiene una idea del ser perfecto e infinito, es obvio que tal idea no puede ser figurada —no se puede figurar ni lo infinito ni lo perfecto. Spinoza define la idea como concepto, concepto que es producto del pensamiento y que, según afirma, no puede identificarse con la percepción. En Leibniz, finalmente, encontramos que las ideas incluyen conceptos tales como identidad, posibilidad y esencia, ideas todas ellas de las que no tendría sentido intentar imaginarlas. Sin embargo, sería un malentendido creer que la idea, en todos los filósofos mencionados, era completamente platónica. En Descartes, Spinoza y Leibniz la idea es subjetiva, en el sentido de que, no existe independientemente de la mente humana y en el sentido de que, a pesar de las aparentes afirmaciones de lo contrario, se usan las ideas también para incluir imágenes mentales.

En Locke, sin embargo, la idea ha perdido completamente su sentido platónico. La idea no es un objeto de pensamiento sino objeto sensible, y totalmente subjetiva. Pero este concepto de idea sensible involucra a Locke en uno de los más difíciles problemas que la filosofía ha tenido jamás —y en cierto sentido aún tiene: el problema del mundo externo. Este problema tiene muchos aspectos. El modo como el problema aparece a Locke es interesante en más de un sentido. En primer lugar es interesante porque es un problema filosófico— y todos los problemas filosóficos son interesantes. Es también interesante por otra razón. Porque se evidencia aquí cómo una teoría científica puede ser la causa de problemas metafísicos y concepciones metafísicas. La relación entre la ciencia —las ciencias naturales en particular— y la filosofía ha sido siempre objeto de interés y de debate. Son concebibles las posibilidades siguientes: 1) Todos los problemas y concepciones metafísicos son, en último análisis, expresión de un conocimiento científico defectuoso. Como la ciencia hace progresos, las concepciones metafísicas quedan falseadas unas tras otras. El conocimiento científico sustituye a la especulación metafísica. 2) Hay genuinos problemas metafísicos y la tarea de la filosofía es solucionarlos; pero es sólo la ciencia la que puede formularlos. Los problemas metafísicos genuinos tienen como presuposición la investigación científica. 3) Debido a falta de preparación filosófica, los científicos creen a menudo que sus teorías y resultados justifican ciertas concepciones metafísicas. Es entonces tarea de la filosofía mostrar que esas concepciones se basan en un malentendido y que las proposiciones que expresan estas concepciones son pseudoproposiciones. Se han afirmado las tres posibilidades. La primera posibilidad ha sido principalmente mantenida, como es natural, por científicos con interés especial y preparación en filosofía. Entre estos científicos uno encuentra afirmaciones que rechazan lo dicho por los filósofos. Se pueden encontrar opiniones como que lo que dijo Kant, por ejemplo, acerca del espacio y del tiempo es expresión de un defectuoso conocimiento científico, o que lo que Zenón encontró paradójico en relación al movimiento es expresión de la falta de conocimiento matemático. Referente a tales concepciones, sin embargo, se debe notar que como problemas filosóficos, por definición, son diferentes de los problemas científicos; un problema metafísico y una concepción metafísica no pueden nunca sustituir, ni ser sustituidos por una teoría científica. Los problemas científicos y los problemas filosóficos tienen raíces diferentes, pertenecen a diferentes universos lógicos; no pueden, por tanto, estar en pugna. Debate más serio se da entre la segunda y la tercera posibilidad. Sobre este debate se puede decir mucho más de lo que aquí se dice. Basten, pues, de momento las siguientes aclaraciones: Locke aparentemente acepta la segunda posibilidad. Como veremos a continuación, se encuentra obligado por la ciencia a adoptar ciertas posiciones filosóficas. No se le ocurre que lo que dice la ciencia (y lo dice correctamente) no necesite las suposiciones filosóficas que él fácilmente acepta. Pero Locke no es el único que acepta la posibilidad (2). Podemos encontrar representantes de esta posibilidad en toda la historia de la filosofía. Sin embargo, la mayoría de los filósofos tienden hoy a aceptar la tercera posibilidad. Cuando la ciencia cree que sus resultados implican ciertas concepciones filosóficas y metafísicas, estas concepciones (siempre que sean realmente metafísicas y no sólo concepciones científicas disfrazadas de filosóficas o de metafísicas) son expresión de una falta de entendimiento filosófico (falta de entendimiento que se encuentra a veces también en los filósofos).

Veamos ahora cómo se encontró envuelto Locke en el problema del mundo externo. Locke era amigo del famoso científico Robert Boyle; por tanto, estaba bien informado de la fisiología de los órganos sensoriales. Sabía mucho acerca de lo que ocurre en un organismo cuando alguien percibe algo. Locke tenía conocimiento, por ejemplo, de los rayos de luz, la imagen retiniana, los nervios ópticos y los procesos cerebrales. Estos procesos en el organismo son lo que Spinoza entiende por percepción —siempre que se los vea bajo el atributo de extensión y no bajo el atributo de pensamiento. Pero para Locke, que fue influido más por la escuela cartesiana que por la escuela spinozista, esta interpretación no es correcta. Locke aceptó la teoría de la interacción de Descartes como algo evidente por sí mismo. Los procesos fisiológicos sensibles no pueden ser idénticos a la sensación y la percepción. Sólo pueden ser la última causa física. Los procesos fisiológicos afectan a las ideas de sensación producidas en la mente. Por tanto, la sensación visual, por ejemplo, es un proceso que envuelve los siguientes elementos: 1) el objeto externo, 2) los rayos de luz que se reflejan del objeto y afectan al ojo, 3) los procesos fisiológicos, y, finalmente, 4) la imagen visual creada por estos procesos, o, en el lenguaje de Locke, la idea creada por estos procesos. Así parece que estamos obligados a distinguir entre el objeto externo y la imagen visual o idea. Parece, además, que estamos obligados a suponer que lo que vemos no es el objeto externo en sí, sino la idea en la mente. Pero si no tenemos conocimiento de nada, excepto de las ideas, se nos impide tener conocimiento del objeto en sí. Si nunca po-

142

demos tener percepciones del objeto, ¿qué podemos saber entonces acerca de este objeto? Y si pretendemos tener conocimiento de ello, ¿con qué derecho lo pretendemos? Esta duplicidad de la existencia (o, si se prefiere, de lo ontológico) en dos entidades fundamentalmente diferentes: objetos (que existen independientemente de ser percibidos y, por tanto, existen objetivamente) e ideas (que existen sólo en la mente del perceptor y, por tanto, existen sólo subjetivamente) ha creado grandes enigmas filosóficos. Por una parte, es absurdo afirmar que, por ejemplo, este papel en el que escribo y el lápiz con el que escribo sean sólo ideas en mi mente y que los objetos reales —los objetos que son causa de las ideas de percepción sean completamente desconocidos. Por otra parte, parece necesario afirmar exactamente esto. Si percibo el olor de una rosa, parece obvio que son los procesos químicos en mi nariz lo que produce este determinado olor característico de las rosas. No puedo identificar la cualidad del olor con los procesos químicos. La descripción del olor y la descripción de los procesos químicos son completamente distintas. Y lo que es verdad del olor es también verdad del sonido, del sabor y de la percepción visual. Sin entrar en detalles acerca de este difícil problema, bastará la siguiente observación: la tarea filosófica debe ser la de mostrar que esta duplicidad, que se cree que necesita la fisiología sensible, es expresión de un deficiente pensamiento filosófico; esa tarea, además, debe ser la de mostrar cómo los resultados científicos son compatibles con una concepción que no involucre tal duplicidad; esto es, compatibles con una concepción que no distinga entre objeto e idea de percepción. Es, en otras palabras, una tarea que implica que los resultados de las ciencias sean filosóficamente relevantes, en el sentido de que una deficiente preparación filosófica conduce al científico a sostener opiniones metafísicas más o menos absurdas —opiniones que es tarea del pensamiento filosófico revelar como absurdas. Lo que aquí se ha dicho se refiere por supuesto sólo a los problemas filosóficos que se suponen necesarios para

143

la fisiología de los sentidos. Sin embargo, aquí no se examinarán estos problemas.

A la cuestión acerca de la relación entre el objeto y la idea, la respuesta de Locke está de acuerdo con Robert Boyle: un objeto debe poseer las cualidades primarias, es decir, la extensión, la forma, la solidez y el movimiento —qué significa estar o no en movimiento; estas cualidades no pueden pensarse fuera del objeto. Sin estas cualidades no podríamos concebir el objeto. Por tanto, podemos inferir que las ideas primarias son copia de las cualidades primarias. Pero no hay similitud alguna entre las cualidades secundarias y las ideas secundarias. Las ideas secundarias son: color, sonido, olor y sabor. No guardan similitud con las cualidades correspondientes en el objeto, es decir, con las cualidades secundarias. Las cualidades secundarias, afirma Locke, no son más que potencialidades en el objeto para producir las ideas secundarias en la mente humana.

Además de las ideas sensibles tenemos también otra clase de ideas: las ideas de reflexión. Es sabido que sólo vemos, olemos o gustamos algo si hacemos caso a nuestras percepciones. No siempre oímos ni sentimos el tic-tac del reloj, el ruido de la calle, y el roce de nuestra ropa con el cuerpo; tenemos que prestarles atención, o hacerles caso, para percibirlos. Según Locke prestar atención a una idea, o hacerle caso, es un tipo especial de proceso mental, un proceso que crea la idea de reflexión. Por tanto, la percepción, según Locke, envuelve lo siguiente: 1) una idea de la sensación de la que no somos conscientes si no hay también una idea de reflexión; 2) el proceso mental que Locke describe como percepción mental de las ideas de la mente y que nos provee de las ideas de reflexión. Así, la percepción envuelve dos tipos de ideas, las de sensación y las de reflexión. Locke también clasifica como ideas de reflexión los procesos mentales como la voluntad, el pensamiento y la memoria.

Locke tiene algo importante que decir acerca del problema de la identidad personal. Cada persona puede decir de sí misma que es hoy, ayer o el año pasado la misma persona. Nadie ha sido, ni será jamás, otra persona. Ésta no es una afirmación para la que tengamos que dar una razón; sólo se ha de mencionar. Sin embargo, la cuestión filosófica es ésta: ¿cuál es el criterio por el que yo soy, de hecho, la misma persona? No sirve para nada, piensa Locke, referirse a mi cuerpo; el cuerpo de una persona no es el mismo desde su nacimiento hasta su muerte (un cuerpo consta de células de vida breve). Ni tampoco puede ser lo que Locke llama el alma sustancial. Locke no duda de que tengamos alma sustancial (las ideas existen en el alma y no en el cerebro, en el cerebro hay sólo procesos neurofisiológicos). Pero niega que la sustancia-alma pueda ser el criterio de la identidad personal. Lo que justifica decir de una persona A que es la misma persona que realizó cierto acto en cierto momento no es que de hecho tenga la misma alma sustancial. Según Locke no es más convincente decir de una persona que es la misma porque tiene la misma alma sustancial que decir que es una y la misma persona por tener el mismo corazón. Si una persona A recibe por trasplante el corazón de una persona B, no decimos que A ha pasado a ser B. Y si una persona A (por algún tipo de proceso místico) recibiera el alma sustancial de B no diríamos tampoco, según Locke, que ha pasado a ser B. Desde luego hay una característica metafísica esencial en el alma sustancial, pues la conciencia depende de ella. Y hay buenas razones para suponer, según Locke, que a una y la misma alma sustancial está conectada una y la misma conciencia. Pero no es una verdad lógicamente necesaria que esto sea así. Es una verdad contingente. Lo esencial, según Locke, es la conciencia o, mejor dicho, la conciencia de sí mismo. Sé que soy la persona que en cierto momento realizó cierto acto porque tengo conciencia de haberlo realizado. Por tanto, la memoria es condición necesaria. Pero la conciencia de sí mismo (que implica la memoria) no es sólo condición necesaria para la identidad personal, es también condición suficiente. Y como hemos visto, Locke afirma que la conexión entre alma sustancial y conciencia es contingente. El alma sustancial no puede utilizarse como criterio de la identidad personal. Supongamos que una mañana al despertar me miro al espejo y descubro que tengo un aspecto completamente diferente del normal. En otras palabras, descubro que he recibido otro cuerpo. Sea lo que sea lo que diga y piense en esta situación nunca podría decir que yo ya no sea yo mismo (excepto, desde luego, en el amplio sentido en el que decimos a veces que hoy no soy el mismo —por ejemplo, en los días en los que todo nos sale mal). Todavía responderé a las preguntas acerca de quién soy diciendo que soy Justus Hartnack, y afirmaré que en mi infancia vivía aquí o allá, que experimenté esto o aquello, etc. Ahora supongamos que tenemos dos personas, A y B, y que una mañana A se despierta y descubre que en vez de tener sus propios recuerdos, tiene todos los recuerdos de B, o mejor dicho que otros lo descubren; *ex hipothesi* él mismo no puede saber que no ha tenido siempre los recuerdos de B. Se atribuye el nombre de B, toma la mujer de B como su mujer; habla en primera persona de eventos de los que B hubiera hablado ayer en primera persona. Todo lo que B puede recordar de su vida, todo lo que ha hecho, pensado, etc., es ahora lo que A recordará haber hecho. En otras palabras, se puede decir que A ha recibido la conciencia y la memoria de B. ¿Diríamos ahora que la persona A ha pasado a ser la persona B? Si A se mira al espejo se sorprenderá al ver que se parece a A —el A al que recuerda haber visto ayer (siempre que, por supuesto, tenga la memoria de B). A ha recibido la memoria de B pero aún tiene el cuerpo de A. Si B realizó ayer un acto criminal, entonces A recordará hoy que fue él el que lo realizó, admitirá que él realizó este acto; confesará o admitirá su crimen; considerará como expresión de justicia que le acusen a él de haber realizado el acto. Sentiría como el mayor grado de injusticia que otra persona fuera acusada de haber realizado ese acto. Por estas razones, Locke cree que el criterio de la identidad personal debe ser, no la identidad del cuerpo, sino la identidad de la conciencia (conciencia de sí mismo). Y evidentemente, en la situación que acabamos de presentar, sería irrelevante informarle a A de que tenía no sólo el cuerpo sino también el alma sustancial de A. Lo esencial es que A tiene la conciencia de B y puede recordar los actos que B realizó, recordarlos en el sentido de que recuerda que fue él quien los realizó. Con respecto a las preguntas de si él era A o B, sería irrelevante para A saber de quién tenía el alma sustancial.

Con el problema de la identidad personal Locke ha tratado un problema filosófico importante y muy difícil. Locke no ha solucionado el problema. Pero probablemente sea correcto decir que con frecuencia es más importante descubrir y formular un problema que solucionarlo. Locke ha visto que no podemos identificar a una persona con su cuerpo. Y si se acepta que hay algo llamado alma sustancial, es correcto también decir, como lo hizo Locke, que la identidad de una persona es independiente de tal alma sustancial. Se puede discutir si está en lo correcto o no al afirmar que la identidad personal debe depender de la conciencia de sí mismo. Es un problema que aún se discute en revistas y libros.

Locke es conocido también por su filosofía política En particular, en su libro *Second Treatise of Civil Government,* ha examinado conceptos tales como libertad, igualdad, el derecho a la propiedad y la justificación y propósito del gobierno civil. El resultado al que llega es considerado frecuentemente como una defensa del liberalismo.

Hobbes creía, igual que Locke, que para descubrir el porqué de un gobierno civil, para descubrir la justificación de un gobierno civil o, lo que es lo mismo, para descubrir cómo deberíamos justificar el tener un Estado, debemos aplicar el concepto de estado de naturaleza, es decir, un estado en el que no hay gobierno y, por tanto, no hay leyes dadas por ningún gobierno, ni institución ni ser humano. Lo único que tendríamos serían leyes de la naturaleza. Es importante recordar que es irrelevante si ha existido o no tal estado de naturaleza. Ni Locke ni Hobbes intentan hacer una descripción histórica de la génesis del Estado. Lo que intentan hacer es encontrar su justificación. El concepto de estado natural se utiliza para ver qué sucedería si no hubiera estado ni otra ley que la propia ley de la naturaleza.

Pero ¿existen tales leyes, leyes que deben ser válidas incondicionalmente para los seres humanos independientemente de si viven o no en sociedad? Locke cree que sí. Cree, por ejemplo, que todos los hombres son iguales. Sin embargo, hay una diferencia entre la afirmación de Hobbes y la de Locke. La afirmación de Hobbes envolvía una descripción de lo que de hecho creía ser el caso, esto es, que todos los hombres son iguales en general con respecto a sus capacidades y a lo físico. La aserción de Locke, sin embargo, es una aserción normativa. Locke cree que todos los hombres deben ser iguales. Y cuando dice que todos los hombres deben ser iguales no lo dice obviamente en el mismo sentido que Hobbes —no tendría sentido afirmar que todos los hombres deben ser iguales con respecto a capacidades y fuerza física. Lo que quiere decir es que nadie tiene derecho a someter a otra persona a su voluntad; nadie tiene derecho a dominar o esclavizar a otro ser humano; todo hombre es amo de sí mismo. Locke no quiere decir que esto de hecho sea así, sino que cree que debe ser así. Cuando dice que debe ser así, eso no es fruto de una actitud emocional; cree que es una proposición evidente por sí misma; es una verdad de razón. Si todos los hombres fueran iguales, todos serían libres. Ser amo de sí mismo significa, entre otras cosas, tomar sus propias decisiones; no se está siendo obligado o mandado por otros a actuar de cierto modo; se actúa por deliberación y decisión. Esto no significa, por supuesto, que uno pueda hacer lo que quiera. También es ley de razón que no se debe perjudicar innecesariamente a otras personas.

Del concepto de igualdad deduce Locke el derecho a

la propiedad. Que todos los hombres son iguales significa, como acabamos de decir, que cada hombre es amo de sí mismo; un modo de expresar esto es diciendo que cada hombre se posee a sí mismo. Poseerse a sí mismo, según Locke, significa que el hombre posee su propio cuerpo; y esto, a su vez, significa que el hombre posee su propio trabajo, el trabajo que realiza con su propio cuerpo; lo cual significa que posee el resultado de su trabajo. Así, Locke llega al derecho a la propiedad. Sin embargo, hay ciertas limitaciones. Por ejemplo, uno no tiene derecho a poseer más de lo que puede utilizar y debe tomar sólo una cantidad tal que deje suficiente a las otras personas.

Hasta aquí hemos descrito sólo el estado de naturaleza; aún no estamos en un gobierno civil. La diferencia entre Hobbes y Locke está aquí bastante clara. Según Hobbes, la vida del hombre, en el estado de naturaleza, está dominada por el temor a la muerte violenta; es un estado en el que todos están en guerra contra todos. Según Locke el énfasis está en los derechos del hombre y la norma de que no se debe actuar de modo que se perjudique innecesariamente a otras personas. Los derechos, según las leyes de la naturaleza, son irrevocables. El estado de naturaleza de Locke es, por tanto, un estado mucho más pacífico. Pero si fuera así, entonces, ¿por qué abandonar el estado de naturaleza? ¿Por qué crear una sociedad civil? La justificación de Locke es la siguiente: todo hombre tiene derecho a imponer la ley de la naturaleza. Por tanto, todo el mundo tiene derecho a castigar al que infrinja la ley de la naturaleza. La observancia de la ley de la naturaleza depende, por lo menos, en gran parte, de nuestra capacidad para imponer la ley. Locke cree que no hay suficiente seguridad para cada individuo si la ley es ejecutada por cada persona individual. Cree que los individuos obtendrán mucha más seguridad y protección para sus derechos si hay una institución específica cuya tarea sea imponer la ley de la naturaleza. La sociedad civil, por tanto, se crea si un grupo de hombres está de acuerdo en transferir su derecho a imponer las leyes de la naturaleza a una institución especial. La sociedad civil se erige en el momento en que se establece esta institución. En otras palabras, la tarea de la sociedad civil no es limitar los derechos de los ciudadanos; por el contrario, es proteger estos derechos para que los ciudadanos estén en posición de disfrutar mejor de estos derechos. El único derecho que se cede es el derecho a imponer la ley de la naturaleza.

Si uno entra en una sociedad civil, debe someterse, sin embargo, a las decisiones y deseos de la mayoría, aunque no, con respecto a todo. Uno debe someterse a los deseos y decisiones de la mayoría en los casos en los que la sociedad debe actuar y puede actuar necesariamente sólo de un modo. En estos casos no es el gobierno como tal el que toma las decisiones sino, en principio, los ciudadanos del estado; y como el estado puede actuar sólo de un modo, debe ser del modo que quiera la mayoría de la gente. Todo el que entre en una sociedad civil debe comprender, por tanto, que ha prometido someterse a las decisiones de la mayoría.

George Berkeley

Berkeley (1685-1753) es el único filósofo de Irlanda que ha llegado a tener fama mundial. Berkeley escribió su principal obra *Tratado sobre los principios del conocimiento humano* cuando tenía sólo veinticinco años. Es esta obra la que, por lo menos, primeramente, le dio su reputación mundial. Su problema, el problema del mundo externo, no era un problema nuevo; algunos filósofos antes que él (entre otros, como hemos visto, John Locke) lo habían estudiado y analizado. Pero la solución intentada por Berkeley es nueva —por no decir revolucionaria.

Locke, y con él algunos otros filósofos, creyó necesario afirmar que el mundo con el que tenemos contacto directamente, el mundo en el que, por decirlo así, vivimos, el mundo cuyo conocimiento está mediado por los sentidos, está constituido por ideas de percepciones. El mundo real (es decir, el mundo que existe independientemente de nuestra percepción) es un mundo cuya existencia sólo podemos inferir. Es la causa desconocida de nuestras percepciones: *Esse est causare perceptiones.*

Es esta concepción la que ataca Berkeley. El mundo del que tenemos conocimiento directo, el mundo que percibimos, el mundo que Locke caracteriza como ideas de la percepción, ese mundo, según Berkeley, es el mundo real. El objeto, digamos el tintero que veo frente a mí y que toco, no es el efecto de algo místico, incognoscible y eterno, es él mismo el objeto real.

En lugar de decir que el objeto real es una causa desconocida de las ideas percibidas, Berkeley afirma que el objeto real está constituido por esas ideas. En otras palabras, Berkeley rechaza el principio: *Esse est causare perceptiones* y acepta en su lugar el principio *Esse est percipi.*

Al aceptar este principio, Berkeley cree estar de acuerdo con el sentido común (en su diario filosófico dice que está de acuerdo con el sentido común). En cierto sentido esto es verdad. Si examinamos un objeto, lo miramos, lo tocamos, lo olemos, etc., todo lo que encontramos es lo que, en terminología de Locke y Berkeley, se llaman ideas, y todos creemos que Berkeley está en lo cierto cuando mantiene que no tiene sentido suponer que nuestras percepciones deben tener como causa un objeto que no posea cualidad sensible alguna. Hasta aquí está de acuerdo con el sentido común. Pero ahí comienzan las discrepancias. Según Berkeley, el objeto real está constituido por ideas sensibles; y las ideas existen sólo en la mente. Una idea es algo que, por su naturaleza, es percibido. Una idea no percibida, según Berkeley, es una contradicción. No se puede definir, por ejemplo, un sabor sin decir que es algo saboreado; un olor ha de ser algo olido; un sonido ha de ser algo oído; y un color ha de ser algo visto. Pero si, éste es el caso, no podemos evitar un dilema. Si hemos de evitar decir que el objeto sensible es producido por un objeto místico, un objeto al que es imposible dar sentido, hemos de decir entonces, como lo hace Berkeley, que el objeto sensible es el objeto real. Y si no queremos negar lo que realmente parece difícil negar, que las ideas sólo pueden existir cuando son percibidas, un objeto puede existir sólo cuando es percibido —en otras palabras, que *Esse est percipi.* Está claro que Berkeley no quiere aceptar esta consecuencia; una consecuencia que desde luego sería absurda. Intenta escapar de ella de dos modos. En un lugar dice que todas las ideas —las ideas que constituyen el mundo real— son creadas por Dios. Y Dios, no sólo crea las ideas; también las percibe. En otras palabras, no existe una idea no percibida. La oración *Esse est percipi* es, por tanto, independiente de la percepción de los seres humanos. En otro lugar cambia este principio por un principio hipotético. En las propias palabras de Berkeley: «Digo que la mesa sobre la que escribo existe, es decir, la veo y la siento, y si estuviera fuera de mi despacho diría que existe —queriendo decir con ello que si estuviera en mi despacho la podría percibir o que algún otro espíritu la percibe de hecho»[5]. El *Esse est percipi* de Berkeley se cambia entonces por *Esse est posse percipi*.

Al extender su principio *Esse est percipi* para incluir también el principio *Esse est posse percipi,* Berkeley es el padre de una cierta forma de fenomenismo, forma que existe incluso en nuestros días.

Esta forma de fenomenismo se puede caracterizar así: (1) Existe un mundo externo. (2) Este mundo externo está constituido por ideas (impresiones sensibles o en lenguaje moderno, datos sensibles). (3) Una idea —al contrario de la idea platónica— se define en términos de percepción. (4) Como sería absurdo mantener que el mundo externo existe sólo cuando es percibido, las condiciones para la existencia se cambian de ser una percepción actual, a ser una percepción potencial: la condición para decir que algo existe no es que algo sea percibido de hecho, sino que bajo adecuadas condiciones pueda ser percibido. Lo que no pueda ser percibido bajo ninguna condición, según el fenomenismo formulado por Berkeley, no puede decirse con sentido que existe.

Berkeley supone, como lo hicieron Descartes y Locke, que el hombre tiene un alma. Pero como el alma es aquello que percibe —es aquello en donde existen las ideas— no puede ser percibida ella misma. No puede ser ella misma una idea. El principio del *Esse est percipi* no es aplicable, por tanto, al alma. Su existencia es, sin em-

---

[5] *A Treatise Concerning the Principles of Human Knowledge,* I, § 3.

bargo, necesaria. El hecho de que existan percepciones e ideas prueba que también existen almas o mentes. Según Berkeley es esta una verdad conceptual: el concepto de percepción implica el concepto de idea, y este concepto a su vez implica el concepto de alma o mente. Si la existencia de un mundo externo se define en términos de ideas percibidas, ello implica la existencia de aquello que percibe. El principio *Esse est percipi,* por tanto, implica el principio *Esse est percipere.*

Sin embargo, hay otras dificultades relacionadas con la concepción de que la realidad esté constituida por ideas. Supongamos que dos personas, A y B, perciben el olor de una rosa. En un sentido, ellos perciben la misma idea. Pero sólo en un sentido. Como A y B perciben ambos el olor, existen dos ideas. Es la misma idea, la misma sensación, en el sentido de que A y B tienen dos ideas o sensaciones idénticas. Si A y B se pinchan con una aguja en el mismo sitio de sus respectivos cuerpos y con la misma fuerza, se puede decir correctamente que tienen la mísma sensación, pero también será correcto decir que hay dos sensaciones —la sensación de A y la sensación de B.

Pero si A y B ven la misma cosa —ambos ven, digamos, la Torre Eiffel— aparentemente sólo nos queda una posibilidad, a saber: que A y B vean una y la misma cosa. Parece difícil, si no imposible, decir que hay un sentido según el cual no ven la misma cosa. Sin embargo, esto es lo que afirma Berkeley. Es necesario apelar a la distinción entre identidad numérica y cualitativa. La distinción se explicó al examinar el principio de identidad de Leibniz [6]. Según el sentido común hay una identidad numérica entre la Torre Eiffel que ve A y la Torre Eiffel que ve B. Berkeley, sin embargo, afirma, debe afirmar, que el concepto de identidad numérica es un mal entendido —concepción contraria a la mantenida por Leibniz. Berkeley intenta mostrar que incluso esta concepción está en concordancia con el sentido común. Esto es, desde luego, correcto en tanto en cuanto

[6] Véase pág. 136.

se refiere al olor de la rosa y al sabor del vino. Pero a Berkeley le será difícil convencer al sentido común de que también es el caso cuando hablamos de cosas y de personas. El problema, sin embargo, no es sólo de Berkeley. Es un problema filosófico general. Es un problema íntimamente asociado con el problema del mundo externo. Conocemos el mundo externo sólo por las sensaciones —no tenemos conocimiento de nada, excepto de ideas, ni podemos relacionar significado alguno con algo que no sea una idea. E incluso si no crea dificultades aceptar el principio *Esse est percipi* y renunciar a un concepto de identidad numérica en cuanto se refiera a las ideas, parece imposible hacerlo cuando pasamos del concepto de idea al concepto de objeto. Hay una diferencia lógica —una distinción categorial— entre estos dos conceptos; es una diferencia y distinción que no podemos ignorar. En mi jardín cultivo rosas, pero no ideas. Bebo vino, pero no bebo ideas. Sin embargo, es necesario distinguir entre un problema ontológico y un problema lógico epistemológico. Es una afirmación lógico-epistemológica que la existencia de un objeto pueda ser *verificada* con ayuda de la existencia de ideas y que no tiene sentido suponer la existencia de algo que no puede ser verificado así. Pero es una afirmación ontológica que un objeto está constituido por, o consiste en, ideas. Tales conceptos como «constituido por» y «consiste en» son, en el contexto dado, ontológicos —esto es, se usan para dar información acerca de lo que de hecho existe. Pero el concepto «ser verificado por» es un concepto lógico-epistemológico. Está asociado a validez y significado. Pocos estarían en desacuerdo con Berkeley en su afirmación de que la existencia del mundo externo puede ser verificada sólo con ayuda de las ideas; en otras palabras, pocos estarían en desacuerdo con él en la afirmación epistemológica; pero pocos mantendrían que el mundo externo *consiste en* o *está constituido por* ideas.

Incluso si convenimos en que Berkeley ha dejado de distinguir entre afirmación ontológica y lógico-epistemo lógica, el problema del mundo externo no está, desde luego, solucionado. E incluso si podemos ver que confunde estos dos conceptos, podemos ver también que le era necesario hacerlo: no existe nada, excepto ideas. Si existiera alguna otra cosa, pregunta Berkeley, ¿qué podría ser? Sería algo que no podría definirse ni como sabor, ni como olor, ni como sonido, ni como color, ni como sensación de algo caliente o frío. De ahí que concluya que una cosa debe consistir en ideas.

Todo lo que existe se ha de definir en términos de ideas o de las mentes que perciben esas ideas. Según el punto de vista ordinario, se ha de distinguir entre, por una parte, lo que es real y, por otra, lo que son alucinaciones, ilusiones, sueños e imaginación. Según Berkeley, la diferencia está en que las ideas reales son creadas por Dios, son creadas por lo que Berkeley llama la mente infinita, mientras que el otro tipo de ideas, es decir, las irreales, son creadas por la mente humana. Esto es lo que podría llamarse el criterio metafísico de la realidad. Sin embargo, hay situaciones en las que tomamos algo por real cuando de hecho es irreal —es sólo una alucinación o ilusión. En otras palabras, no está siempre claro si una idea es creada por la mente infinita o por la finita. El modo como establecemos que una idea es real, es decir, que es creada por Dios es ver si forma parte de un todo determinado por ley. A esto lo podríamos llamar el criterio epistemológico.

Al formular el criterio epistemológico, Berkeley ha formulado el criterio usado ordinariamente, no sólo por los filósofos, sino por el sentido común. Sabemos que si la manzana que veo en el escaparate es una manzana real podré no sólo tocarla —si intento tocarla y no había nada que tocar, sabré que era una ilusión—, sino que las sensaciones (las ideas) que recibo han de ser de cierto tipo; sé también que si intento comerla ha de haber cierta sensación de gusto; en pocas palabras, ha de haber ciertos tipos de sensaciones que ocurren en cierto orden. Y más aún, sé que si pulso cierta tecla de mi aparato de radio sonará. Si no sonara sé que deberá haber cierta causa que explique por qué no suena. En otras palabras, presuponemos que todo ocurre según cierto orden o cierta ley; debido a este orden determinado por ley podemos predecir, explicar, entender, decidir y actuar. La siguiente cuestión es por qué hay tal orden determinado por ley y cómo podemos estar seguros de que continuará existiendo. Como hemos visto, Spinoza afirmaba que el orden es una necesidad lógica. Podemos estar tan seguros de que ese orden continuará como de que dos más dos continuarán siendo cuatro. La respuesta de Berkeley es diferente. Las ideas son lo que él llama pasivas. Ninguna idea, por tanto, puede ser causa de otra idea. La bola de billar que golpea otra bola de billar no es, por lo menos no lo es en sentido ordinario, la causa del rodar de la otra bola de billar. No es la causa en el sentido según el cual una causa *produce* su efecto. Una idea no puede ni producir otra idea, ni cambiarla, ni moverla. Las ideas reales son todas creadas por Dios. El orden determinado por ley se debe, entonces, a Dios, Dios crea las ideas en cierto orden. Si no lo hiciera, al ser humano le sería imposible actuar, conocer, e incluso supervivir. El orden de las ideas determinado por ley se debe a, y en último análisis está garantizado por la bondad de Dios.

El problema del orden determinado por ley es, sin embargo, un problema en el que se concentró el sucesor de Berkeley en el empirismo inglés, el filósofo escocés David Hume.

Epistemología de Hume

La forma de empirismo que identifica la base del conocimiento con las impresiones sensibles —el empirismo comenzado por Locke y continuado por Berkeley— fue completado por *Hume* (1711-1776), y esta culminación conduce a un escepticismo radical que a su vez conduce al absurdo. Al llevar al absurdo muestra que ciertas formas de empirismo son epistemológicamente insostenibles.

La percepción —expresión utilizada por Locke y Berkeley— es utilizada también por Hume. Pero, mientras que Locke y Berkeley utilizan solamente el término idea, Hume utiliza dos términos: impresiones e ideas. Las impresiones corresponden a las ideas que Berkeley clasifica como ideas creadas por Dios; por ideas entiende Hume lo que Berkeley clasificaría como ideas creadas por la mente humana. El papel sobre el que escribo es, cuando lo miro, una impresión sensible, mientras que la imagen mental que tengo cuando cierro los ojos y trato de imaginarlo es una idea. Según Locke, las ideas sensibles son creadas por una sustancia externa. Según Berkeley son creadas por Dios. Hume, sin embargo, no asume ni una ni otra posición. No hace afirmación alguna que vaya más allá de lo que perciba, y, obviamente, no puede haber percepción de si las percepciones son creadas por Dios o causadas por algún objeto externo. Las impresiones pueden ser complejas y simples. La percepción de una manzana es una impresión compleja. Una manzana es un complejo de impresiones simples como diferentes colores, cierto grado de solidez, cierto gusto y olor, etc. Correspondiendo a las impresiones simples y complejas están las ideas complejas y simples. Es imposible (psicológicamente imposible), afirma Hume, tener una idea simple que no sea derivada de, es decir reproducción de, una impresión simple que ya existía anteriormente. Muchas ideas complejas derivan de las correspondientes impresiones complejas. Si imagino en mi mente la Torre Eiffel será una idea compleja derivada de una impresión compleja correspondiente. Pero si en mi mente imagino una montaña dorada, es esta una idea compleja que no deriva de una impresión compleja correspondiente. Es una idea compleja que he creado combinando diferentes ideas simples. Es psicológicamente posible para un ser humano combinar libremente las ideas simples; pero cada una de estas ideas simples deben necesariamente ser derivadas de una impresión simple correspondiente.

Según Hume, la relación entre impresión simple e idea simple es una relación de causa a efecto. La impresión simple ha de ser anterior en el tiempo a la idea simple. Como es posible combinar como queramos las ideas simples, la idea compleja no ha de ser el efecto de la impresión compleja. No es posible, por tanto, saber de antemano si una idea compleja corresponde a una impresión compleja. Si una idea compleja es válida, esto es, si corresponde a algo existente, es cuestión decidible sólo descubriendo si existe una impresión compleja correspondiente. Supongo que la idea compleja de, por ejemplo, el Empire State Building, es una idea compleja que corresponde a algo que existe. El criterio de si de hecho es así o no es que existe una impresión compleja correspondiente. La idea compleja de la montaña dorada no es idea compleja de algo real. No puede encontrar impresión compleja que corresponda a la idea compleja.

El significado de una palabra, según Hume, es la idea, compleja o simple, a la que se refiere. Si la palabra es también un nombre que nombra algo real, se ha de decidir descubriendo si existe una impresión compleja correspondiente. La expresión «la montaña dorada» es una expresión con pleno sentido, se refiere a cierta idea compleja; sin embargo, no es una expresión que se refiera a algo real, porque no existe ninguna impresión compleja correspondiente. La expresión «el Empire State Building» no sólo es una expresión con sentido, sino que es también una expresión que es nombre de algo real. Todo esto puede parecer trivial. Sin embargo, no es trivial que tengamos palabras que parecen ser de fundamental importancia para nuestra concepción de lo que existe, es decir, palabras que parecen ser parte necesaria del lenguaje que usamos cuando hablamos del mundo y que son necesarias cuando hemos de explicar y entender ese mundo. Lo que no es trivial es que Hume llegue a la conclusión de que muchas de estas palabras carecen de sentido; carecen de sentido porque no corresponde a ellas idea alguna. Entre tales palabras, que según Hume carecen de sentido, está la palabra «fuerza» cuando se usa en conexión con el concepto «causa», es decir, como fuerza que produce su efecto. Está además la palabra «yo», y por último también la palabra «sustancia» en el sentido según el cual se habla de aquello que tienen las propiedades y, por tanto, debe carecer en sí mismo de propiedades.

Comencemos por un examen de la palabra «fuerza». Si no tomamos en cuenta las proposiciones lógicas y matemáticas, ni tampoco las proposiciones acerca de la existencia de impresiones sensibles, toda proposición presupone, o está basada en la relación causa-efecto. Desde mi habitación oigo coches que pasan por la calle. Oigo el ruido del motor, y sobre la base de este conocimiento infiero que el sonido viene de, o es el efecto de, un coche que pasa. He inferido del efecto a la causa de ese efecto. Quiero encender la luz. Si pulso el interruptor, espero que venga la luz. De cierta causa infiero cierto efecto. Quiero escribir algo en una hoja de papel y tomo un lápiz y comienzo a escribir. Actúo así porque espero que el lápiz efectúe ciertas marcas sobre el papel.

Hume afirma que la relación causa-efecto es la base de nuestro conocimiento de la realidad y de nuestras acciones y conducta. Es, por tanto, de extrema importancia poder validar esta relación. La validez de la relación causa-efecto ha sido aceptada, como hemos visto, a través de casi toda la historia de la filosofía. Ya los filósofos eleáticos decían que de la nada, nada viene. Hemos visto que Descartes consideró como verdad evidente por sí misma, como idea innata, que todo evento tenga una causa. También para Hobbes y Spinoza —e incluso para el empirista Locke— era evidente que todo tenga una causa. En cierto sentido, esto fue aceptado también por Berkeley. Como hemos dicho, Berkeley afirmó que una idea no puede ser la causa de otra, sino que las ideas se siguen unas a otras con cierto orden. Pero las ideas son creadas por Dios. Que la idea no sea creada, esto es, que no tenga causa, no se le ocurre a Berkeley. Sin embargo, Hume quiere examinar la validez de esta relación, es decir, quiere examinar los fundamentos mismos de nuestro conocimiento. Quiere examinar la validez de nuestras inferencias desde una causa a un efecto.

Examinemos la siguiente proposición: Todo evento tiene una causa. Hume niega que esta proposición sea una verdad de razón; en otras palabras, niega que sea evidente por sí misma. Decir que es verdad de razón es decir que no puede negarse sin contradicción. Y, según Hume, sí puede negarse. La proposición «Este evento no tiene causa» no es contradicción alguna. Puede ser falso, pero ser falso es diferente a ser contradictorio. Tampoco podemos afirmar de algún evento particular que necesariamente haya de ser seguido por cierto efecto. Tomemos el mismo ejemplo de Hume. Golpeo una bola de billar, que a su vez choca con otra. Ahora digo que sé que la segunda bola de billar empezará a rodar gracias al impulso recibido; y justifico esta proposición por mi conocimiento de la relación causal entre la bola que choca con la otra bola, que así se pone en movimiento. Sin embargo, Hume afirma que no es una necesidad lógica que la otra bola empiece a rodar. No es contradicción alguna negar que la otra bola se ponga en movimiento. La proposición que describe el efecto no se sigue lógicamente de la proposición que describe la causa. De la proposición: «Todos los hombres son mortales, y Sócrates es un hombre», se sigue por necesidad lógica la proposición: «Sócrates es mortal.» Pero de la proposición: «Esta bola choca con la otra bola» no se puede deducir la proposición: «Esta otra bola empezará a rodar.» En otras palabras, según Hume, no se puede deducir lógicamente qué efecto tendrá cierto evento. Sólo la experiencia muestra los efectos que siguen a los eventos. Un ser que no haya visto nunca bolas rodando, que no haya visto nunca cuerpos en movimiento que choquen con otros cuerpos, no podría predecir de antemano lo que sucedería. Sólo puede aprender lo que sucede por experiencia.

Supongamos ahora que la experiencia nos ha enseñado los efectos que siguen a ciertos eventos. ¿No sería posible entonces afirmar que ahora sabemos los efectos que seguirán a los eventos —que ahora sabemos que la próxima vez que ocurra tal evento, se producirá el efecto experimentado? Según Hume, no lo sabemos. Aunque haya visto que una bola empieza a rodar cuando otra bola choca contra ella, y lo haya experimentado una y otra vez, no puede prever qué sucederá de nuevo la próxima vez que lo intente. La experiencia puede mostrar lo que sucede ahora mismo, pero no puede prometer lo que sucederá la próxima vez. La experiencia no permite inferencia alguna acerca de la próxima ocurrencia aún no experimentada. Es una ilusión, dice Hume, creer que haya una relación necesaria entre causa y efecto y creer que haya una fuerza o poder en la causa que produzca el efecto. La expresión «relación necesaria» y la palabra «fuerza», según Hume, carecen de sentido. No podemos tener ninguna idea que pueda contar como algo que estaríamos dispuestos a llamar fuerza. Sería un malentendido de la palabra —de su lógica— intentar imaginar la idea de fuerza. Hume afirma que es imposible encontrar una impresión sensible que corresponda a la expresión «relación necesaria» o a la palabra «fuerza». Siempre que vemos la llamada relación de causa-efecto, de lo único que tenemos impresión es de la ocurrencia de cierto evento seguido por otro evento. No vemos más que esto; no vemos ninguna fuerza en el evento que pudiéramos llamar causa y con cuya ayuda se produce el efecto; y no vemos ninguna conexión necesaria entre estos dos eventos. Todo lo que podemos decir es que en todas las instancias observadas hasta ahora, cierto tipo de evento siempre ha sido seguido por otro tipo de evento. Como no hemos observado nunca instancias contrarias, estamos dispuestos psicológicamente a creer que sucederá así de nuevo en el futuro. Pero no hay ningún fundamento racional para esta creencia psicológicamente condicionada. Es imposible justificarla de modo alguno. No obstante, tenemos esta creencia —no se la puede eliminar. De hecho, difícilmente podríamos existir sin esta creencia; pero hemos de entender que no tiene fundamento racional alguno. Por tanto, nuestro conocimiento es, en último análisis, una creencia psicológicamente condicionada. Nuestra naturaleza está constituida de tal forma que nos es imposible dudar de que ciertos eventos ocurrirán como consecuencia de otros ciertos eventos. Pero por análisis filosófico podemos ver que esta creencia no está justificada racionalmente. En otras palabras, no tengo derecho a utilizar la expresión: «*Sé* que esto o aquello sucederá como efecto de este o aquel evento.» Cuando veo una bola de billar chocar contra otra, no tengo derecho a decir que sé que la otra bola empezará a rodar; todo lo que puedo decir es que es psicológicamente imposible dudar de que la otra bola empezará a rodar. Pero decir que es psicológicamente imposible dudar de algo no es decir, como mantenía también Descartes, que ese algo es válido. Pero admitir que una supuesta condición necesaria entre una causa y su efecto y una supuesta fuerza que produce el efecto sea un mito, no es admitir que no podemos seguir hablando de causa y efecto. Por supuesto que podemos. Estos dos conceptos son inevitables. Necesariamente han de tener aplicación. Lo que Hume cree haber mostrado no es que no podemos aplicar estos conceptos, sino que hemos visto en ellos más de lo justificado. Por razones psicológicas hemos visto el concepto de fuerza y el concepto de relación necesaria en los conceptos de causa y efecto. Según Hume, todo lo que podemos decir con justificación de una relación causa-efecto es que son dos eventos que se tocan en el tiempo y en el espacio. Siempre que hemos observado un evento de tipo A, hemos observado que ha sido seguido por un evento B. Hemos observado que éste ha sido siempre el caso, y basándonos en esto —y sólo en esto— hemos llamado a A la causa y a B el efecto.

Hume dice que la razón psicológica para suponer que mañana saldrá el sol es que esto es lo que siempre hemos visto, pero añade que no tenemos justificación alguna para tal creencia. No tenemos justificación lógica alguna para sorprendernos si no sucediera así. Evidentemente, esto es absurdo. El absurdo se debe al hecho de que Hume creía que la relación necesaria, que erróneamente creemos que debe haber entre causa y efecto, debe existir como fuerza en el evento que llamamos causa. Sin embargo, esto es un malentendido. Es lo que se llama un error categorial. Si fuera como Hume creía, estaría justificado sacar la conclusión que de hecho sacó. Pero lo que Hume no comprendió es que la relación necesaria entre una causa y su efecto se debe a una ley que los relaciona. La necesidad, por tanto, es de tipo deductivo. Si corto el tallo de una manzana, sé que la manzana caerá; lo sé —no porque yo mismo y otros hemos visto que esto es lo que siempre ha ocurrido, sino porque es lo que ha de suceder según la ley de la gravedad. A esto se puede objetar que una ley (como, por ejemplo, la ley de la gravedad) es sólo una generalización. Hemos observado que no sólo caen manzanas cuando no están sostenidas, sino también otros tipos de objetos. La ley de la gravedad —se afirma   se basa sólo en la observación de lo que ha sucedido hasta ahora; pero el hecho de que algo haya sucedido de un cierto modo, no justifica inferir, como ha mostrado Hume, que seguirá ocurriendo de este modo. Pero esta objeción no es correcta, pues la ley de la gravedad no es una generalización; es una parte integral de todo nuestro conocimiento físico y, por tanto, se explica por este conocimiento. Las explicaciones y predicciones que hacemos en la física se basan en leyes, principios y modelos, pero en ninguno de estos casos se trata de un mero resumen de lo observado. Se les idea para explicar los hechos observados, pero no son en sí algo observado.

De hecho el concepto «observación» tiene sentido sólo bajo la presuposición de cierto sistema conceptual. Puedo observar que una bola de billar golpea contra otra sólo si tengo el concepto «bola de billar» y el concepto de «golpear». Y en el concepto de «golpear», como también en el concepto relacionado «impulsar», está incorporado ya el efecto. El efecto es parte del significado de esos conceptos, el efecto de que aquello que es golpeado o impulsado tendrá tendencia a moverse en la dirección del impulso. Por tanto, no podemos observar que una bola de billar golpee a otra sin ayuda de los conceptos necesarios cuya aplicación produce el efecto dado. El efecto es, por así decirlo parte del sistema conceptual que se presupone para nuestra observación.

Con otras palabras, lo que Hume ha mostrado, por tanto, no es que una inferencia de la causa al efecto o del efecto a la causa no esté justificada; más bien es que la relación necesaria entre causa y efecto no es una relación ontológica —es decir, que no depende de una fuerza ya existente en el evento llamado causa—, sino que es una relación deductiva y conceptual. La relación necesaria no es algo que debemos intentar encontrar por observación, sino por el análisis de nuestro lenguaje y de nuestros conceptos. Los seres sin lenguaje ni conceptos carecen de la presuposición necesaria para entender que puede haber algo llamado relación necesaria. O, mejor dicho, carecen de la presuposición para entender que puede haber algo llamado causa y efecto.

Hablar de un objeto es hablar del objeto y de sus propiedades. El objeto O es rojo, cuadrado, pesado y tiene la temperatura ambiente. El objeto posee estas propiedades y las propiedades lo son del objeto. Es una verdad conceptual distinguir entre el objeto y sus propiedades. Y de esta verdad conceptual parece seguirse que el objeto en sí —la sustancia—, entendido como aquello de lo que las propiedades son propiedades, debe en sí carecer de propiedades. Por tanto, es lógicamente imposible que podamos tener la impresión de una sustancia. Consecuentemente la palabra «sustancia» pertenece al conjunto de palabras que según Hume carecen de sentido. De ahí que el objeto, según Hume, deba definirse como colección de impresiones enlazadas en el espacio. Desde luego, es inaceptable asumir la existencia de una sustancia sin propiedades —no sólo es inaceptable, es un error filosófico; pero como vimos en el capítulo de Berkeley, es igualmente inaceptable intentar definir objetos con ayuda de sus propiedades. Es una confusión del problema ontológico con el epistemológico. Es una violación de nuestro esquema conceptual decir que un objeto *consta de* sus propiedades, pero no lo es decir que la existencia de este objeto se puede *verificar* sólo con la ayuda de sus propiedades. Pero como se ha subrayado antes, es este un problema que aún no está satisfactoriamente resuelto. Es una necesidad conceptual distinguir entre el objeto y sus propiedades. O expresado de otro modo: el término «objeto» (o el nombre de cierto tipo de objetos) y el término «propiedad» (o los nombres de propiedades) son necesarios para hablar de lo que existe. Pero estos dos términos pertenecen a diferentes tipos lógicos o categorías; por tanto, no se puede definir uno en términos del otro.

Análogamente a lo que dijimos al considerar el examen de Hume acerca del problema de la causalidad, podemos decir que si con el concepto de sustancia significamos algo ontológicamente, esto es, una entidad existente sin propiedades, entonces Hume ha mostrado que eso es una suposición sin sentido. Sin embargo, está equivocado si cree que con ello el problema queda eliminado. El problema aún existe, pero ya no concebido como problema ontológico, sino como problema conceptual.

La misma transición de lo ontológico a lo conceptual encontramos en el problema acerca de la identidad. Hume no encuentra impresión alguna del «yo» —de hecho le sería imposible encontrar tal impresión. Todo lo que experimento, siento y percibo, cualquier impresión o idea que tenga, siempre puedo afirmar que soy yo el que tengo esas percepciones. Siempre puedo decir: «Experimento, siento, oigo, etc., esto y aquello.» No soy idéntico a las impresiones o percepciones que tengo. Esto estaba ya claro para Descartes, Locke y Berkeley. Y aunque Hume apela a la experiencia, es la imposibilidad lógica de tener la percepción de un «yo» lo que, más o menos, forma la base inconsciente de su afirmación de que no se puede encontrar la impresión de un «yo».

No existen ni el alma sustancial ni el «yo», o, mejor dicho, la palabra «alma sustancial», y la palabra «yo» pertenecen al conjunto de palabras que según Hume carecen de sentido. Sin embargo, la palabra «yo» carece de sentido sólo bajo la presuposición de que se conciba como nombre de un tipo especial de entidad. Por supuesto sería absurdo mantener que la palabra «yo», como tal, carezca de sentido. Evidentemente, no carece de sentido una proposición como: «Yo tengo sed», «Yo di un paseo», «Yo nací en 1912», «Yo tengo dolor en la pierna», etc. Estas proposiciones no se convierten en proposiciones sin sentido porque la palabra «yo» no sea nombre de alguna sustancia. No se puede negar que esas proposiciones tienen sentido; y si Hume está en lo cierto al decir que la palabra «yo» concebida como nombre, carece de sentido, entonces es que la palabra «yo» tiene otra función, es decir: no es nombre. Tampoco se puede negar que la palabra sea parte necesaria de nuestro lenguaje. Por tanto, el problema es encontrar la función lógica que desempeña. La palabra «yo» pertenece a otro tipo lógico que las expresiones tales como «el cuerpo del que habla» o «la persona de este o aquel nombre». Resolver el problema del yo, por tanto, no es un problema ontológico —no podría resolverse, como Hume parecía creer, por el intento de encontrar una impresión del yo. El problema se resuelve al descubrir la función lógica de la palabra; esto es, al encontrar el tipo o categoría de la palabra y las reglas que sigue.

Filosofía moral de Hume

El destacado lugar que ocupa Hume en la historia de la filosofía se justifica principalmente por su epistemología, particularmente por su análisis del concepto de causalidad. Sin embargo, Hume también merece un lugar destacado como filósofo moral.

Los filósofos morales se pueden clasificar de modos muy diferentes. Un modo de hacerlo es el siguiente: podemos intentar descubrir por investigación filosófica nuestras obligaciones, el bien, lo correcto y lo que debemos hacer. Esto se podría llamar ética normativa. La filosofía moral de Platón es normativa. Sus razones y argumentos lo son para un cierto tipo de vida. También es normativa la filosofía moral de Aristóteles. Se puede discutir si la filosofía moral de Spinoza es normativa o no. Spinoza es un determinista absoluto; mantiene, por tanto, que en ningún momento podría alguien haber escogido actuar de otro modo de como lo hizo. Parece entonces que no existe una presuposición esencial para la filosofía moral normativa —la presuposición de que el hombre posea el tipo de libertad según el cual puede decidir actuar o no actuar del modo que cree deber hacerlo. Sin embargo, a duras penas se puede negar que la filosofía moral de Spinoza se debe concebir como recomendación para cierto tipo de vida, la vida que él creía que debe ser vivida. Por otra parte, como consecuencia de su propia filosofía, parece que estamos obligados a decir que Spinoza estaba *determinado* a escribir su *Ética* y que la gente que leyó su trabajo quedó *determinada* a vivir del modo como escribió que debemos vivir. Es posible, por tanto, decir que la filosofía moral de Spinoza es una descripción de cómo debe ser la vida de un hombre si la vive tal como la describe Spinoza.

Hume no pertenece a los filósofos normativos. Hume no examina cómo *debemos* vivir; no examina qué es obligado hacer, qué es correcto hacer, etc. Se interesa, entre otras, por las dos cosas siguientes. ¿Se derivan nuestros principios y reglas morales de la razón o son expresión de la emoción? O, expresado de otro modo, ¿tienen las expresiones morales un valor de verdad, es decir, son verdaderas o falsas?; y, segundo, ¿qué tipo de actos caracterizamos como buenos o correctos y qué tipo de actos caracterizamos como incorrectos, malos y perniciosos? Con respecto a la cuestión de si la moralidad deriva de la razón o es expresión de una actitud emocional, Hume presenta un argumento que frecuentemente se ha usado a favor de la posición de que la moralidad es una instancia del conocimiento: es un hecho que discutimos si un acto dado es moralmente correcto o no.

Las discusiones implican, entre otras cosas, el uso de argumentos a favor de cierta posición; y como un argumento pretende defender la verdad de una posición, esto implica que cualquier punto de vista para el que se puedan usar argumentos debe derivar de la razón. Consecuentemente, el hecho de que discutamos temas morales parece implicar que la moralidad deriva de la razón. Los puntos de vista que son expresión de emociones no se discuten. Si otra persona tiene una actitud emocional diferente podemos sorprendernos o incluso indignarnos, podemos observar más o menos indiferentemente que tenemos un gusto diferente o una actitud emocional diferente, etc., pero sería una incomprensión lógica argüir que su posición era falsa. Si prefiero el color rojo al verde, no tiene sentido decir que mi gusto es el verdadero o que intente probar que el hecho de que prefiera uno al otro es expresión de falsedad.

Por otra parte, también es correcto decir que la moralidad tiene algo que ver con los actos que aprobamos o desaprobamos. Y la aprobación o desaprobación deben ser clasificadas como emociones. La razón se usa para calcular; por la razón hacemos distinciones, comparamos, etcétera. Pero la razón no puede evaluar; la razón no puede aprobar o desaprobar. En otras palabras, parece también correcto decir que la moralidad es expresión de las emociones.

El problema, por tanto, debe ser hallar las funciones respectivas de la razón y de la emoción en el discurso moral. El problema está conectado al problema de qué tipos de actos caracterizamos como buenos o correctos y qué tipos de actos caracterizamos como malos, incorrectos o perniciosos. Hume observa que los actos que aprobamos y admiramos, los actos que llamamos moralmente correctos son aquellos que nos llevan a lo útil: a la alegría y felicidad de otras personas. «Un acto sin consecuencias para otra persona distinta de la persona misma que actúa, es decir, un acto que no supone para nadie felicidad, alegría, tristeza ni infelicidad no cae bajo el discurso moral.» El concepto de moralidad sólo es relevante si un acto tiene consecuencias para otra persona y no sólo para la propia persona que actúa. El hecho de beberme un vaso de agua para saciar mi sed no es un acto moral ni inmoral. Lo sería si al beberme el agua impidiera que otras personas pudieran saciar su sed. Entonces actuaría inmoralmente. Y viceversa, si renunciara a saciar mi sed para que otros pudieran saciar la suya estaría actuando moralmente bien; sería un acto aprobable, laudable o encomiable. Incluso virtudes tales como la justicia, la honestidad y otras se justifican sólo al ser útiles. No es resultado del razonamiento el aprobar actos que conduzcan a la alegría y felicidad de otras personas. Eso no es algo que se pueda probar que es verdad. Según Hume es expresión de la constitución emocional del hombre. El hombre está constituido de modo que aprueba tales actos y desaprueba los actos que conducen a la tristeza e infelicidad de otras personas. El hombre, por tanto, no es sólo un ser egoísta. Es también un ser que se alegra al ver felices a los demás. Es, por tanto, un ser que posee compasión. Sin compasión el hombre no tendría moralidad; consecuentemente la compasión es el sentimiento moral adecuado. A menudo se oye la siguiente objeción contra este punto de vista: actuar para hacer felices a otras personas es también en realidad expresión de egoísmo. Al hacer felices a otras personas satisfacemos nuestro deseo de ver felices a los demás. De hecho, no se puede actuar en absoluto, se dice, si no es por motivos egoístas. Siempre que actúo es para satisfacerme a mí mismo, para satisfacer mis deseos. Pero esta objeción no es correcta. La falacia no es psicológica, es una falacia lógica. Si esto fuera lo que significa egoísmo todo sería necesariamente egoísmo; no se podría realizar ningún acto que contara como instancia de un acto no egoísta. El concepto de egoísmo no tendría concepto polar. Y, como se ha dicho antes, tener un concepto polar es condición necesaria para la aplicación con sentido del concepto. Si le fuera imposible al hombre actuar de algún modo que no fuese el egoísta, si fuera una necesidad *lógica* que el hombre actuara siempre egoístamente (es una necesidad lógica, o, mejor dicho, una proposición lógicamente necesaria que el hombre actúe siempre por un motivo), el concepto de egoísmo sería un concepto vacío y sin sentido. La teoría de que el hombre deba actuar necesariamente por egoísmo es, por tanto, autodestructiva. Egoísmo no significa actuar por un motivo (no soy egoísta por dar un paseo, por rascarme la nariz, o por ayudar a una anciana a cruzar la calle). Sin embargo, es egoísmo si el motivo es satisfacerme a mí mismo, sabiendo que con ello perjudico a otras personas.

Pero entonces ¿cuál es la función de la razón? Si un acto conduce a la alegría o felicidad de otras personas o conduce a lo contrario, es cuestión de conocimiento. Es al mismo tiempo una cuestión de la que es muy difícil tener conocimiento suficiente. Con frecuencia estamos en desacuerdo con respecto a las consecuencias de un acto y con respecto a si estas consecuencias conducirán a la alegría y felicidad de otras personas. Por tanto, es obvio que la razón debe tener una importante función en la moralidad. Cuanto mayor conocimiento tengamos mejor equipados estaremos para calcular las consecuencias de los posibles actos, y, por tanto, para tomar las correctas decisiones. Como la constitución psicológica de los seres humanos ha cambiado poco o nada, el progreso de la moralidad se debe principalmente a nuestro aumento de conocimiento. Al luchar por abrirnos camino en la oscuridad de la caverna platónica y liberarnos de supersticiones, ideas falsas e ignorancia, cuanto más reemplacemos todo eso por conocimiento y discernimiento mejor podremos librarnos de ideas moralmente falsas.

La opinión de que sólo los actos que conducen a la utilidad, a la alegría y felicidad del mayor número de personas posible sean acciones moralmente correctas, se llama *utilitarismo*. Hume no ha *justificado* el utilitarismo. No ha intentado probar que ésta sea la moralidad correcta o verdadera. Lo que ha intentado hacer es dar una explicación psicológica de por qué aceptamos el utilitarismo. Y la explicación que da es sencillamente que el utilitarismo es consecuencia del hecho de que los seres humanos están dotados de la emoción llamada compasión. La razón por la que Hume no ha intentado justificar el utilitarismo —no ha intentado mostrar que es la correcta y verdadera moralidad— es sencillamente que tal intento sólo tendría sentido si presuponemos que la moralidad no deriva de nuestras emociones —presuposición que, como hemos visto, no cree Hume que se satisfaga. No tendría sentido intentar probar que la compasión sea la emoción adecuada o correcta; sólo lo tendría si presupusiéramos otro principio moral por el que pudiéramos hacer juicios acerca de la compasión.

Con Hume el empirismo británico clásico no sólo llega a su conclusión, sino también a un colapso. Un empirismo basado en impresiones sensibles ha de terminar necesariamente en el escepticismo —por no decir en la autodestrucción. Sin embargo, la contribución de Hume a la filosofía es, entre otras cosas, haber ayudado a ver que ciertas suposiciones metafísicas y ontológicas son insostenibles. La importancia de Hume radica más en su ataque a las suposiciones insostenibles que en su intento de solucionar problemas. Sin embargo, este intento lo emprende el mayor filósofo del siglo XVIII, el filósofo alemán Immanuel Kant.

Epistemología de Kant

Kant (1724-1804) publicó su principal obra epistemológica *Crítica de la razón pura* *(Kritik der Reinen Vernunft)* en 1781. Esta obra ha ejercido influencia decisiva en todo el futuro de la filosofía.

El motivo real de la obra lo fueron las contradicciones que Kant creyó encontrar en la razón. Cuando la razón era usada para las especulaciones metafísicas parecía quedar necesariamente envuelta en contradicciones. Con cuestiones tales como: ¿Está el mundo limitado en el espacio?, o ¿Ha comenzado a existir el mundo en cierto tiempo?, parecemos ser llevados con igual necesidad tanto a una respuesta afirmativa como negativa —respuestas que Kant llama, respectivamente, la tesis y la antítesis. A tales contradicciones las llama Kant antinomias [7]. Parecen mostrar que la razón está en conflicto consigo misma. Y si en realidad este es el caso sería innegablemente un escándalo de la razón. No sólo sería un falseamiento de la proposición de Descartes de que la razón tiene sus raíces en la perfección, sino, lo que sería peor, haría inaplicable la razón como instrumento para adquirir conocimiento. Las antinomias, por tanto, le inspiraron el exa-

---

[7] Como curiosidad histórica debe mencionarse que *Arthur Collier* en su obra *Clavis Universalis* (1713) afirma que el concepto de mundo externo es auto-contradictorio, ya que los filósofos han afirmado que es tanto finito como infinito y que la materia es tanto infinitamente divisible como que consta de partes simples (indivisibles).

men crítico de la razón misma. Fueron las antinomias las que, como él mismo dice, le despertaron de su sueño dogmático. El resultado al que llega Kant, tras su fatigoso y detallado examen de las condiciones necesarias para la función de la razón, es que ni la tesis ni la antítesis son verdaderas. Cree que puede probar que no son satisfechas las presuposiciones para formular la verdadera cuestión que lleva respectivamente a la tesis y a la antítesis. Sólo cabe preguntar si violamos las reglas de la función propia de la razón. Además de las antinomias (Kant formula cuatro) hay otras formas de ilusión de la razón. Hay lo que él llama paralogismos y lo que llama ideales de la razón. Es, por ejemplo, un paralogismo, si creemos que estamos justificados al inferir la existencia de un alma-sustancia. Según Kant, es una inferencia basada no en una falacia lógica formal, sino en una falacia que sólo puede ser corregida por conocimiento filosófico. Finalmente, cree también que las diferentes pruebas de la existencia de Dios son ilusiones de la razón. Se puede añadir, sin embargo, que lo que es una ilusión, según Kant, no es la mera *presuposición* de la existencia de Dios, sino las llamadas *pruebas* de la existencia de Dios.

Sin embargo, Kant debe defender la razón contra un doble ataque: ha de defenderla no sólo contra la amenaza representada por las antinomias, sino también contra la amenaza del empirismo radical —contra la amenaza de Hume. La situación epistemológica que heredó Kant es, por consiguiente, bastante precaria y requiere toda su habilidad filosófica para mostrar que esos ataques descansan sobre un malentendido.

Hemos visto cómo el empirismo radical de David Hume llevaba al caos epistemológico. Pero ¿cómo puede ser la estructura interna de la razón una amenaza para la misma razón?

Veamos los argumentos de Kant respectivamente para una tesis y una antítesis. Tomemos como ejemplo la primera y la segunda antinomia.

La primera antinomia se centra en el problema de si el mundo ha comenzado en el tiempo, o si ha existido siempre; y si está limitado en el espacio, o tiene extensión ilimitada. Como vemos, la primera antinomia trata de la extensión del mundo en el tiempo y en el espacio. Baste ahora examinar la antinomia relacionada con la extensión en el tiempo. Es una antinomia porque, por el uso aparentemente correcto de la razón, llegamos a dos conclusiones contradictorias. Así, la razón parece dialéctica y en conflicto consigo misma. Llega a la tesis con la misma necesidad con la que llega a la antítesis. Empezaremos con la tesis. La tesis afirma que el mundo tiene un comienzo en el tiempo; afirma, con otras palabras, que el mundo empezó a existir en un tiempo específico. ¿Qué argumento presenta Kant para la tesis?

Argumenta mostrando que la suposición opuesta es insostenible. En otras palabras, supongamos que el mundo no tuvo comienzo en el tiempo. Si no podemos aceptar esta proposición, deberemos afirmar que el mundo empezó a existir en un tiempo determinado. Pero ¿por qué es imposible asumir que el mundo ha existido siempre? Supóngase que lo hiciéramos. Por mucho que retrocediéramos en el tiempo, siempre encontraríamos el mundo en existencia. Si suponemos que el mundo ha existido sólo durante cien años, sólo quedarían veinte años, si pudiéramos retroceder ochenta años en el tiempo. Pero si suponemos que el mundo ha existido siempre, ¿cuántos años quedarían entonces, si retrocediéramos ochenta años? Obviamente aún quedaría un número infinito de años. Si retrocediéramos diez, veinte, cien o cinco billones de años, aún quedaría un número infinito de años. Y viceversa, podemos decir que si el mundo ha existido un número infinito de años, debe entonces haber pasado un número infinito de años. Y esto también sería verdad hace diez, veinte, cien o cinco billones de años. Pero esto es imposible; nunca puede haber pasado un número infinito de años. Si un viajante nos dice que ha viajado diez, veinte o cien millas, para llegar donde ahora está, puede ser verdad; pero si nos dice que ha viajado un número infinito de millas, tendremos que contestar que no ha entendido lo que significa el concepto de infinito. Es una violación del concepto mantener que, en un tiempo determinado, se ha recorrido un número infinito de millas. Por muchas millas que se hayan viajado, siempre habrá sido un número finito de millas, nunca un número infinito. E igual que el viajante debe admitir que necesariamente ha viajado sólo un número finito de millas, también es necesario afirmar que el mundo ha pasado sólo por un número finito de años.

La conclusión, por tanto, debe ser que el mundo empezó a existir en un tiempo determinado.

Sería algo catastrófico si por razón tuviéramos que concluir que el mundo no podía haber empezado a existir en un tiempo determinado, sino que debe haber existido siempre. Pero esto es precisamente lo que Kant cree que podemos, o, mejor dicho, que debemos hacer necesariamente. El argumento es el siguiente: Supongamos que el mundo, como mantiene la tesis, hubiera empezado a existir en un tiempo determinado. Antes de que el mundo empezara a existir no existía nada. Si el mundo tuvo un comienzo en el tiempo, hubiera habido un punto en el tiempo en el que no había nada. Pero de la nada, nada puede venir. Decir que no hay nada es lo que Kant llama tiempo vacío, es decir, un tiempo en el que nada existe y nada sucede. Cada momento es exactamente como cualquier otro momento. Nada caracteriza ningún punto del tiempo con preferencia a otro. Pero si el mundo hubiera empezado a existir en un momento determinado debería haber habido algo que caracterizara aquel momento particular, y si no lo hubiera ¿por qué empezaría el mundo a existir exactamente en aquel momento, en vez de en otro cualquiera? Así, parece imposible pensar que el mundo haya empezado a existir en un momento determinado; por tanto, el mundo debe haber existido siempre.

La segunda antinomia trata de lo siguiente: De cualquier cosa (sustancia) podemos preguntar de qué está compuesta, o cuáles son sus partes, o de qué consta. Las cosas que ordinariamente experimentamos están compuestas de diferentes cosas: el motor, la pluma estilográfica, el aparato de radio, la mesa, etc. Pero parece necesario suponer que existen cosas que no están compuestas de nada y son, por tanto, simples e indivisibles. Estas cosas simples e indivisibles constituyen las partes de las que consta el mundo. Kant expresa la tesis así: Toda sustancia compuesta consta de partes indivisibles, y no existen más que estas partes simples e indivisibles, o lo que está compuesto por tales partes. Supongamos que no fuera así, supongamos, en otras palabras, que no existieran partes simples o indivisibles. Sería imposible, entonces, encontrar las partes de lo que todo lo demás estuviera compuesto. Supongamos que tengo una caja llena de pequeñas cajas. Cada una de estas cajas, de nuevo, está llena de cajas menores, que, a su vez están llenas de cajas aún menores, etc. Pero antes o después hemos de llegar a cajas que estén vacías, o llenas de algo que no requiere estar lleno de algo. Si supongo que cada vez que tengo una caja, esta caja contiene cajas (cuyas cajas, por tanto, deben contener cajas, etc.) el resultado es un absurdo lógico —es un absurdo lógico como lo sería si mantuviera que cada imagen reflejada en un espejo fuera el reflejo de otra imagen de otro espejo, que, de nuevo, fuera el reflejo de otro, y así continuamente. Para evitar el absurdo debe haber una imagen que no sea el reflejo de otra imagen.

La lógica que me obliga a rechazar una serie infinita de cajas dentro de cajas y una serie infinita de imágenes reflejadas, también me obliga a rechazar una serie infinita de cosas compuestas que estén compuestas de cosas compuestas. Es, por tanto, necesario concluir que cada sustancia que está compuesta, en último análisis debe estar compuesta de cosas que sean no-compuestas e indivisibles.

Esta era la tesis de la segunda antinomia. Sin embargo, por desgracia, con la antítesis llegamos a un resultado contradictorio. Kant formula la antítesis de este modo: Ninguna cosa compuesta consta de partes simples, ni puede encontrarse nada en absoluto que sea simple. ¿Qué significa decir de algo que sea no compuesto o simple?

No significa sólo que de hecho no esté compuesto; quiere decir, que puede ser separado, lo cual significa, de nuevo, que puede ser dividido, y decir que puede ser dividido no significa que podamos dividirlo físicamente; significa que es concebible que pudiéramos hacerlo, que podríamos hacerlo, por decirlo así, con el pensamiento. Decir que algo sea no compuesto o simple es, por tanto, lo mismo que decir que no puede ser, en principio, dividido. La afirmación de que existen partes indivisibles es, por consiguiente, una afirmación de la existencia de partes no extensas. Por mucho que continuáramos el proceso de división de una sustancia, las partes que fueran el resultado de ese proceso de división, serían siempre a su vez extensas. Las mitades de algo extenso —por pequeña que sea la extensión que dividimos— deben ser siempre dos cosas extensas. De este modo, es imposible tener partes no compuestas o indivisibles.

Como se ha dicho antes, Kant examina cuatro antinomias diferentes; además examina cuatro paralogismos. Según ellos, creemos que, necesariamente debemos inferir algo acerca del alma, por ejemplo, que es una sustancia. Finalmente, Kant examina diferentes pruebas de la existencia de Dios, y también de éstas cree que son resultado de la ilusión de la razón.

Estas dos cosas, entre otras, son comunes a las antinomias, los paralogismos y las pruebas de la existencia de Dios: 1) Son conclusiones acerca de algo que la experiencia no puede verificar ni falsear. Son conclusiones referentes al mundo, al alma (o al yo), y a Dios. Son, lo que Kant llama, proposiciones metafísicas. 2) Ninguna de las conclusiones es correcta. Pero las falacias que se cometen no son falacias lógicas ordinarias, son falacias profundamente arraigadas, falacias que tienen sus raíces en la misma naturaleza de la razón. Parece claro, que, si por el uso de la razón llegamos a resultados conflictivos, como en las antinomias, y llegamos a estos resultados por un camino aparentemente correcto, ello no es, entonces, expresión de una falacia superficial sino, como ya se ha dicho, de una falacia profundamente arraigada. No es lo que Kant llama error lógico o ilusión lógica; es lo que llama ilusión trascendental.

Es imposible quedar conforme con la observación de que las antinomias existen —con la observación de que la razón aparentemente está en pugna consigo misma, con la observación de que la razón es dialéctica. La posibilidad del conocimiento está condicionada a la solución de las antinomias. Está en juego la posibilidad del conocimiento humano.

Como anteriormente se ha dicho, fueron las antinomias, el escándalo de la razón, lo que inspiró a Kant para un examen más profundo de las condiciones y límites de la razón —lo que le inspiró una crítica de la razón pura. La palabra «pura», tal como aquí se usa, significa que es la estructura o forma lógica de la razón (o, si se prefiere, del conocimiento) lo que tiene que ser esclarecido; no es la estructura psicológica de la razón o del conocimiento, ni la estructura lógica del conocimiento que hemos obtenido a través de la experiencia. El escándalo de la razón no es algo que concierna al conocimiento que el físico o el historiador han adquirido; concierne a las proposiciones (tesis y antítesis) que son independientes de la experiencia: 1) Que lo compuesto, en último análisis, debe estar compuesto de algo que no esté compuesto, 2) o que nunca podemos acanzar algo que no pueda ser dividido y, consecuentemente, nunca podemos tener algo que sea simple e indivisible. 1) Que el mundo ha empezado a existir en un tiempo determinado (y, por tanto, está creado de la nada), 2) y que el mundo ha existido siempre (y, por esto, debe haber atravesado o completado un número infinito de unidades de tiempo). La experiencia no puede ni afirmar ni negar tales proposiciones, que, sin embargo, son proposiciones que la razón, por su propia lógica, se ve impelida a formular.

La tarea de Kant es ahora descubrir la raíz profunda de las antinomias. La solución que Kant encuentra está basada en el análisis probablemente más completo y penetrante de la estructura de la razón que jamás haya sido emprendido.

La *Crítica de la razón pura* está dividida en: 1.º) La Estética Trascendental, 2.º) la Analítica Trascendental y 3.º) la Dialéctica Trascendental. La palabra «trascendental» significa aquello que concierne a las condiciones necesarias de la experiencia. La Estética Trascendental examina las condiciones necesarias para que algo pueda existir como representación para los sentidos, es decir, como una intuición (la palabra que usa Kant es *Anschaung*). La Analítica Trascendental examina las condiciones necesarias para un entendimiento de lo que existe como intuición (las condiciones para que pueda ser entendido o concebido como una cosa u otra). Y, finalmente, en la Dialéctica Trascendental, Kant quiere demostrar que esas condiciones son violadas cuando hacemos preguntas metafísicas. Las cuestiones que conducen a las ilusiones de la razón, son, según Kant, resultado de una ilusión trascendental o, como podemos decir hoy, resultado de un error categorial.

Como se recordará, Leibniz creía que todas las proposiciones verdaderas eran proposiciones verdaderas idénticas. Para un ser que poseyera un conocimiento infinito todas las proposiciones serían *a priori* y analíticas. Es sólo porque la razón humana es limitada por lo que muchos juicios deben ser verificados por la experiencia. Kant se opone a que todas las proposiciones verdaderas sean en el fondo analíticas. No obstante, veamos cómo Kant divide y define los diferentes tipos de juicios o proposiciones:

Divide todas las proposiciones en dos clases: proposiciones que son *a priori* y proposiciones validadas por la experiencia. A las de este último tipo las llama proposiciones *a posteriori*. Como ejemplo de proposición *a posteriori* Kant toma la proposición «Todos los cuerpos son pesados». No podemos saber de antemano, así lo afirma Kant, que los cuerpos son pesados. Es algo que hemos descubierto por la experiencia. Lo contrario ocurre con la proposición «Todos los cuerpos son extensos». Del mismo concepto de cuerpo se sigue que es algo extenso. ¿Qué podría contar como cuerpo que no fuera extenso? La proposición existe un cuerpo que no es extenso, es, según Kant, una contradicción. Se dice algo de un cuerpo: que no es extenso, lo cual va contra lo que entendemos por el concepto de cuerpo. Como se explicó en el capítulo de la epistemología de Leibniz, una proposición tiene un sujeto y un predicado. Acerca de la proposición «Todos los cuerpos son extensos» podemos decir que el predicado no dice nada más de lo que ya está contenido en el sujeto. A este tipo de proposición se le llama proposición *analítica.* Hallamos el predicado por análisis del sujeto. Todas las proposiciones analíticas son *a priori,* pero ninguna proposición *a posteriori* es analítica; si fuera posible hallar el predicado por análisis del sujeto, no necesitaríamos la experiencia. Son, por tanto, lo que Kant llama *sintéticas.*

Además de las proposiciones que son *a posteriori* y sintéticas, y de las proposiciones que son analíticas y *a priori,* Kant mantiene que hay un tercer tipo de proposición, a saber: proposiciones que son a la vez sintéticas y *a priori.* Como ejemplos de proposiciones que son sintéticas *a priori* Kant menciona proposiciones de la geometría y la aritmética, y proposiciones de las ciencias naturales. La proposición «7 + 5 = 12» es una proposición que, según Kant es a la vez sintética y *a priori.* No es una proposición que se verifique por la experiencia. Es independiente de la experiencia. Supongamos que pongo siete manzanas en un recipiente en el que hay ya cinco manzanas, y las cuento. Si llego al número 13, nunca será tomado como prueba de que 7 + 5 no son 12; sino como prueba de que no he contado correctamente o de que al empezar no había siete o cinco manzanas. Y si, volviendo a contar, llego al número 12, no será tomado como una afirmación de que, después de todo, 7 + 5 son 12; es tomado solamente como una afirmación de que he contado correctamente o de que había siete más cinco manzanas al empezar. El razonamiento de Kant para afirmar que la proposición es sintética es que no se puede llegar al predicado por un análisis del sujeto; el predicado no está contenido en el sujeto 7 + 5. El sujeto sólo nos dice que los dos números han de ser sumados, pero no lo que resulta.

Que una línea recta entre dos puntos es la distancia más corta entre ellos es también, según Kant, una proposición sintética *a priori*. No es midiendo diferentes líneas como descubrimos que la línea recta es la distancia más corta; ni es por el análisis del concepto de línea recta. El concepto de línea recta, así lo afirma Kant, no contiene nada sobre la distancia. Es muy posible definir el concepto de línea recta sin hacerlo en términos de distancia.

Entre las proposiciones de las ciencias naturales Kant menciona la proposición de la constancia de la cantidad de materia («En todos los cambios del mundo corpóreo [material] la cantidad de materia permanece constante»), y la proposición de que la fuerza que un cuerpo ejerce sobre otro es igual a la fuerza que el segundo ejerce sobre el primero. Ambas proposiciones son también, según Kant, sintéticas *a priori.* Son *a priori,* ya que no es por medio de la experiencia por lo que validamos tales proposiciones; son anteriores a la experiencia. Y son sintéticas, ya que no definimos la materia en términos de su permanencia ni definimos la fuerza que un cuerpo ejerce sobre otro en función de la fuerza que el segundo ejerce sobre el primero.

Las proposiciones que, desde un punto de vista epistemológico, poseen mayor interés son las proposiciones que son a la vez sintéticas y *a priori.* El que una proposición pueda ser universalmente verdadera y al mismo tiempo nos dé conocimiento del mundo, es de decisiva importancia epistemológica. Las proposiciones sintéticas y *a priori* (proposiciones empíricas) expresan conocimiento adquirido por la experiencia. No parece que se plantee mayor problema filosófico por el hecho de que por los ojos y los oídos tengamos conocimiento de hechos que no teníamos, o no podíamos tener, antes de haberlos experimentado. Ni parece ser un problema de mayor importancia el que por el análisis de un concepto podamos hacer proposiciones que clarifican el concepto sin darnos, a la vez, más conocimiento del mundo. Pero parece ser un problema el cómo es posible ampliar nuestros conocimientos del mundo sin hacerlo por medio de la experiencia.

¿Qué es lo que hace posible establecer proposiciones que sean universalmente válidas y, al mismo tiempo, amplíen nuestro conocimiento? O, expresado de otro modo: las proposiciones sintéticas *a posteriori* son validadas por la experiencia, pero ¿qué es lo que valida a las proposiciones o juicios sintéticos *a priori?*

La respuesta a las preguntas sobre las condiciones necesarias para hacer juicios que sean sintéticos y *a priori* en la geometría y la aritmética la encuentra Kant en la Estética Trascendental. Su respuesta es que el espacio y el tiempo son condiciones *a priori* de la intuición.

Es obvio que hay una diferencia lógica entre las cosas que existen en el espacio y el espacio mismo. Es una verdad necesaria que todo lo que existe debe existir en algún lugar (debe poder ser intuido). Debe existir en el espacio. Pero es un sin sentido decir que el espacio mismo existe en el espacio. No es por la experiencia por lo que hemos aprendido que nada puede existir sin estar en el espacio. No hemos llegado, por un proceso de generalización, a la proposición de que los objetos, para tener realidad, deben estar en el espacio: no es porque todos los objetos que hemos observado han estado en el espacio por lo que concluimos que, aparentemente, esto siempre es así. O, para expresarlo al modo kantiano: no es una proposición *a posteriori,* sino *a priori.*

El espacio no es objeto de experiencia como lo son las cosas que existen en él; al contrario, el espacio es una condición para toda experiencia (Kant lo expresa diciendo que el espacio es una forma *a priori* de la intuición).

Lo que es cierto del espacio lo es también del tiempo. Hay una diferencia lógica entre los diferentes procesos que ocurren y el tiempo que ocupan estos procesos, y que necesariamente deben ocupar. Nosotros no sabemos que un proceso (un suceso, una ocurrencia, un cambio, etc.) dura un tiempo por observación; la observación, es decir, la experiencia, no puede enseñarnos que algo debe ser *necesariamente* el caso, sólo puede decirnos que algo *de hecho* es el caso. Así, lejos de haber *observado* que un proceso ocurre en el tiempo, es una *presuposición* para la existencia de un proceso. El tiempo, por tanto, como el espacio, es una forma *a priori* de la intuición.

La respuesta a cómo es posible formar juicios en geometría, que sean sintéticos y *a priori,* la relaciona Kant con su concepción de la geometría como ciencia de las propiedades lógicas del espacio. Y si esto es lo que la geometría es, y dado que el espacio es una forma *a priori* de la intuición, parece seguirse que la geometría también debe ser *a priori* y sintética. Es sintética porque las proposiciones geométricas no se deducen de un concepto (en cuyo caso serían analíticas), sino que se intuyen. Si el espacio no fuera una forma *a priori* de la intuición, sino algo dado empíricamente, las proposiciones de la geometría no serían sintéticas y *a priori,* serían sintéticas y *a posteriori.*

La proposición de que el espacio es una forma *a priori* de la intuición lleva a Kant a distinguir entre lo que él llama la cosa en sí y la cosa como fenómeno. La cosa como fenómeno es la cosa tal como existe en el espacio y en el tiempo, como algo que puede ser intuido —si no existiera en el espacio y en el tiempo, no podría ser intuida. Pero como el espacio es una forma *a priori* de la intuición, no es algo que pertenezca a la cosa en sí. Con una desafortunada expresión, Kant dice que el espacio es subjetivo. La cosa como tal, o, para usar el lenguaje de Kant, la cosa en sí, no está, pues, en el espacio. El concepto de cosa en sí, en consecuencia, se torna en un concepto místico, un concepto sobre algo que no puede ser intuido de ningún modo; expresándolo paradójicamente, se torna en un concepto inconcebible. Se convierte, como luego Kant pone de relieve en su *Crítica de la razón pura,* en un concepto al que ninguno de nuestros conceptos puede ser aplicado, y así llega a ser algo que no puede ser pensado. Se ha discutido si es el concepto de algo existente. Quizá es sólo un concepto cuya función es subrayar que si hablamos de una cosa puede afirmarse *a priori* que ésta debe ser algo que está en el espacio —que, en otras palabras, la cosa en sí no es una cosa en absoluto. Sin entrar aquí en detalles sobre esta discusión, vale la pena poner de relieve, sin embargo, que cuando Kant mantiene que el espacio, siendo una forma *a priori* de la intuición, es subjetivo, no debemos entenderlo entonces como siendo subjetivo del mismo modo que, por ejemplo, las impresiones sensibles o las sensaciones son subjetivas. Los dos conceptos «objetivo» y «subjetivo» pueden tener por lo menos dos significados diferentes. A menudo, estos conceptos son usados para distinguir entre aquello cuya validez depende de la persona individual y aquello que no tiene tal dependencia. Yo puedo describir un cuadro objetivamente: describo sus dimensiones, describo las figuras y objetos que encuentro en él, y describo los colores con los que está pintado. Pero puedo también expresar mi agrado o desagrado por él, lo cual expresaría algo subjetivamente. En este sentido de los conceptos «objetivo» y «subjetivo», el espacio es objetivo, y no subjetivo. Pero los dos conceptos pueden utilizarse también para distinguir lo que pertenece al objeto de lo que no le pertenece; distinción que no es relevante para las cuestiones de validez. En este sentido de los dos conceptos, la opinión de Kant hace suponer que el espacio no sea objetivo, pues el objeto como tal, la cosa en sí, no está en el espacio. Pero como Kant afirma en muchas ocasiones, probablemente más explícitamente en el capítulo que titula «Refutación de Idealismo», las cosas que existen en el espacio y en el tiempo son reales y, consecuentemente, no son subjetivas en el anterior sentido de la palabra. Kant expresa esto diciendo que lo que existe en el espacio y en el tiempo tiene una *realidad empírica* pero una *idealidad trascendental.*

El tiempo es una presuposición necesaria para el cambio; nada puede cambiar (incluyendo el cambio de posición en el espacio) sin presuponer el tiempo. El cambio implica (como ya mantenía Aristóteles) que predicados contradictorios se prediquen de un mismo objeto. De ser rojo, el objeto se transforma en algo que no lo es; de ser caliente se transforma en algo que no es caliente; de tener diez yardas de longitud se transforma en algo que no tiene diez yardas de longitud, y así sucesivamente. Sólo es posible predicar predicados contradictorios de un mismo objeto, si estos predicados no son afirmados al mismo tiempo. El tiempo como forma *a priori* de la intuición, es, consecuentemente, una condición necesaria para la aplicación del concepto de cambio. Así como el espacio es una condición *a priori* para hacer juicios geométricos que sean sintéticos *a priori,* así el tiempo es una condición *a priori* para hacer juicios aritméticos que sean sintéticos *a priori.* Los números, afirma Kant, son construidos por la sucesiva adición de unidades. Es este movimiento sucesivo en el tiempo, justo por ser una intuición *a priori,* lo que determina juicios sintéticos *a priori,* concernientes a los números.

El espacio y el tiempo son formas *a priori* de la intuición. El espacio y el tiempo son condiciones necesarias para la intuición. Pero no son condiciones suficientes para concebir aquello que es intuido. ¿Cuál es el criterio para que algo intuido sea concebido? El criterio es que podamos emitir juicios sobre ello. Supongamos que veo algo y que me preguntan qué es lo que estoy viendo. Si no puedo decir nada en absoluto, no puedo decir ni la clase de cosa o situación que es, qué forma o extensión tiene, ni de qué color es, etc., es lo mismo que decir que no he visto nada. Si no he visto ni el color, ni la forma, ni la extensión, ni el movimiento, nada ha sido visto; y si se ha visto por lo menos una de estas cosas, he de poder responder a la pregunta de qué he visto, emitiendo un juicio. Ha de ser un juicio en el que digo algo acerca de aquello que ha sido visto. Concebir, entender o pensar es poder formar una proposición (hacer un juicio). Expresado de modo diferente, se puede decir que la forma de la concepción, del entendimiento o del pensamiento es la forma de la proposición hecha o del juicio emitido. En otras palabras, se puede examinar la forma del pensamiento, examinando la forma de las proposiciones o juicios, es decir, examinar las condiciones necesarias para formar proposiciones o juicios como tales —independientemente del contenido empírico, o lo que es lo mismo, de aquello de lo que tratan esas proposiciones o juicios.

Las proposiciones (1) El gato es gris, (2) La mesa es marrón y (3) El mundo es redondo, versan todas sobre cosas diferentes, pero tienen en común la misma forma lógica. Se pueden escribir todas como «S es P», donde S es el sujeto de la proposición y P el predicado. Al usar las letras S y P indicamos que no tenemos en cuenta el contenido empírico. Obviamente, no cambia la forma lógica si sustituimos «el gato», «la mesa» o cualquier otro sujeto por S. Las condiciones para haber visto un gato gris, no son sólo que los rayos de luz reflejados por un gato gris lleguen a mis ojos, sino también que yo conciba aquello que veo —que sea algo de lo que soy consciente; si estoy concentrado en alguna otra cosa no veré el gato. Pero no sólo no debo estar distraído por alguna otra cosa; he de poder decir en respuesta a la pregunta acerca de lo que veo, que es un gato gris. En otras palabras, he de tener el concepto de gato para poder ver algo en el espacio y en el tiempo como gato. No puedo hacer proposiciones acerca de gatos —y, por tanto, no puedo *ver* gatos— sin tener el concepto de gato.

Ahora podemos formular la siguiente cuestión. ¿Hay conceptos que sean necesarios para hacer proposiciones en sí, independientemente de aquello de lo que traten, es decir, conceptos sin los que sería imposible hacer cualquier tipo de proposiciones? ¿Hay conceptos que sean necesarios para poder hacer proposiciones de la forma «S es

P»? Lo que es común a todas las proposiciones o juicios de sujeto-predicado —proposiciones tales como «El gato es gris» y «La mesa es marrón»— es que cierta propiedad es adscrita a cierto objeto. Parece necesario, por tanto, distinguir entre una cosa y sus propiedades. Aquello de lo que tenemos impresiones sensibles son las propiedades de la cosa. Nunca tenemos impresiones sensibles de la sustancia. Pero aunque nunca tenemos impresiones sensibles de la sustancia, no podemos prescindir de este concepto; es imposible hablar, con sentido, de propiedades sin implicar que éstas sean propiedades de algo. El concepto de sustancia parece ser así una condición necesaria para concebir nuestras impresiones sensibles como cosas u objetos con propiedades.

Pero ésta no es la única razón por la que necesitamos el concepto de sustancia. Como hemos visto, el tiempo es una forma *a priori* de la intuición. El tiempo es necesario para la aplicación del concepto de cambio. No puede ser entendido un proceso de cambio sin presuponer algo que no cambie. Si decimos que una cosa A ha cambiado, ha de haber algo que justifique que digamos que A es aún A, incluso después de que el cambio haya tenido lugar. Ha de haber algo que permanezca inmutado y por lo que podemos aún llamarlo A. Supongamos que repito el experimento de Descartes con su trozo de cera. Durante el proceso de calentamiento cambian todas las propiedades; sin embargo, es correcto decir que es el mismo trozo de cera —que es lo mismo que decir, que ha de haber algo que ha permanecido incambiado durante el proceso de calentamiento. Y como no pueden ser las propiedades —pues han cambiado todas— ha de ser la sustancia. La función propia del concepto de sustancia —o más aún la categoría de sustancia— es hacer posible la comprensión del cambio.

Dos o más juicios de la forma «S es P», se pueden combinar en un juicio con ayuda de conceptos que, en el lenguaje de la lógica, se llaman constantes lógicas. Una constante lógica, por ejemplo, es el concepto expresado con ayuda de las palabras «Si … entonces». La proposición p: El sol brilla, y la proposición q: La piedra se calienta, pueden combinarse, con esta constante lógica, en la proposición: «Si el sol brilla la piedra se calienta.» Tales proposiciones son llamadas proposiciones hipotéticas. Expresan que algo está condicionado por alguna otra cosa (por ejemplo, que el lucir del sol condicione el calentamiento de la piedra). El uso del concepto de condición es, en este contexto, el uso que hacemos al aplicar el concepto a la realidad, es decir, cuando se aplica a aquello que existe en el espacio y en el tiempo. Es un concepto, por tanto, que se aplica sólo a ocurrencias o procesos que se suceden uno al otro en el tiempo. Cuando este concepto se aplica a la realidad, llamamos a aquello que ocurre o sucede antes que los otros sucesos la causa, y a la ocurrencia o suceso que sucede después de la causa la llamamos el efecto. El concepto de causalidad es, por tanto, una categoría del entendimiento.

Además de las dos categorías mencionadas, la categoría de sustancia y la categoría de causalidad, Kant dice que hay otras diez categorías —categorías que no examinaremos aquí. Todas las categorías, sin embargo, tienen en común el que no tengamos conocimiento de ellas a través de la experiencia. Las categorías constituyen la forma misma de la experiencia. Mas bien que constituir el contenido de la experiencia, las categorías determinan la estructura de ese contenido. Y no sólo es que las categorías determinan la estructura o forma de la experiencia; son también las condiciones necesarias de la experiencia; vale decir: sin estas categorías no podría haber experiencia en absoluto.

Como ya se ha dicho, el concepto de sustancia es una condición necesaria para la aplicación del concepto de cambio. Y el concepto de causalidad es una condición necesaria para la experiencia. Como el tiempo es una forma *a priori* de la intuición, cualquier cosa que se experimente, necesariamente ha de ser experimentada en el tiempo. Es necesario, por tanto, que todo ocurra en el tiempo, que ocurra en sucesión o una serie temporal. Experiencia significa conocimiento empírico de la realidad, lo cual significa, entre otras cosas, que a través de la experiencia obtenemos conocimiento de lo que ocurre. Pero decir que algo ocurre o sucede es decir que algo ocurre o sucede antes que otra cosa, y que esta serie temporal es objetiva. Si un bote navega río abajo, primero está en una posición y un poco después en otra posición. Ésta es una serie temporal que es objetiva, porque es independiente del observador. Lo contrario nos pasa con la serie temporal subjetiva. Si observo una casa, puedo dejar descender mi mirada desde la chimenea hasta la planta baja; o puedo comenzar por abajo y terminar por el tejado. Puedo hacer lo que desee. El orden de mis impresiones sensibles depende del orden en que escoja mirar la casa. La serie temporal de mis impresiones sensibles puede ser invertida, Kant caracteriza la serie temporal subjetiva diciendo que es reversible. La serie temporal objetiva, sin embargo, no puede ser invertida: es irreversible. Está determinada no por el sujeto, sino por una regla independiente del sujeto. Está determinada por una regla objetiva.

Sin la secuencia de tiempo objetivo sería imposible la aplicación del concepto de evento; no podríamos hablar de algo que ocurre o sucede; y si nada ocurriera o sucediera, obviamente no podría haber conocimiento ni experiencia. La secuencia de impresiones sensibles desde el tejado hasta la planta baja de la casa no es expresión de un evento u ocurrencia. Nada le ocurre a la casa porque yo escoja mirarla de este modo específico.

Es importante recordar que el tiempo, según Kant, es una forma *a priori* de la intuición; que existe un orden temporal objetivo es, por tanto, una proposición *a priori;* que el orden temporal ocurre según regla significa, entre otras cosas, que cualquier punto en el orden temporal o secuencia temporal sigue al punto precedente según cierta regla. Si conocemos esta regla (la regla que sólo puede ser conocida empíricamente) se puede deducir cualquier punto en este orden temporal. Cuando Kant habla de un punto en el tiempo, obviamente no habla de un tiempo vacío. No existe el tiempo vacío. Habla del tiempo que tiene un contenido empírico. Desde el tiempo t_n es determinable el tiempo t_{n+1}. El tiempo t_n es la condición para el tiempo t_{n+1}. Una condición para hablar de una secuencia temporal objetiva determinada por regla, y por ello también una condición para hablar de algo que ocurre o sucede, etc., es que cada momento de tiempo está condicionado por (sea un efecto de) el momento precedente, y que cada momento sea una condición (o una causa) del momento siguiente. La causalidad es, por tanto, una condición necesaria para la experiencia. En otras palabras, el concepto de causalidad es una categoría del entendimiento.

Es importante ver cómo Kant difiere de Hume con respecto al principio de causalidad, y quizá sea más importante ver hasta qué punto están de acuerdo. La diferencia entre Kant y Hume con respecto al principio de causalidad es ésta: Hume niega que exista una conexión determinada por ley entre los diferentes eventos. Kant, sin embargo, afirma que éste es el caso necesariamente. Hume lo niega porque tal conexión no podría ser validada por la experiencia. Por otra parte, Kant afirma que la razón por la que no puede ser validada por la experiencia es la sencilla razón de que una tal conexión es una condición de toda experiencia. Y, obviamente, aquello que es condición para la experiencia no puede ser en sí objeto de experiencia. Pero Kant está de acuerdo con Hume al afirmar que la conexión determinada por regla entre la causa y el efecto sólo puede conocerse por la experiencia. Culpa a Hume por haber confundido dos cosas. He aquí sus palabras: «Por tanto, Hume estaba en un error al inferir de la contingencia de nuestra determinación *de acuerdo con la ley,* la contingencia de la *ley* misma» [8]. Nuestro conocimiento de las diferentes leyes que relacionan diferentes eventos nunca puede alcanzar la certeza, esto es, nunca puede ser *conocimiento.* No puede serlo, porque sólo puede ser obtenido a través de la experiencia, y la experiencia nunca puede darnos necesidad.

---

[8] *Crítica de la razón pura,* B. 794.

Pero el que no podamos obtener conocimiento de tal ley, no justifica el inferir que tal ley no exista.

Como se dijo antes, Kant afirmó que hay doce categorías. Que tengan que ser exactamente doce categorías, y que sean las categorías que Kant menciona, es difícilmente convincente. Sin embargo, el número no es completamente arbitrario; es el resultado de un examen de nuestros diferentes modos de juicios. Decimos, por ejemplo, que la categoría de sustancia y la categoría de causalidad fueron descubiertas por un examen de los juicios categóricos e hipotéticos. Sin embargo, pocos mantendrían que la lista de nuestras formas de juicios de Kant sea completa o correcta; y muchos afirmarían que su aplicación de ellas se caracteriza en gran manera por su afición a los sistemas.

Las categorías son condición para la experiencia. Su función es ordenar, concebir y entender —categorizar— el material recibido por los sentidos. Si las categorías se aplicaran sólo a aquello que es recibido por los sentidos e intuido en el espacio y en el tiempo, no habría antinomias. Por tanto, la existencia de las antinomias prueba que las categorías se aplican, no sólo según sus reglas, sino también violando esas reglas. Sin embargo, la violación que lleva a las antinomias no es una violación contingente; es una violación necesitada por la estructura de la razón misma.

Es una categoría del entendimiento —un concepto cuya aplicación es condición necesaria para cualquier experiencia— que cada fenómeno se conciba como condicionado o afectado por otro fenómeno, el cual ha de ser concebido también como condicionado por un tercer fenómeno y así infinitamente. Según esta categoría es imposible jamás concebir un fenómeno como incondicionado o inefectuado. Parece, sin embargo, necesario que una condición para la existencia del concepto de 'lo condicionado' debe ser que exista también el concepto 'lo incondicionado'. Condición necesaria para entender lo que significa decir que algo está condicionado debe ser que sepa qué significa decir que está incondicionado. Es de esta verdad conceptual de la que inferimos que todo lo condicionado, es decir, la clase de todo lo condicionado, ha de presuponer necesariamente algo que sea en sí incondicionado. Pero tal inferencia es ir más allá de (trascender) la experiencia, pues todo lo que encontramos en la experiencia está condicionado (y es así porque la categoría de causalidad es una condición de la experiencia); todo lo que experimentamos está, en otras palabras, concebido como algo que es efecto de una causa precedente. Consecuentemente, lo incondicionado no puede encontrarse en la experiencia, no puede ser objeto de experiencia. Afirmar la existencia de algo incondicionado, por tanto, es aplicar ilegítimamente la categoría. Es una imposibilidad conceptual concebir un fenómeno como si fuera incondicionado o incausado.

La ilusión se debe a la suposición de que existe un fenómeno que condiciona todo lo demás, pero que él mismo es incondicionado. No es una ilusión asumir la existencia del concepto o idea de lo incondicionado. Como se dijo antes, si no tuviéramos este concepto o idea (como la llama Kant) no podríamos hablar tampoco del concepto de lo condicionado. La falacia es que suponemos que el concepto o idea de lo incondicionado es concepto o idea de algo existente. Esto es malentender la función de la idea; la idea no es idea de algo existente; la idea es una regla que dice que para cada fenómeno que experimentemos debemos siempre intentar encontrar su condición o causa; en otras palabras, es la regla que nos obliga a continuar como si fuera posible encontrar aquello que es conceptualmente imposible encontrar: lo incondicionado. Si creemos que podemos encontrar alguna vez tal incondicionado, habremos errado en nuestra suposición de la función lógica de la idea, habremos confundido la idea como regla con la suposición de que la idea es el nombre de algo existente. Como Kant lo expresa: la idea no tiene una función constitutiva, sino regulativa.

En otras palabras, las antinomias surgen porque la idea, que es regulativa, es erróneamente concebida como si fuera constitutiva, es decir, es concebida como si fuera el nombre de un fenómeno existente, un fenómeno que lo condiciona todo mientras que él, al mismo tiempo, es incondicionado. Y esto es un error, pues la categoría de causalidad excluye que cualquier cosa pueda ser concebida como incondicionada o incausada.

La razón requiere lo incondicionado (lo absoluto, lo infinito y lo eterno). Este requerimiento viene impuesto por la necesidad lógica de la realización del mundo de la experiencia; resulta imposible, sin embargo, por el hecho de que el mundo de la experiencia está condicionado por las categorías, es decir, las categorías que hacen imposible, por no decir sin sentido, pensar lo incondicionado, lo infinito, y lo absoluto, como objeto existente de experiencia y conocimiento.

Volvamos ahora a la primera antinomia. La tesis afirma que el mundo tiene un comienzo en el tiempo. Si fuéramos hacia atrás en el tiempo llegaríamos a un primer momento. Pero tal afirmación sólo es posible si estamos hablando de cosas en sí y no de fenómenos; si hablamos del mundo experimentado no podemos considerar ningún momento como el primer momento; cualquier momento ha de ser considerado como condicionado por un momento previo. Pero si hablamos del mundo en sí, no existe este requisito. También la antítesis viola la concepción de la idea como regulativa, porque concebir el mundo como infinito es aplicar la idea constitutivamente. Concebir, por ejemplo, la serie de los números como infinita significa que no hay un último número y que en consecuencia es posible continuar infinitamente. Del mismo modo, la proposición de que el mundo es infinitamente extenso en el tiempo significa que no hay un momento último y que, en consecuencia, es posible continuar infinitamente. Una línea recta puede ser prolongada tanto cuanto queramos, pero nunca será una línea infinitamente larga.

También con respecto a la segunda antinomia afirma Kant que sólo sería válida si habláramos del mundo en sí y no acerca de fenómenos —esto es, si usáramos la idea constitutivamente en lugar de usarla regulativamente. Cuando la tesis afirma que una sustancia está compuesta de partes no compuestas, la idea regulativa requiere que no se considere nada como lo último absoluto, ni como compuesto absoluto. La idea regulativa requiere que continuemos como si fuera posible encontrar un absoluto, sabiendo al mismo tiempo que no puede ser encontrado; y cuando la antítesis afirma que ninguna sustancia compuesta está compuesta de partes no compuestas, es el mismo tipo de falacia. Es una aplicación constitutiva de la idea afirmar que una cosa ya está compuesta de un número infinito de partes. Nunca hay nada compuesto de un número infinito de partes; siempre está todo compuesto sólo de un número finito. La idea regulativa requiere, sin embargo, que ninguna parte sea tomada como no compuesta; requiere, por tanto, que sigamos intentando hallar las partes de cualquier parte.

Hemos visto cómo el hombre ha intentado probar con la razón la existencia de un ser perfecto. Entre tales intentos el argumento ontológico de Anselmo parece ocupar el lugar más preeminente. Por lo menos esto es lo que afirma Kant, que cree que todas las demás pruebas dependen de ésta. Al mismo tiempo cree que todos los intentos de probar la existencia de Dios son expresión de la ilusión de la razón. Es, por tanto, de interés ver cómo Kant intenta mostrar que también el argumento ontológico es una ilusión.

Como se recordará, el argumento ontológico está basado en el concepto de existencia necesaria, es decir, una existencia que sería imposible negar. ¿Qué significa decir que algo existe por necesidad? O, mejor dicho, ¿qué debemos entender por un ser que existe por necesidad? ¿Qué es lo que hace imposible la no existencia de tal ser? Si no podemos contestar a estas preguntas no podemos darle sentido al concepto de ser existente por necesidad. Y esto, según Kant, es lo que no podemos hacer. Pues ni el sujeto ni el predicado pueden tener necesidad;

sólo puede tener necesidad el juicio que resulta de la adscripción de ciertos predicados a ciertos sujetos. Que la suma de los ángulos de un triángulo es 180° es un juicio necesariamente verdadero; pero ni el triángulo ni la suma de sus ángulos son necesarios. La verdad necesaria del juicio, por tanto, es hipotética. El juicio simplemente afirma que si hay un triángulo la suma de sus ángulos es 180°. Pero el juicio de que exista el triángulo no es un juicio que necesariamente sea verdadero. Podemos decir que si existe un ser cuya existencia sea necesaria, su no existencia es imposible, y sería una contradicción enunciar el juicio de que si existe un ser cuya existencia es necesaria, su no existencia sea posible. Pero no es una contradicción mantener que no hay ningún ser cuya existencia sea necesaria. El juicio «Dios es todopoderoso», es un juicio necesariamente verdadero; pues el concepto «todopoderoso» se sigue del concepto «Dios». Pero el juicio «Dios no existe» no es una contradicción. Del juicio necesariamente verdadero «Dios es todopoderoso» no se sigue el juicio «Dios existe». No podemos, como concluye Kant, tener el concepto de un ser cuya existencia fuera una contradicción negar. Pero la prueba ontológica de Dios pretende ser una prueba de que tal concepto existe: el concepto de un ser que tenga todas las propiedades positivas (*ens realissimum*) debe tener también la propiedad de «existencia», pues la existencia es una propiedad positiva. Negar la existencia de tal ser, por tanto, es una contradicción. Kant hace la siguiente objeción a este argumento: Si decimos de una cosa que existe, ¿qué clase de juicio hemos hecho? Debe ser analítico o sintético. Si es un juicio analítico, el predicado no contiene nada que no esté ya contenido en el concepto del sujeto, pertenece al mismo concepto del mismo modo que el predicado «equilátero» pertenece al concepto «triángulo equilátero». Pero si este es el caso, por ejemplo, el concepto «una montaña dorada» nunca será completo, por lo menos mientras no haya montañas doradas. Pero el concepto «una montaña dorada» no cambia según se encuentren o no montañas doradas. La afirmación de que una u otra cosa exista (llamemos a tales afirmaciones, afirmaciones existenciales), por tanto, no puede ser analítica. Por consiguiente debe ser sintética. Pero si obtenemos contradicciones sólo al negar un juicio analítico, y si los juicios existenciales son sintéticos, negarlos nunca puede envolvernos en contradicción.

Además, la existencia no es en absoluto lo que Kant llama un predicado real; es decir, un predicado que añada alguna propiedad a un sujeto. La diferencia entre las proposiciones (1) «Dios es todopoderoso» y (2) «Dios existe» es evidente. En (1) se predica cierta propiedad de Dios: la propiedad de ser todopoderoso; sin embargo en (2) no se predica ninguna propiedad de Dios. Un debate acerca de la omnipotencia de Dios lo es acerca de qué propiedades pertenecen a Dios: pero un debate acerca de la existencia de Dios no es un debate de este tipo —es un debate acerca de si el concepto «Dios» con las propiedades, que creemos deben pertenecer a este concepto, corresponde a algo actual. La prueba ontológica de Dios tal como Kant la entiende se basa en la presuposición de que la existencia es una propiedad positiva del *ens realissimum,* pero él cree haber mostrado ya que esta presuposición es errónea.

La filosofía moral de Kant

Hume examinó la cuestión de si la moralidad se deriva de la emoción o se deriva de la razón, y concluyó que la compasión era el sentimiento moral apropiado; sin compasión no podría haber moralidad. Kant mantiene la opinión opuesta. Según Kant, no se actúa moralmente si se actúa por emoción. Esencial a la moralidad es su universalidad. Por tanto, es imposible que pueda derivarse de algo psicológico, pues una emoción es un motivo empírico y, por tanto, no puede tener universalidad ni necesidad. Como la ley moral es universal, ha de ser una ley de la razón. Kant formula la ley moral así: «Obra sólo según aquella máxima que puedas querer al mismo tiempo que se convierta en ley universal.» La palabra «máxima» se debe entender aquí como principio subjetivo de acción, es decir, principio según el cual actúa de hecho la persona. Para el egoísta, por ejemplo, la máxima es actuar en su propio beneficio independientemente de si con ello perjudica o no a otras personas. Se debe actuar siempre según la máxima que quisiéramos que fuera una ley universal; en otras palabras, quisiéramos que todos los seres humanos que están, o pudieran estar. en la misma situación en que estoy yo ahora, actuaran por el mismo motivo. Si realizo un acto egoísta, esto es, un acto cuya máxima es que quiero mi propio beneficio independientemente del perjuicio que con ello infrinjo a otras personas, no puedo querer al mismo tiempo que sea una ley universal que todo el mundo debe actuar según tal máxima. No puedo querer que el mundo estuviera habitado por seres humanos que, siempre y por todos los medios y sin tener en cuenta el bienestar o la felicidad de los demás, intentasen conseguir los mayores beneficios posibles para sí mismos. Si hubiera de elegir entre un mundo así y el mundo donde todos actúan según la máxima de prestar el debido respeto a la felicidad de los demás, no puedo querer que sea el primero el que exista. Por supuesto existen seres humanos egoístas; hay seres humanos que actúan según máximas egoístas; pero hay diferencia entre admitir que se actúa según una máxima egoísta y querer que eso sea una ley universal, es decir, una ley que fuera válida para todos los seres humanos.

Obramos moralmente bien sólo si el motivo de nuestros actos es el que manda la ley moral. E incluso esto sólo es cierto con ciertas modificaciones, pues puedo desear hacer lo que la ley moral manda, porque puedo desear que se me reconozca como un ser humano decente o tener la conciencia tranquila. Y si este es mi motivo, actúo *de acuerdo con* el deber, pero no *por* el deber; actúo *legalmente,* pero no *moralmente.* Un acto se hace por deber, es decir, es un acto moralmente bueno sólo si el motivo de mi acto es la reverencia o el respeto a la ley moral. Actuar por reverencia a la ley moral es mostrar lo que Kant llama *buena voluntad.*

La ley moral es empíricamente vacía. No especifica cómo debo actuar en esta o en aquella situación. Sólo prescribe que, cualquiera que sea la máxima según la cual elegimos actuar, es preciso que podamos querer que sea una ley universal. Y esto es sólo otro modo de expresar que el principio para mi acción debe ser *a priori.* Por tanto, la ley moral podría expresarse del modo siguiente: actúa de modo que la máxima se haga *a priori;* lo que significa que sea una ley determinada por razón. Y al igual que la razón determina la estructura o forma del conocimiento, pero no su contenido, así también determina la forma de la moralidad, pero no su contenido. La ley moral no se refiere a este o a aquel caso; no es una ley acerca de esta o aquella máxima; es una ley acerca de la forma de cualquier máxima: que se pueda querer que sea una ley universal.

Al mandato de actuar por reverencia a la ley moral, al mandato de que se debe actuar de tal modo, Kant lo llama imperativo categórico. Este imperativo es diferente del imperativo hipotético. Comencemos examinando el imperativo hipotético. La receta para cierto pastel podría ser, por ejemplo, así: «Corte el pastel en cuatro rebanadas horizontales. Para el relleno, mezcle polvos de pudding, café instantáneo y leche en un recipiente. Basta esa mezca hasta que cobre un aspecto espumoso y consistente. Recubra tres de los trozos con el relleno; coloque uno encima de otro, y, por último, el trozo no recubierto. Recubra la parte superior y los lados del pastel y póngalo a enfriar en la nevera.» El lector de la receta se encuentra aquí con una serie de imperativos. Pero, desde luego, esto no significa que cualquiera que lea la receta deba hacer lo que se prescribe. Sólo significa que *si* uno quiere hacer ese pastel determinado, ha de seguir la receta. El imperativo de la receta es irrelevante para la persona que no desee hacer tal pastel. Los imperativos del libro de cocina, por tanto, son hipotéticos; mejor aún, son lo que Kant llama imperativos *problemáticos*. Pues el hecho de querer o no aquello para lo que los imperativos son medios, depende por completo del gusto o deseo individual. Son también imperativos de *habilidad;* requieren cierto conocimiento técnico. El conocimiento del carpintero o del jardinero consta, en gran parte, de imperativos de habilidad, que indican cómo hay que proceder para conseguir las cosas de las que el carpintero o jardinero es especialista. Los imperativos de habilidad y los imperativos problemáticos son instrumentos para la consecución de un fin que en sí no posee ninguna cualidad moral.

Existen también imperativos hipotéticos que no son ni problemáticos ni imperativos de habilidad. Son los que Kant llama *asertóricos* e imperativos de *prudencia.* No es un absurdo que yo no quiera tener tulipanes en mi jardín, ni hacer un tipo determinado de pastel; pero sí sería absurdo afirmar que no quiero ser feliz. Se puede afirmar con seguridad que todo ser humano quiere ser feliz. Las prescripciones para un modo de vida que conduce a la felicidad no son, por tanto, imperativos problemáticos; son asertóricos; y tampoco pueden caracterizarse como imperativos de habilidad. No es mi falta de habilidad para organizar mi vida lo que da lugar a una vida infeliz, sino más bien una falta de prudencia o de sabiduría. Las prescripciones para un modo correcto de vida, esto es, un modo de vida que lleve a la felicidad, son, por tanto, imperativos de prudencia.

Sin embargo, el hecho de ser imperativos sólo con respecto a un fin determinado, es común a todos los imperativos hipotéticos. Pero el fin, para el cual los imperativos son instrumentos, es algo que se desea, algo que gusta, que se necesita o por lo que uno se interesa; no es algo que se deba desear, que deba gustar, que se deba necesitar o por lo que uno se deba interesar. Esto no quiere decir que sea necesariamente un mal propósito. No hay nada malo en tener el deseo de cultivar tulipanes o en el deseo de hacer cierto tipo de pastel, pero no se puede decir que posea en sí alguna cualidad moral. Tampoco tiene valor moral aquello para lo que el imperativo asertórico o el imperativo de prudencia son instrumentos. Todos deseamos ser felices —sería absurdo afirmar que queremos ser infelices—, pero no hay nada moralmente correcto o moralmente incorrecto en el hecho de que nos guste ser felices. Si la respuesta a la pregunta de por qué buscamos la felicidad es que de hecho nos gustaría ser felices, esa respuesta implica que no tiene nada que ver con la moralidad. Se sujeta un motivo empírico, a lo que Kant llama una inclinación.

Examinemos ahora el imperativo categórico. Del hecho de tener respeto o reverencia a la ley moral, se sigue que también acepto que debo hacer lo que exige la ley moral. Este «debo» es expresión del imperativo categórico. No es hipotético, porque no puedo decir que si deseo actuar moralmente bien tenga que actuar de tal o cual modo. Si deseo tener tulipanes en mi jardín, o si deseo hacer un pastel, o cualquier otra cosa, es, en cierto sentido de la palabra, un asunto privado. Pero no es asunto privado el hecho de querer hacer o no lo que es moralmente correcto. Pues lo moralmente correcto es precisamente aquello que debo hacer. Está determinado por una ley universal. La presuposición restrictiva del imperativo hipotético no se da aquí. Se trata de un imperativo incondicionado; independientemente de si quiere ser moral o actuar moralmente, debo serlo y actuar así.

El concepto de libertad de Kant está muy relacionado con su visión del acto moralmente correcto, es decir, un acto, en el que la voluntad está determinada por reverencia a la ley moral. Cualquier acto cuyo motivo es una inclinación, un deseo, algo que nos gustaría hacer, etc., está determinado. Está determinado como todo lo demás en la Naturaleza. Pero la voluntad puede liberarse de los motivos empíricos, de las inclinaciones; puede ser motivada por la ley moral, es decir, la razón. El hecho de que la voluntad pueda seguir a la razón, esto es, seguir una ley *a priori* de la razón, es expresión de lo que Kant llama la *autonomía* de la voluntad. Si la voluntad está determinada por algo empírico, es *heterónoma.*

El hombre es un ser racional. Según Kant, esto significa que la razón es su propio legislador. Todo ser humano puede elegir seguir esta ley. Esto, evidentemente, no significa que todo ser humano actúe en todo momento según esta ley; sino que todo ser humano es capaz de hacerlo. En cada situación en la que el hombre tiene que actuar, puede actuar de modo que pueda querer que la máxima de su acto sea una ley universal. Que el hombre sea un ser racional significa que potencialmente es un ser moral, que es lo mismo que decir que es potencialmente un ser libre.

Un concepto importante en la filosofía moral de Kant es el concepto de persona. El hecho de que los diferentes conceptos *a priori* puedan aplicarse al hombre es lo que le hace persona. La ley moral y, por consiguiente, el imperativo categórico, no está condicionada, lo que significa, entre otras cosas, que no es instrumento para otra cosa; es un fin en sí. Tiene un valor absoluto —no es relativa a otra cosa. De ahí que el hombre como ser racional tenga un valor absoluto. Por tanto, el hombre es un ser que tiene su fin en sí mismo; es un ser que tiene valor absoluto; como dice Kant, tiene *dignidad;* por tanto, es *persona.* Todo lo que tiene valor sólo como medio para la consecución de otra cosa —es decir, todo lo que se puede expresar con ayuda de un imperativo hipotético, es distinto a la persona, distinto a lo que tiene dignidad. Tiene lo que Kant llama un precio de mercado [9].

Como el hombre es un fin en sí y, por tanto, tiene dignidad, se puede expresar la ley moral del modo siguiente: «Obra de tal modo que siempre trates a la humanidad, sea en tu propia persona o en la persona de cualquier otro, nunca sólo como medio, sino siempre al mismo tiempo como fin.»

Como la ley moral es *a priori* y, por tanto, universal, es una ley común a todos los seres racionales. Esto crea la posibilidad de lo que Kant llama el Reino de los Fines. En tal Reino todos están sometidos a una y la misma ley, pero nadie está sometido a más ley que la suya propia. En tal Reino quedan excluidos los conflictos, pues al estar sujeta a la ley moral (la ley que cualquier ser racional se da a sí mismo) su voluntad es objetiva —se debe querer que la máxima de nuestros actos sea una ley universal. La voluntad objetiva y la subjetiva coinciden.

En la *Crítica de la razón pura,* Kant piensa haber mostrado que las llamadas pruebas de la existencia de Dios son ilusiones de la razón. Pero en su ética estima poder argüir a favor de una creencia en la existencia de Dios. Desde luego Kant no dice que puede probar la existen-

[9] Es lo que Kant llama *Sache* [cosa].

cia de Dios. Kant no cree que la moralidad —la razón práctica— pueda probar lo que la razón teórica es incapaz de probar. Lo que cree es que a través de la moralidad se puede postular la posibilidad de la existencia de Dios. Ese postulado se basa en una comparación entre la felicidad y la virtud. Un ser racional disfruta de la felicidad, dice Kant, si todo sucede según sus deseos y voluntad. Sin embargo, la felicidad es sólo una parte —ni siquiera una parte esencial— del máximo bien, del *summun bonum*. Otra parte, más esencial, es lograr lo que Kant llama la voluntad santa. La voluntad santa es una voluntad que está en completa armonía con la ley moral. Para la voluntad santa no existen deberes. Un deber presupone un voluntad según la cual es posible no realizar nuestro deber. Pero para una voluntad santa esto queda excluido. Para tal voluntad no existen más motivos que la reverencia a la ley moral. Sin embargo, como se ha dicho, la voluntad divina es sólo parte del máximo bien; el máximo bien también implica felicidad. Para obtener el máximo bien se requiere la voluntad santa además de la felicidad. La voluntad santa se logra, en principio, por la libertad del hombre; de otro modo, con la felicidad. Podemos querer la felicidad, pero, por supuesto esto no es lo mismo que conseguirla. La felicidad, tal como Kant la expresa, se debe a la armonía de la naturaleza física con el propósito del hombre. Si la virtud está o no relacionada con la felicidad es algo que el hombre no puede determinar. Que la virtud y la felicidad se pertenezcan mutuamente no es ni verdad *a priori* ni ley de naturaleza *a posteriori*. Y, sin embargo, parece no sólo razonable, sino también necesario que la felicidad no deba ser inmerecida; al contrario, debe ser merecida. No obstante, encontramos que pocas veces están en armonía. Pero si el máximo bien no se completa en esta vida, debe haber una existencia en la que así sea el caso. Si esto se excluye, la moralidad sería, por así decirlo, una realidad no cumplida. La moralidad no alcanzaría nunca el cumplimiento de su propia meta: el *summum bonum*. La realidad de la moralidad es en sí, por tanto, un argumento a favor de la suposición de que la virtud y la felicidad se combinen, si no en el mundo de la experiencia, por lo menos en el mundo inteligible. Pero para garantizar esta armonía se requiere un ser todopoderoso y moralmente perfecto. Esto es, se requiere la existencia de Dios.

Cuando Kant habla de la relación entre la felicidad y la virtud es importante no entenderlo mal. No debe ser como si la felicidad, de algún modo y en último análisis, fuera el motivo de la acción virtuosa. Si fuera este el caso, no podría haber imperativo categórico alguno; todos los imperativos serían entonces hipotéticos. Actuar para conseguir la felicidad no es actuar por reverencia a la ley moral; no es merecer la felicidad. Sólo se la merecería si el motivo de la acción no fuera la felicidad, sino la reverencia a la ley moral.

Así, el que la moralidad haga posible la existencia de Dios lo hace basar Kant en la suposición de que la moralidad requiera armonía entre la virtud y la felicidad y que esta armonía no pueda realizarse por el hombre y, por tanto, deba ser realizada por un ser todopoderoso. Este argumento señala, en sí, una posibilidad de vida tras la muerte. Sin embargo, Kant tiene un argumento especial para la inmortalidad. El argumento emplea el concepto de la voluntad santa. El cumplimiento de la moralidad requiere una realización de la voluntad santa. Para los seres humanos esto es imposible. Pero sí es posible una progresión eterna —un proceso que continua infinitamente y que se acerca cada vez más a la voluntad santa, pero que nunca la alcanza. Por tanto, es necesaria una existencia eterna.

Pero la buena voluntad, es decir, la voluntad que actúa por reverencia a la ley moral, debe querer también que la moralidad alcance la perfección; la buena voluntad debe querer, por tanto, que haya una progresión infinita hacia la voluntad santa y que la felicidad, en algún punto en el tiempo, se les dará a los que la merezcan. Por tanto, la buena voluntad no puede ser indiferente a las cuestiones de la existencia de Dios y de la inmortalidad del alma; quiere la existencia de Dios y quiere que el alma sea inmortal. No lo quiere porque desee la felicidad como recompensa, ni porque sea un deber. No puede haber deber alguno de suponer la existencia de algo; sin embargo, es un deber esforzarse para realizar el máximo bien. La existencia de Dios y la inmortalidad del alma no son condiciones necesarias para la moralidad; por el contrario, es la validez de la moralidad la que necesita los postulados. O, en otras palabras, se ha de aceptar la moralidad independientemente de que se acepten los postulados o no. No quedamos exentos de las exigencias de la ley moral por negar la existencia de Dios o la inmortalidad del alma. Lo que implica tal negación, sin embargo, es la futilidad del esfuerzo por alcanzar el máximo bien como meta final. La ley moral no presupone la religión, pero la religión presupone la moralidad.

Como se ha explicado anteriormente Kant creía que era una ilusión de la razón intentar demostrar la existencia de Dios y la existencia del alma. Lo que en el siglo XIII, Tomás de Aquino juzgó verdad necesaria, lo considera Kant como ilusión de la razón: del hecho de que el mundo empírico sea relativo y condicionado, Tomás de Aquino juzgó necesario inferir la existencia de lo absoluto y de lo incondicionado. Sin embargo, Kant pensó que tal inferencia era expresión de un mal entendimiento de la función lógica de las ideas. Pero lo que era imposible para nuestra razón teórica, Kant juzgó poder postularlo por el hecho de la moralidad. De la imperfección de la voluntad del hombre y de la falta de armonía y felicidad en el mundo empírico Kant juzgó poder postular la existencia de Dios y la inmortalidad del alma.

Desde luego, los postulados de la existencia de Dios y de la inmortalidad del alma se apoyan en fundamentos bastante débiles. El fundamento para la suposición de la existencia de Dios es la felicidad. La felicidad no se logra en el mundo empírico, sino en el mundo no empírico, es decir, en el mundo inteligible, un mundo en el que no pueden existir motivos empíricos. Pero la definición kantiana de la felicidad como estado en el que todo sucede según deseos, no parece ser aplicable a un mundo no empírico. Y si no existen inclinaciones ni deseos, es difícil ver lo que impide que la voluntad sea voluntad divina. Sumemos a esto que en un mundo no empírico (el mundo inteligible) no se aplican las formas de intuición, es decir, el espacio y lo que en este contexto importa más: el tiempo. Decir que el alma en este mundo tiene una existencia eterna y continua es casi una contradicción.

La epistemología de Kant como su filosofía moral, muestran un dualismo filosófico: la naturaleza y la libertad. La naturaleza se determina, se conoce, se entiende y explica por las categorías. El concepto de libertad no puede aplicarse al hombre como ser biológico o como organismo; la libertad no puede concebirse ni entenderse con las categorías, y tampoco puede aplicarse a los humanos en la medida en que actúan por motivos empíricos. La libertad es aplicable siempre que el hombre actúa por reverencia a la ley moral.

La voluntad, un concepto que en Kant está falto de claridad, es un eslabón de conexión entre el mundo empírico y el inteligible, entre la naturaleza y la libertad. Igual que la glándula pineal era para Descartes el eslabón de conexión entre el alma y el cuerpo, para Kant el eslabón de conexión entre la naturaleza y la libertad, entre el mundo inteligible y el empírico, es la voluntad. La voluntad puede estar determinada por motivos empíricos: el comportamiento del hombre se explica entonces desde los principios que gobiernan la naturaleza; o puede estar determinada *a priori,* es decir, determinada por reverencia a la ley moral: entonces está actuando libremente.

Hegel

Un aspecto bastante problemático de la filosofía de Kant es su concepto de cosa en sí. La suposición de la existencia de una cosa —un objeto— que sea la causa última del objeto de experiencia, parece estar en conflicto con la propia epistemología de Kant. «Existencia», «cosa» y «causa» son categorías del entendimiento y, por tanto, aplicables solamente a aquello que existe en el espacio y en el tiempo. Y como la cosa en sí, según cierta interpretación, se entiende como estando fuera del espacio y del tiempo, queda excluida una aplicación de estas categorías a la cosa en sí. Parece haber dos posibilidades. Podemos negar la validez del concepto, es decir, podemos afirmar que el concepto de cosa en sí es vacío y que no se refiere a nada en realidad; o podemos interpretarlo de modo que sea aceptable. La última posibilidad parece ser la escogida por el mismo Kant porque en la *Crítica de la razón pura* el concepto se caracteriza como un concepto negativo, o, tal como lo expresa Kant, como un concepto limitador, es decir, un concepto que indica los límites del conocimiento. El concepto de cosa en sí, es un concepto del que no se puede decir nada, o, expresándolo paradójicamente, un concepto del que no podemos tener concepto. Si se rechaza el concepto mismo —y esto es lo que hicieron los sucesores de Kant, *Fichte* y *Schelling*—, ello no significa que el mundo de experiencia sea producto de cada individuo existente, y

213

no exista ningún mundo externo objetivo —afirmación que obviamente sería absurda. Sin embargo, lo que significa realmente es que no existe nada que no se someta a las condiciones trascendentales del conocimiento. No existe nada que no pueda ser conocido y comprendido. El concepto de cosa en sí, no corresponde a ninguna cosa existente. A estas condiciones trascendentales, o mejor, al principio fundamental para todas estas condiciones, le llama Kant la apercepción trascendental o el ego trascendental, y era lo que Fichte llamaba el ego absoluto. Pero ni el ego trascendental de Kant, ni el ego absoluto de Fichte, deben entenderse como nombres de una sustancia existente —como un yo sobre y por encima del yo conocido. El ego absoluto no es otro yo, sino los principios trascendentales para conocer un yo, o, lo que viene a ser lo mismo, las condiciones para poseer y aplicar el concepto yo. Además, según Fichte, se puede conocer y comprender el yo sólo bajo la presuposición de que se conozca también el no-yo. Este es un simple requisito lógico; no se puede comprender ningún concepto sin comprender al mismo tiempo su concepto polar. Una condición para la posesión del concepto «yo» es, por tanto, la posesión del concepto «no-yo». Pero las condiciones para poseer y aplicar los conceptos «yo» y «no-yo» son, según Fichte, el yo absoluto que, como acabamos de ver, no es otro yo aparte del yo individual, sino las condiciones trascendentales para el conocimiento y la comprensión como tales.

Que todo pueda ser conocido significa que se somete a las condiciones del conocimiento —se somete a las condiciones de la razón. Y si se habla, como Schelling, del Espíritu, en vez de la razón, se puede decir, como dice también Schelling, que la Naturaleza es Espíritu. La Naturaleza —dice Schelling— es el espíritu fosilizado y el Espíritu es la Naturaleza invisible.

Es en este contexto en el que el gran metafísico de la era postkantiana *George Wilhelm Frederich Hegel* (1717-1831) hace la siguiente proposición, proposición que en cierto sentido resume toda su filosofía: «Lo real es lo racional y lo racional es lo real.» Entender lo que quiere decir Hegel con esta proposición, es entender su filosofía.

La palabra «razón» es ambigua. Puede significar algo psicológico. Podemos hablar de la razón humana y decir que cierta persona tiene más poder racional que otra. Pero puede significar algo no-psicológico e impersonal: podemos hablar de la razón del mismo modo que hablamos, por ejemplo, de la matemática o la lógica. Igual que existe una, y sólo una, lógica, hay una, y sólo una, razón. E igual que, por ejemplo, la aritmética existe independientemente de si existen seres humanos que cuenten y sumen —dos más dos son cuatro, incluso antes de que hubiera seres humanos— de igual modo existe la razón independientemente de si existen o no seres racionales.

Pero ¿qué debemos entender por razón, en este sentido de la palabra? Supongamos que ocurre algo. Observarlo y describirlo no es lo mismo que entenderlo. Entenderlo es poder verlo como algo que necesariamente tenía que ocurrir. No es suficiente que se someta a una ley científica. La necesidad se obtiene sólo viendo que es parte de un sistema lógico. El pensamiento humano, no es, necesariamente, ni siempre, expresión de la razón, pero potencialmente lo es. Y el pensamiento humano no se expresa sólo en actos individuales, sino que se expresa también en las diferentes reglas, prescripciones, leyes e instituciones aceptadas que existen en una sociedad. No son éstas, siempre y necesariamente, expresión de la razón, pero potencialmente lo son. Hegel llama espíritu subjetivo a la razón que se expresa en los actos de cada individuo, y espíritu objetivo a la razón que se expresa en las leyes e instituciones de la sociedad.

El sistema lógico debido al cual podemos hablar de necesidad, entendimiento y razón, es lo que Hegel llama sistema dialéctico o proceso dialéctico. La palabra «proceso» podría indicar que el proceso dialéctico ocurre en el tiempo. Pero sería un malentendido en lo que atañe al sistema lógico. La lógica de Hegel no es una doctrina acerca de cómo llegar a conclusiones; no es un sistema deductivo, ni una lógica formal; no es una lógica, por tanto, en el sentido ordinario y tradicional. La lógica formal, según Hegel, no es una disciplina filosófica; el pensamiento filosófico (es decir, el pensamiento dialéctico) no está, por tanto, sometido a las categorías y reglas de la lógica formal. Estas, sin embargo, están sometidas al análisis dialéctico.

El método dialéctico de Hegel es un método para encontrar los conceptos fundamentales o categorías y un método para ver cómo están dialécticamente relacionadas esas categorías. De una categoría, por análisis dialéctico, podemos descubrir otra categoría, y esta otra categoría no está —como mantendría Leibniz, por ejemplo— conectada idéntica o analíticamente con la categoría de la que es deducida dialécticamente. Por el contrario, es opuesta a ella, está en conflicto con ella, o, incluso es contradictoria a ella.

La primera categoría del sistema dialéctico es la categoría del *Ser*. Lo que existe —el papel amarillo sobre mi mesa, la vaca en el prado y la luna en el firmamento— comparte la característica de *Ser*. El concepto de ser se aplica a lo que es: pero ¿cómo llegamos a una determinación de este concepto? Tenemos que abstraer de todas las cosas lo que sea especial para las diferentes cosas. Tenemos que hacer caso omiso del color del papel amarillo, de su forma, peso, constitución química, etc., tenemos que hacer caso omiso del aspecto de la vaca, de sus propiedades anatómicas y fisiológicas, etc. Lo que queda después de haber abstraído las diferentes determinaciones es obvio: no queda nada. En otras palabras, podemos deducir la categoría *Nada* de la categoría *Ser*. Es posible, sin embargo, encontrar una categoría que abarca o contiene la categoría *Ser* además de la categoría *Nada*. Esta categoría es la categoría heracliteana del *Devenir*. Lo que está en proceso de devenir aún no ha devenido. El concepto nada está, por tanto, implícito en el concepto de devenir. Pero aunque no ha devenido aún, no obstante es más que mera nada. Ello está en camino de ser actualizado. La palabra «ello» en la frase: «Ello está en camino de ser actualizado» debe referirse a algo que es más que mera nada. El concepto de Ser, por tanto, debe estar también implícito en el concepto de devenir. La conexión que existe entre estos conceptos es, en muchos aspectos, típica del proceso dialéctico. A menudo, este proceso se describe como un concepto (tesis) que, al ser analizado, da lugar al concepto contrario (antítesis), y un análisis ulterior da lugar a un tercer concepto, la síntesis, que une la tesis y la antítesis. La síntesis tiene mayor extensión que la tesis y la antítesis. El Devenir, por ejemplo, contiene el concepto Ser además del concepto Nada. Lo especial del proceso dialéctico es que al aumentar los conceptos en extensión aumentan también en contenido. Normalmente ocurre lo contrario. Comparemos estos tres conceptos: (1) Chevrolet, (2) Coche, (3) Vehículo. (2) tiene mayor extensión que (1). Hay más coches que Chevrolets; y (3) tiene mayor extensión que (2). Pero puedo llegar del (1) al (2) sólo con abstraer de las propiedades actuales, es decir, las propiedades especiales del Chevrolet.

Como acabamos de decir, es normal presentar la dialéctica hegeliana con ayuda de los conceptos tesis, antítesis y síntesis. Sin embargo, este modo de presentar el método dialéctico es engañoso. Estos tres conceptos fueron utilizados por Fichte (que encontró en Kant, si no los nombres, por lo menos la idea), y por Schelling, pero nunca por Hegel. De hecho Hegel rechaza su uso; de ahí que sea una ironía de la historia que apenas se vea una descripción de la dialéctica de Hegel que no esté descrita con la ayuda de estos conceptos. Además de ser históricamente incorrecta, esta descripción es engañosa; es una traba, y no una ayuda, a la comprensión del método dialéctico de Hegel.

Aunque reconozcamos que Hegel tenía cierto cariño a la división tripartita, en la mayoría de los casos sería imposible entender el análisis de las categorías de Hegel y los resultados a los que llega, si lo intentamos hacer con la ayuda del esquema tesis-antítesis-síntesis. El hecho de que su análisis de la categoría ser, que implica la categoría nada, unidas por la categoría devenir, parezca adecuarse a este esquema, no implica que se adecúen todas.

Las categorías fundamentales de Hegel, son: (1) Ser. (2) Esencia y (3) Concepto. Cada una de estas categorías es, a su vez, tripartita (y cada una de estas partes es, de nuevo, tripartita, cuyas partes —para hacer honor a la tripartición— son tripartitas). Por medio de argumentos a menudo complejos y a veces no muy convincentes, Hegel continúa el desarrollo dialéctico hasta llegar a la categoría omnicomprensiva. La idea absoluta.

Simplificando, y sin utilizar el lenguaje de Hegel, se puede explicar el método dialéctico como sigue: todo concepto, toda categoría, es limitado. Entender un concepto, sin embargo, es entender no sólo que es limitado, sino también aquello que lo limita. La comprensión de un concepto, supone la comprensión de aquello que lo niega. La negación de un concepto, está, por tanto, en cierto sentido, implícito en el mismo concepto. Sin embargo, el método dialéctico no es solamente un método de análisis conceptual, es también un método que constituye la lógica del progreso y construcción del conocimiento y entendimiento. Comienza con el concepto que, desde un punto de vista lógico, es el concepto más primitivo (el concepto de ser), y termina con el concepto que, desde un punto de vista lógico, es el más avanzado (la idea absoluta). Que es el concepto más avanzado, significa que es el concepto que contiene más determinaciones. Al contrario que el primer concepto lógico —el concepto de Ser— que no tiene ninguna determinación y, por tanto, no es nada, el concepto más avanzado —la idea absoluta— tiene todas las determinaciones posibles. Es omnicomprensivo. Entender la idea absoluta no es sólo entender todas estas determinaciones; es también principalmente conocer y entender el proceso dialéctico desde el concepto de ser a través de todos los conceptos intermedios hasta el concepto de idea absoluta. La idea absoluta es, por tanto, no sólo el fin del proceso, es, al mismo tiempo, el proceso en sí.

En su extensa obra *La Ciencia de la Lógica (Wissenschaft der Logik)* Hegel intenta encontrar, por análisis dialéctico, las diferentes categorías, y describir el movimiento dialéctico de una categoría a otra. La investigación de las categorías en sí, es decir, las categorías tales como son, sin ser usadas para entender y concebir la realidad, es lo que Hegel llama «La idea tal como es en sí misma» *(die Idee in ihrem Ansichsein).*

Es importante notar que la especulación metafísica, expresada en el sistema dialéctico de Hegel, no es una especulación ontológica; no tiene los objetos o entidades existentes del mundo como su objeto; su objeto es el lenguaje, es decir, los conceptos fundamentales con cuya ayuda hablamos y pensamos acerca del mundo. Como Hegel lo expresa: «Es en el *lenguaje* humano donde se manifiestan y establecen, en primer lugar, las formas del pensamiento. En nuestro tiempo nunca se recalcará demasiado que lo que distingue al hombre de la bestia es la facultad del pensamiento. El lenguaje ha penetrado todo lo que llega a ser interno para el hombre, es decir, todo lo que llega a ser una noción, algo que se hace propio; y lo que el hombre transforma en lenguaje contiene una categoría oculta, o mezclada con otras cosas o elaborada hasta la claridad» [10]. Para entender la realidad, se ha de aplicar el sistema dialéctico, las categorías. Entender la Naturaleza es aplicar el sistema dialéctico a la Naturaleza. Es ver la Naturaleza como expresión del proceso dialéctico, el proceso expuesto en *La Ciencia de la Lógica.* Podemos decir, si se prefiere, que es ver la Naturaleza como expresión del pensamiento (pues el proceso dialéctico es expresión del pensamiento en sí). Hegel expresa esto diciendo que es «la idea en su ser otro» *(die Idee in ihrem Anderssein).*

---

[10] *La Ciencia de la Lógica,* prefacio a la segunda edición.

La tarea de la filosofía de la naturaleza, por tanto, es entender lo que existe, en el espacio y en el tiempo, como proceso dialéctico. Hegel distingue entre tres pasos en la naturaleza relacionados dialécticamente: el mecánico, el físico y el orgánico. Del concepto de lo orgánico llega Hegel, con ayuda del método dialéctico, al concepto de conciencia. En este punto la filosofía de la naturaleza se ha convertido en lo que Hegel llama *Filosofía del Espíritu*.

Como se ha criticado con frecuencia la filosofía de la naturaleza de Hegel, es apropiado acentuar que en ningún momento utiliza Hegel el método dialéctico para predecir la ocurrencia de ciertos fenómenos. Sólo las observaciones y experimentos científicos pueden validar las teorías y leyes según las cuales predecimos lo que ocurrirá. Y en ninguna parte afirma Hegel otra cosa [11]. Tenía un amplio conocimiento de la ciencia de su tiempo y lo usaba para ilustrar y ejemplificar el movimiento dialéctico; pero no intentaba deducir hechos científicos del sistema dialéctico. No es que la dialéctica implique la ciencia que usa Hegel para ilustrar la dialéctica —si así fuera la dialéctica hubiera quedado invalidada en cuanto los ejemplos científicos referidos por Hegel hubieran quedado anticuados o falseados; es más bien que *si* las instancias científicas referidas son verdaderas, entonces se

---

[11] En su libro *Reexamen de Hegel* dice J. A. Findlay: «Se puede notar aquí, a causa de una leyenda ampliamente difundida, que Hegel *no* dice que sólo pueda haber siete planetas —sabe de la existencia de los asteroides Vesta, Juno, Ceres y Palas y también de Urano— y que especialmente nos previene contra el intento de deducir demasiado filosóficamente o de buscar en la Naturaleza una ilustración demasiado exacta de las nociones que nuestro pensamiento encuentra con firmeza y claridad.» *Op. cit.,* página 277. Y en su obra sobre Hegel, Kaufmann cita a Glockner al decir: «No procedió especulativamente, sino que se ciñó al dato empírico —mientras que, por el contrario, los astrónomos no querían dar crédito a esos datos y, por razones puramente teóricas, buscaban otro planeta cuya distancia del sol corresponda a la serie aritmética supuesta. Los verdaderos hechos son, pues, que los científicos "especulaban" mientras que el filósofo se ciñó a la experiencia y trató meramente de encontrar una ley que correspondiera a los hechos.» *Op. cit.,* pág. 78.

puede aplicar el método dialéctico para explicarlas. Si no son verdaderas, la dialéctica no queda falseada o invalidada. El sistema es un esquema conceptual con cuya ayuda no sólo *observamos* que algo es el caso, sino que también lo *entendemos* (lo entendemos en el sentido de la palabra según el cual se ve que algo es como es por necesidad). La filosofía de la naturaleza es un intento de entender la Naturaleza. El esquema conceptual —el sistema dialéctico— no es un sistema elegido arbitrariamente, ni un esquema meramente fructífero o intencionado. Tiene (según Hegel) toda la necesidad que requiere un análisis lógico.

Es un esquema conceptual que se ha de aplicar necesariamente; cualquier otro esquema conceptual daría una imagen falsa de los fenómenos. El esquema conceptual —el sistema dialéctico— no describe ni afirma nada acerca de los fenómenos. Da la forma lógica para cualquier descripción, pero no es en sí una descripción ni afirmación. No obstante, dice algo acerca de la realidad: tiene una consecuencia ontológica. Se puede decir de él lo que dice, por ejemplo, Wittgenstein acerca de la mecánica de Newton: «La mecánica newtoniana no nos dice nada acerca del Universo. Pero lo que sí nos dice algo acerca de él es el *modo* preciso en el que es posible describirlo por estos medios» [12]. Aunque el proceso dialéctico de Hegel no sea en sí una descripción de la realidad, sí que caracteriza la realidad, por el hecho de que sólo con ayuda de este esquema conceptual, es decir, sólo con ayuda de esta lógica, se puede concebir y entender la realidad.

En su filosofía del espíritu, se utiliza el esquema conceptual para entender la conciencia y el espíritu —para entender el espíritu subjetivo, objetivo y absoluto.

Una manera de expresar la diferencia entre la filosofía de la naturaleza y la filosofía del espíritu, es diciendo que la filosofía de la naturaleza tiene como objeto la

---

[12] *Tractatus Logico-Philosophicus,* 6.342.

materia, mientras que la filosofía del espíritu tiene como objeto el espíritu. Y la diferencia entre materia y espíritu, es, según Hegel, que la esencia de la materia es la gravedad, mientras que la esencia del espíritu es la libertad.

El concepto de libertad, es, probablemente, el concepto central de Hegel. Como se ha dicho, el hombre es en potencia un ser libre; es una libertad que ha de ser actualizada. Otro modo de expresar lo mismo es decir que el hombre se ha de actualizar como ser racional. Pues para Hegel la libertad y la razón están íntimamente conectadas. Ser humano es ser racional. Esto significa que el hombre, en tanto en cuanto se actualiza, en tanto en cuanto se convierte en hombre real está determinado por la ley de la razón; que es lo mismo que decir que el hombre se autodetermina.

Pero además de ser una autodeterminación, es también estar determinado por lo universal. Un hombre cuyo acto está determinado por emociones, pasiones y deseos, no está determinado por lo universal. Sus actos están determinados por sus intereses subjetivos. En cierto e importante sentido, la razón es impersonal. Es universal. En el sentido en que Hegel emplea el concepto de razón, no tiene sentido hablar de la razón como algo personal, algo psicológico, algo que varía de persona a persona y que, por tanto, presupone un criterio según el cual es posible evaluar el grado y validez de la razón de cada persona. Consecuentemente, este criterio no podría ser, en sí mismo, algo psicológico; ha de ser algo impersonal, algo universal. Así, no solamente es sensato utilizar el concepto de razón universal, es una necesidad.

De ahí que la razón universal sea, por necesidad, un concepto de evaluación: un criterio de lo que es correcto, verdadero y válido. Consecuentemente sería un malentendido tan grande dudar de si algo debe estar en concordancia con la razón, como lo sería dudar de si se debería hacer aquello que se sabe que es lo único razonable, lo único correcto, o lo único válido, que se puede hacer. Es, por tanto importante, para cada persona, actualizar lo que ya tiene potencialmente, es decir, la razón universal.

Decir que la razón es impersonal, es también decir que una persona que actúa según razón no actúa según motivos personales o egoístas, sino que actúa de modo que sea por el bien común. En el grado en que cada individuo se ha actualizado como ser racional, en ese grado habrá identidad entre su bien y el bien común, entre lo que Hegel llama la razón subjetiva y la objetiva. Sólo dónde sea actualizada esta identidad será actualizada la libertad; sólo entonces se habrá realizado el hombre; sólo entonces habrá alcanzado el hombre su destino. El hombre racional es un hombre real (actualizado), y el hombre real (actualizado) es un hombre racional.

Una consecuencia de esta identidad es que cada individuo obtiene su plena libertad sólo en el estado racional. Esta es una proposición que, con frecuencia, ha sido malentendida. Es una proposición que, con frecuencia, se ha tomado como afirmando que cada individuo debe someterse al Estado y que, por tanto, sólo podría haber una especie de pseudolibertad, una libertad corrompida. Sería así, si no fuera el Estado *racional,* pero en el Estado racional hay identidad entre la voluntad de cada individuo y la voluntad del Estado; de lo que se sigue que solamente en este Estado puede actuar como quiera aquel hombre que se haya realizado.

No es sólo la persona individual la que debe actualizarse como ser racional y con ello actualizar su libertad. Esto es cierto también para la historia del mundo. Entender el curso de la historia es entenderlo como proceso dialéctico. Es un proceso dialéctico con cierta meta: la libertad. Hegel habla de la Historia como expresión de lo que él llama el espíritu del mundo o Dios. Muchos lectores de Hegel han encontrado la expresión «el espíritu del mundo» o sin sentido o desconcertante o ininteligible. Sin embargo, no hay ninguna razón que nos obligue a creer que Hegel conciba el espíritu del mundo como una entidad especial existente, que funcione como fuerza directriz tras los fenómenos que existen. Es muy posible entender el concepto espíritu del mundo como expresión de la aplicabilidad del método dialéctico al curso de la Historia —incluso puede ser que la Historia no pueda ser entendida de otro modo. El espíritu del mundo no es una causa tras el curso y el carácter especial de los sucesos históricos, sino la ocurrencia dialéctica de estos mismos fenómenos. Interpretado así, ésta es la misma interpretación del espíritu del mundo que la que da Gilbert Ryle de la mente humana, en su famoso libro *El concepto de lo mental.* Es lo que Hegel llama la marcha de Dios a través de la historia del mundo. La meta de la Historia es la libertad, o, para hablar con lenguaje hegeliano, la Historia es el movimiento dialéctico del espíritu del mundo, desde la carencia de libertad hasta la libertad actualizada. El campo en el que el espíritu del mundo actualiza su libertad es la historia del mundo. La historia del mundo es el despliegue del espíritu del mundo en el tiempo, mientras que su despliegue en el espacio es la Naturaleza.

Se recordará que Aristóteles distinguía entre causa material, causa formal, causa eficiente y causa final. Todas estas cuatro causas son aplicables a la filosofía de la historia de Hegel. La causa final —la situación que constituye el proceso terminado— es la libertad. La causa formal —la que justifica que todo el proceso sea caracterizado como es, es decir, como proceso dialéctico— es el espíritu del mundo o la razón del mundo, o, si se prefiere, el sistema dialéctico. La causa material es la situación histórica, en cualquier momento dado, que ofrece la posibilidad para la próxima fase de la evolución dialéctica. Y, finalmente, la causa eficiente es la voluntad de las personas individuales, esto es, la voluntad de las personas que Hegel llama los grandes hombres de la historia. Alejandro Magno, César y Napoleón, son de estos grandes hombres. Ellos constituyen causas eficientes. Esto no significa que necesariamente tuvieran una visión de la meta de la Historia y que actuaron con el fin de actualizar esta meta. Actuaron por motivos personales y no siempre nobles. Sin embargo, son también, como dice

Hegel, seres pensantes que han entendido los signos del tiempo *(was an der Zeit ist)*. Hegel incluso los llama héroes, y en relación con esto cita el conocido proverbio que nadie es héroe para su criado. (Con un poco de arrogancia añade que esto no es porque el héroe no sea héroe, sino porque el criado es criado [13]). En sus intentos para alcanzar sus metas personales, estos grandes hombres de la historia no son conscientes de ser las causas eficientes para que se actualice la razón del mundo. O como dice Hegel, con su lenguaje especial: es un ardid de la razón del mundo que consigue que las pasiones de las personas individuales trabajen para ella. En carta a su amigo el Dr. Niethammer (escrita el mismo día en que los soldados de Napoleón ocuparon Jena), Hegel escribe —no sin temor—: «Vi al Emperador —este alma del mundo— cabalgar hacia fuera de la ciudad, para practicar un reconocimiento; es una sensación maravillosa ver un individuo así que, concentrado aquí en un solo punto, sentado sobre un caballo, se yergue sobre el mundo y lo domina.»

El Estado racional es, como ya se ha dicho, la condición necesaria para la libertad del hombre. La Historia, concebida como actualización de la libertad del espíritu del mundo, es, por tanto, idéntica a la progresión dialéctica del Estado, una progresión en la que la razón se está actualizando en un grado progresivamente más alto. En cada época —es decir, en cada periodo cubierto por una fase del proceso dialéctico— hay un Estado y sólo uno que es el Estado racional de aquella época. Este Estado

---

[13] «Es un conocido proverbio que nadie es héroe para su criado; yo he añadido —y Goethe lo ha repetido diez años después— que no es porque el héroe no sea héroe sino porque el criado es criado. El criado le quita las botas al héroe, le ayuda a ir a la cama; sabe que prefiere champagne, etc. Las personas históricas descritas en la historia por criados psicólogos salen malparados; por sus criados quedan reducidos al mismo nivel, y, a menudo, a un nivel inferior a la moralidad de tan finos psicólogos.» Introducción a las *Lecciones sobre Filosofía de la Historia.*

es expresión de lo lejos que ha llegado el proceso dialéctico en su actualización de la libertad.

El tiempo es infinito; la Historia del mundo es, por tanto, también infinita. La Historia nunca llega al punto en el que se ha parado la marcha dialéctica. Consecuentemente, el Estado racional de una época nunca es absoluto, en el sentido de que siempre será reemplazado por otro Estado, que se ha actualizado como racional en un grado aún más alto. La meta de la Historia, la libertad absoluta, es, por tanto, un ideal que nunca se alcanza; una meta de la que probablemente no tendría sentido decir que pueda ser alcanzada —tendría tan poco sentido como afirmar que la ciencia (y, por tanto, lo que se podría llamar el estado científico) [14] podría ser conseguida de una vez para siempre, que, en otras palabras, no sería concebible más progreso científico. La filosofía de la historia de Hegel es una filosofía sin una *escatología*.

Por tanto, no es correcto decir que Hegel creía que Prusia fuera el Estado racional en su fase final. Es cierto que Hegel alabó el Estado protestante y lo ensalzó, como, por ejemplo, lo hizo en su lección inaugural en la Universidad de Berlín en 1818, como Estado basado en la inteligencia; pero lo que alababa y ensalzaba era precisamente aquello que en el protestantismo y en la Prusia de aquel tiempo era no dictatorial y no totalitario, y aquello que ni beneficiaba intereses especiales, ni favorecía clases especiales; alababa y ensalzaba lo que estaba de acuerdo con la libertad y la razón. Incidentalmente, Hegel habla de América como el país del futuro [15], es

---

[14] Con esta expresión se entiende aquí un Estado en el que se usa el método científico para solucionar todos los problemas posibles referentes a las leyes, las regulaciones y las reglas del Estado.

[15] «América es la nación del futuro, donde, en los años venideros, se revelará la carga de la Historia del mundo quizá en una pugna entre Norte y Sudamérica. Es un país de deseo para todos aquellos que se muestren cautos ante la histórica leonera de la vieja Europa. Se cuenta que Napoleón ha dicho: "Esta vieja Europa me aburre." Le toca a América abandonar el terreno sobre el que hasta ahora ha evolucionado la historia del mundo. Hasta el presente lo que en el Nuevo Mundo ha tenido lugar es

decir, como el país que posee la posibilidad de ser el Estado racional en la próxima fase del desarrollo dialéctico.

Se ha objetado a menudo contra Hegel que su filosofía es pura especulación y que hace caso omiso de los hechos empíricos. Esta objeción, sin embargo, está basada en un malentendido. Toda filosofía es especulación —como lo son casi todas las ciencias. La diferencia entre la mayoría de las ciencias y la filosofía es que la filosofía no es una explicación de datos empíricos. La filosofía no intenta establecer leyes o teorías con cuya ayuda podamos calcular y predecir qué hechos empíricos ocurrirán. Por tanto, la filosofía no puede ser falseada o verificada por la experiencia (como pueden ser, por ejemplo, las ciencias naturales). Lo que la filosofía es, y hace, se puede expresar de diferentes modos; pero un modo de hacerlo es decir que la filosofía trata de categorías [16]. Y la naturaleza lógica y la existencia de las categorías, evidentemente, no puede ser afirmada, ni negada por la experiencia, pues la experiencia *presupone* las categorías, y de esto se sigue que las categorías en sí no pueden ser objeto de la experiencia. Sin embargo, la filosofía es aplicable a la experiencia por el hecho de que nada puede ser experimentado, concebido, pensado, entendido, ni descrito, sin la ayuda de las categorías. Como se ha mencionado antes, el análisis de Hegel y su descripción del método dialéctico, puede caracterizarse con cierta justificación como análisis de categorías [17]. Y como también se

---

sólo eco del Viejo Mundo —la expresión de una vida extraña: y como Nación del Futuro no tiene interés para nosotros aquí.» Introducción a las *Lecciones sobre Filosofía de la Historia.*

[16] Cfr. «Categories» de Gilbert Ryle, *Logic and Language,* segunda serie.

[17] En su trabajo sobre Hegel escribe Walter Kaufmann: «Con Hegel la metafísica deja de ser especulación sobre la naturaleza de la realidad última. Aún le gusta hablar de "especulación" y "especulativo", pero de hecho *no especula sobre cosas de las que podamos decir que el tiempo de la especulación hace tiempo que*

dijo, es un malentendido creer que Hegel intente deducir los hechos empíricos con ayuda del método dialéctico.

Una y otra vez acentúa Hegel que la filosofía no trata de lo empírico; no trata de lo que ha sido, ni de lo que será, sino sólo de lo que él llama *razón,* que es lo mismo que decir que la filosofía no trata del *contenido* de la realidad, sino de la *estructura lógica* de la realidad. Y la estructura lógica de la realidad se define en términos de los conceptos, categorías, que el sistema dialéctico intenta aclarar y que condicionan todo pensamiento y comprensión de la realidad.

No hay área filosófica sobre la que Hegel no haya escrito: filosofía del derecho, filosofía de la naturaleza, filosofía de la mente, filosofía del arte y filosofía de la religión. Y dentro de ellas, la tarea de la filosofía, según Hegel, es aclarar la existencia de la razón en estas áreas especiales o, para expresarlo del modo que está implícito en Hegel, pero nunca expresado explícitamente, la tarea de la filosofía es aclarar la estructura lógica de los conceptos y del lenguaje en una cierta área. Evidentemente, el análisis filosófico puede realizarse sólo con la condición de que ya haya un lenguaje que analizar. En otras palabras, la filosofía es una actividad que presupone la existencia de aquello de lo cual ha de ser filosofía. La filosofía no puede crear ni cambiar; sólo puede entender. En la introducción a su *Filosofía del Derecho,* Hegel dice: «Como *pensamiento* del mundo, aparece en un momento en que la actualidad ha completado su proceso de desarrollo y está acabada. Una forma de vida se ha hecho vieja cuando la filosofía la pinta gris sobre gris, y este gris sobre gris no puede rejuvenecerla, sino sólo entenderla. La lechuza de Minerva comienza su vuelo a la caída del crepúsculo.»

Como ya se ha mencionado, Hegel ha sido objeto de grandes alabanzas y de severas críticas, pero nunca ha

pasó porque ahora buscamos en las ciencias hipótesis verificables. Con Hegel el análisis categorial reemplaza a la metafísica especulativa. Le da a la metafísica el nuevo sentido y contenido que aún se mantiene en algunos de los mejores filósofos de la segunda mitad del siglo XX.» Op. cit., pág. 195.

sido ignorado. El que haya sido severamente criticado se debe, hasta cierto punto, a su lenguaje, que no es ni fácil ni claro. Esto, sin embargo, es sólo un aspecto.

Otro aspecto más importante es que, Hegel utiliza un lenguaje que ya en su propio tiempo estaba a punto de quedar anticuado. Donde un filósofo moderno habla de análisis conceptual, sistemas conceptuales, marco conceptual, tipos lógicos y categorías, Hegel emplea un lenguaje preñado de ontología y metafísica. Habla del espíritu del mundo, el espíritu absoluto, la razón del mundo y de la idea en su ser otro. Es un lenguaje que ha engañado a generaciones de lectores y que, por tanto, le ha sometido a muchas críticas. Es posible que Hegel haya concebido su propio sistema ontológicamente, a pesar del hecho de que en muchos sitios parece escribir como si entendiera que su tarea filosófica no es de tipo ontológico. Si hacemos caso omiso de su lenguaje y nos concentramos en sus argumentos y en lo que de hecho hace con estos argumentos parece, como acentúa Walter Kaufmann en la cita anterior, que Hegel es un metafísico sólo de modo no-ontológico y conceptual. Es una forma de metafísica que constituye una actividad filosófica necesaria e interesante.

Sin embargo, la mayor importancia de Hegel está probablemente en haber sacado plenas consecuencias del hecho de que la característica del hombre (la «forma» como dijo Aristóteles) es su razón. Esto implica, entre otras cosas, que la tarea del hombre es saber y entender. Las diferentes ciencias nos dan, en alto grado, conocimiento y comprensión. Pero la tarea de la filosofía es dar la comprensión que se basa en, y que presupone, el conocimiento de nuestras categorías y su lógica implícita —y sin este conocimiento no puede haber comprensión en sentido propio. Si el hombre se aísla, o se separa de esta actividad, traicionará el cometido implícito en el ser racional. Desde este punto de vista, lo esencial en la filosofía de Hegel no es si sus argumentos son agudos, convincentes o correctos —y evidentemente algunos de los argumentos de Hegel son erróneos y no muy convincentes—, sino que lo esencial, es que ha intentado permitir que la razón penetre en todas las áreas, ha intentado entender lo que es y lo que ocurre o, lo que es lo mismo, ha intentado aplicar su esquema categorial a todas las áreas del mundo. Nada es tabú para la filosofía. Se ha de entender todo, y si hay algo que no puede ser entendido, se ha de entender por qué no puede ser entendido.

Hegel creía haber entendido todo; creía que su lógica dialéctica era la llave que abriría la puerta a la comprensión y al conocimiento. Y pensaba —en todo caso hay expresiones que parecen implicarlo— que su filosofía era la filosofía final. Creía haber absorbido y conservado el conocimiento profundo, mostrado por los diferentes filósofos a través de toda la historia de la filosofía. Pero incluso si pensara así, sería, en cierto sentido, lógico. Un filósofo que crea un sistema debe considerarlo necesariamente como un sistema correcto. Y como el sistema de Hegel era un sistema omnicomprensivo, no podía haber verdad alguna no vista por él.

Tenga o no razón Hegel, su filosofía es una apelación a no detener jamás la razón en su intento de comprenderlo todo.

Filosofía posterior a Hegel

De Hegel a Marx y Kierkegaard

La influencia de Hegel en la filosofía, y en la vida intelectual en general, difícilmente puede ser exagerada. Se convirtió en la filosofía aceptada, no sólo entre filósofos, sino entre personas cultivadas. El ambiente intelectual se hizo hegeliano. La Historia, la Jurisprudencia, las Ciencias Sociales, la Estética, la Teología, se concibieron con ayuda de las categorías hegelianas. Sin embargo, no debe sorprender que un sistema filosófico dominante, como el sistema de Hegel, diera lugar también a una reacción antihegeliana.

Ya en tiempos de Hegel, su filosofía estuvo expuesta a dura crítica por su amigo *Friedrich von Schelling* (1775-1854). Esta crítica es duramente presentada en las *Lecciones de Munich* de 1827 de Schelling (publicadas bajo el título de *Geschichte der Philosophie)* y profundizada en sus lecciones de Berlín de 1841-1842. Schelling distingue entre filosofía *positiva* y *negativa.* En la filosofía negativa se intenta descubrir la esencia de todo. Si tal filosofía tuviera éxito tendríamos conocimiento de la esencia de todo objeto. Tendríamos un sistema conceptual completo. Pero, según Schelling, esto no es suficiente. Un sistema conceptual es necesario para entender lo que existe. Es necesario para entender *qué* es la cosa-el qué de la cosa. Pero un sistema conceptual no nos permite deducir la existencia de aquello de lo que el sistema conceptual es un sistema conceptual. Un sistema puede explicar el qué de las cosas pero no que existan. El paso del *qué* al *que* (del *Was-sein* al *Dass-sein)* no se puede explicar por la filosofía negativa. La filosofía positiva es una filosofía de la existencia. Obviamente, Schelling no quiere decir que la filosofía negativa no tenga justificación. No sólo está justificada la filosofía negativa; es también necesaria. No tiene sentido explicar la existencia de algo sin saber lo que este algo es.

El argumento ontológico, sin embargo, es un argumento para la inferencia desde un concepto a la existencia de aquello de lo que trata el concepto. Según Schelling, las dos premisas del argumento son las siguientes: (1) Lo más perfecto puede existir sólo por necesidad. (2) Dios es perfecto. La conclusión es, entonces, (3) Dios existe por necesidad [18]. Sin embargo, la conclusión que estamos justificados a sacar es sólo: (4) *Si* Dios existe, existe por necesidad.

La existencia de Dios no puede ser probada con ayuda del concepto de Dios. En lugar de ir del concepto a la existencia, el camino correcto, según Schelling, es de la existencia al concepto. El punto de partida debe ser lo que llama un empirismo *a priori*. Según Schelling, el mundo y Dios son idénticos. La cuestión acerca de la existencia de Dios es, por tanto, una cuestión acerca de la existencia del mundo. Y la clásica cuestión metafísica: «¿Por qué hay algo y no nada?» no es, en otras palabras, una cuestión que pueda ser respondida racionalmente. Suponer la existencia de Dios, o del mundo, no es algo que la razón necesite —no es una inferencia desde cierto sistema conceptual. No es un acto de la razón; ha de ser, por tanto, dice Schelling, un acto de la voluntad. La razón puede probar que Dios debe ser perfecto y, por tanto, que tiene existencia necesaria. Pero esto es sólo probar que *si* Dios existe entonces es perfecto y existe por necesidad. Para trascender lo hipotético, para ir del *qué* al *que,* para cubrir el abismo entre la filosofía negativa y la positiva, para llegar a la filo-

---

[18] La formulación de Schelling del argumento ontológico es una distorsión del argumento que expresó Anselmo. Al hablar de Dios en lugar del concepto de Dios, la formulación que hace Schelling del argumento se torna circular.

sofía de la existencia, se requiere un acto de la voluntad.

La crítica de Schelling a Hegel, una crítica que llega a ser importante para la evolución de la filosofía existencial, es relevante si, y sólo si, Hegel intentara hacer lo que Schelling dice que intenta, es decir, si intentara que su sistema conceptual fuera, no sólo un sistema conceptual, sino también un sistema existencial o, en el lenguaje de Schelling, si intentara que su filosofía fuera, no sólo una filosofía negativa, sino también una filosofía positiva. Sin embargo, ésta no es la única, ni tampoco la correcta interpretación de Hegel. Como se explicó en el capítulo anterior, el sistema de Hegel debe concebirse como un sistema categorial con cuya ayuda entendemos la realidad. Interpretar a Hegel como si tuviera la absurda teoría de que los conceptos, y nada más que los conceptos, constituyan la realidad en sí, es ser injusto con él. Los conceptos de Hegel son necesarios para entender y explicar la realidad, pero no son ellos mismos parte de la realidad. Puedo caracterizar a una persona con ayuda de tales conceptos como «inteligente», «de buen corazón» y «vano», pero sería absurdo si, por esta razón, afirmara que esa persona, por decirlo así, estuviera *constituida* por esos conceptos. Del hecho de que el concepto de ser nos lleve al concepto de devenir, y que el concepto de devenir implique el concepto de algo que deviene, no se sigue que haya algo que devenga. Que, de hecho, algo exista, y por tanto algo concebido con ayuda de las categorías, no es algo deducido del concepto de «ser» o del concepto de «devenir». Que algo exista es cuestión de experiencia, la cual es, en efecto, la base misma de nuestro conocimiento empírico. Hegel no responde a la cuestión de por qué hay algo y no nada. No lo responde porque no lo pregunta. La razón por la que no lo pregunte no es que piense que la existencia es consecuencia lógica de su categoría de ser y de devenir; la razón es sencillamente que no la concibe como algo que caiga bajo la tarea que él se ha impuesto, esto es, entenderlo todo con ayuda de la lógica dialéctica, pero no es entender que hay algo que entender.

Mucha gente asistía a las clases de Schelling en Berlín. Uno de ellos fue el danés *Sören Kierkegaard* (1813-1855). Aunque Kierkegaard tras un tiempo relativamente breve se desilusionó de Schelling —se quejaba de que él mismo era demasiado mayor para atender a las lecciones y de que Schelling era demasiado mayor para darlas—, estaba de acuerdo, por lo menos en parte, con la crítica de Schelling a Hegel [19].

Pero aunque Kierkegaard acepta la crítica de Schelling a Hegel, su crítica más importante es radicalmente distinta a la de Schelling. La objeción de Kierkegaard es que el sistema de Hegel es irrelevante para la existencia del hombre, irrelevante para lo que significa existir.

En su principal obra filosófica, *Postscriptum conclusivo acientífico,* Kierkegaard dice: «En general hay dos caminos abiertos para un individuo existente: *O,* puede hacer lo posible para olvidar que es un individuo existente, con lo que se convierte en una figura cómica, pues la existencia tiene la notable característica de obligar al individuo existente a existir quiera o no (La cómica contradicción de querer ser lo que no se es, como cuando el hombre quiere ser pájaro, no es más cómica que la contradicción de no querer ser lo que se es, como *in casu* un individuo existente; igual que el lenguaje encuentra cómico que un hombre se olvide de su nombre, lo que no sólo significa olvidar la designación, sino olvidar la esencia distintiva de su ser) *O* puede concentrar toda su energía en el hecho de ser individuo existente. Es desde aquí, en primera instancia, desde donde se debe objetar a la filosofía moderna; no es que haya una

---

[19] Walter Kaufmann, en su libro sobre Hegel, es bastante duro con Kierkegaard. En un lugar escribe: «A través de Kierkegaard, legiones de lectores del siglo xx que apenas conocen el nombre de Schelling han llegado a dar por hecho que es históricamente correcta su maliciosa caricatura de Hegel. Mucha gente supone que Hegel es el antídoto del existencialismo. El único gran existencialista que ha mostrado tanto interés por Hegel como Kierkegaard es Sartre. De hecho, se ha esforzado grandemente por leer a Hegel y nunca ha mantenido en secreto su inmensa deuda para con él.» *Op. cit.,* pág. 290.

presuposición equivocada, sino que tiene una cómica presuposición, ocasionada por haber olvidado, por una especie de olvido mental de la historia del mundo, lo que significa ser un ser humano. No lo que significa ser un ser humano en general (pues se podría inducir a un filósofo especulativo a estar de acuerdo con ello), sino lo que significa que tú y yo y él seamos seres humanos, cada uno para sí mismo.»

Según Kierkegaard no es posible un sistema existencial, pues un sistema es sistema sólo si está terminado; un sistema a medio terminar es un sinsentido, mantiene Kierkegaard, pero la existencia en sí, el sujeto existente no elimina su propia existencia para que forme parte de su sistema. Como lo expresa Kierkegaard: «La existencia ha de ser revocada en lo eterno para que se complete el sistema; no debe haber ningún resto existente, ni siquiera algo tan diminuto como el *Herr Professor* existente que escribe el sistema.» El sistema trata de lo universal y de lo eterno; la existencia, sin embargo, es individual, concreta y está en el tiempo.

Según Kierkegaard, existir no implica pensar; en el sentido de existencia de Kierkegaard se rechazaría el famoso dicho de Descartes: *Cogito ergo sum,* pienso luego existo. La persona que piensa es precisamente la que abstrae de su propia existencia. Como dice Kierkegaard: «Pensar la existencia *sub specie aeterni* y en términos abstractos es realmente anularla, y el mérito del procedimiento es igual al sonado mérito de la abolición del principio de contradicción.» Y en otro lugar dice: «¿Qué es el pensamiento abstracto? Es un pensamiento sin pensador.» Existir es ser subjetivo. Lo objetivo es lo universal, aquello cuya validez es independiente de la existencia individual. Ser objetivo es, por tanto, abrogar la existencia del individuo. Ser subjetivo es ser uno mismo, o más bien, es afirmarse a sí mismo. No se es sólo lo que se es; por decirlo así, cada uno se acepta a sí mismo, cada uno se responsabiliza de sí mismo; por decirlo así, cada uno se ha de escoger a sí mismo, y, al hacer esto, cargar sus culpas sobre sí mismo. Esta culpa no puede disminuirse con el arrepentimiento, ha de ser aceptada como condición para la existencia misma.

Entre los que escucharon a Schelling, estuvo también *Friedrich Engels* (1820-1895). Engels no es quizá tan conocido como su amigo *Karl Marx* (1818-1883); sin embargo, desempeñó un papel esencial en la formulación teórica de lo que hoy se llama Marxismo. Engels habló de la dialéctica del materialismo, expresión que se convirtió más tarde en *materialismo dialéctico*. La palabra «dialéctico» muestra la dependencia de la filosofía hegeliana, mientras que la palabra «materialismo» indica la diferencia respecto a ella. La palabra «materialismo» indica que es una teoría que afirma que sólo existen objetos materiales. Mantener que esto es lo opuesto a lo que mantiene Hegel es, desde luego, solamente correcto si Hegel es interpretado de un modo determinado. Es cierto que Hegel habla del espíritu del mundo; pero, como hemos visto, este espíritu del mundo no es la causa eficiente de lo que ocurre. Es la causa formal, o expresado en un lenguaje más moderno, la ley con cuya ayuda entendemos lo que sucede y ocurre, o ha sucedido o ha ocurrido. Si aceptamos esta interpretación, no hay nada en Hegel que haga imposible una interpretación materialista. Marx, sin embargo, interpreta a Hegel de otro modo, como hicieron muchos otros. Dijo que el sistema filosófico de Hegel estaba cabeza abajo y, consecuentemente, debía dársele la vuelta.

Marx afirma que la evolución de la Historia se debe a causas materiales y no a un espíritu del mundo. Estas causas materiales son de naturaleza económica. Los diferentes modos de producción, aplicados a un periodo particular, implican una forma particular de división de clases y, consecuentemente, también una forma particular de conflicto de clases; y es este conflicto de clases la fuerza directriz de la Historia. Cuando Marx habla de causas, habla de causas eficientes (deseos, necesidades y pasiones) que mueven al hombre a producir, y de causas materiales (en un sentido aristotélico), esto es, de las posibilidades que existen para producir. Los esquimales los árabes y los daneses viven bajo diferentes circunstancias (diferentes causas materiales) y, por tanto, tendrán diferentes modos de producción. Pero en ningún sitio habla Marx de causa formal. A pesar de lo que él mismo cree, por tanto, no le dio la vuelta a Hegel.

El marxismo se llama dialéctico porque tanto Engels como Karl Marx, supusieron que la Naturaleza y la Historia están sujetas a la lógica dialéctica. El curso de la historia es dialéctico, lo cual es decir que es explicable con ayuda del esquema dialéctico de Hegel. Los modos de producción crean oposiciones: la relación amo-esclavo es sometida al desarrollo dialéctico. El desarrollo se produce desde la dependencia de los esclavos con respecto a sus amos, hasta lo opuesto, es decir, hasta la dependencia del amo con respecto al esclavo. El esclavo, por tanto, se hace consciente de su propio poder. Tanto la sociedad feudal como la sociedad industrial eran explicables por los modos de producción y ambas eran expresiones de conflictos de clases. Así pues, una clase está determinada por los modos de producción.

Otra importante característica hegeliana en el marxismo es el uso de los conceptos de cantidad y cualidad. Hegel intenta mostrar que con un aumento gradual de cantidad no se produce ningún aumento correspondiente de cualidad. Sólo si los cambios en cantidad han alcanzado cierto grado, ocurrirá un cambio de cualidad. Los cambios de cualidad no ocurren gradualmente sino, por decirlo así, de repente. Si, por ejemplo, se cambia la temperatura del agua, sólo tienen lugar cambios cuantitativos; la temperatura aumenta o desciende de modo continuo. Pero en cierto momento tiene lugar un cambio cualitativo. Cuando la temperatura del agua ha alcanzado el punto de congelación cambia a un estado radicalmente nuevo; de ser fluido cambia a sólido. O, si la temperatura del agua aumenta y ha alcanzado el punto de ebullición, el salto cualitativo es de ser fluido a ser vapor. Hegel dio otros ejemplos. Habló de la caída gradual del pelo que puede continuar largo tiempo sin que podamos decir que una persona está calva; pero en cierto momento el cambio cuantitativo es ya tan grande que se expresa en cambio cualitativo: de no ser calva, la persona ha llegado a ser calva. Otro de los ejemplos de Hegel: Una persona puede estar gastando tan poco dinero que puede ser clasificada como ahorrativa, y aunque luego puede que gaste más dinero, aún sería correcto llamarle ahorrativa. Pero cuando el aumento de sus gastos se hace lo suficientemente grande, habrá un salto cualitativo, el salto de ser ahorrativo a no ser ni ahorrativo ni derrochador. Puede que aún se caracterice así aunque el grado de gasto de dinero aumente. Pero sólo hasta cierto punto; si se pasa de este punto, se dará el salto cualitativo a derrochador.

A menudo se interpreta a Hegel como si quisiera decir que la *naturaleza* o la *realidad* estuviese sometida a saltos cualitativos. Sus argumentos se conciben como si fuesen ontológicos. Sin embargo, está claro que los argumentos no son ontológicos, sino de tipo lingüístico o conceptual. Si se pasa de tener poco pelo a ser calvo, no es la *naturaleza* la que ha saltado. El salto se da en nuestro lenguaje. Pasamos de aplicar un concepto a aplicar la negación de ese concepto. Todo concepto debe tener necesariamente un campo limitado de aplicación —y si éste no fuera el caso, el concepto sería vacío y no tendría contenido. A través de una graduación continua somos conducidos al límite de las posibilidades de aplicación del concepto; si se pasa de este límite ya no se puede aplicar el concepto; en lugar de él hemos de aplicar su negación. Esto se ve claramente si tomamos otro ejemplo (que no es de Hegel). Los conceptos de aprobar o suspender un examen son mutuamente excluyentes. La exposición de los conocimientos de una persona puede variar, en cierto grado, sin descender de los límites del aprobado. La presentación de otra persona, puede ser casi tan buena, pero en un grado casi imperceptible por debajo de la frontera entre aprobado y no aprobado. Es una característica necesaria de cualquier lengua que los conceptos puedan ser aplicados sólo dentro de cierta área con grados de diferencia. Tenemos conceptos como «mucho pelo», «poco pelo» y «calvo» (y posiblemente alguno más). Pero imaginemos que tuviéramos conceptos y, por tanto, también palabras, para cada grado que encontrásemos en la Naturaleza. Deberíamos tener, entonces, un número de palabras de cuatro o cinco dígitos donde ahora tenemos sólo una. El lenguaje, por tanto, sería una imposibilidad en la práctica.

Si se entiende a Hegel como si hablara acerca de la realidad y no de conceptos —y Engels y Marx tomaron ontológicamente a Hegel— esto se debe, entre otras cosas, al hecho de que Hegel empleaba lo que los positivistas lógicos llamaban el modo material del habla en lugar del modo formal del habla. Con el modo material del habla, hablamos como si lo hiciéramos acerca de hechos empíricos, es decir, como si habláramos de la realidad; sin embargo, un análisis más profundo demuestra que lo que realmente hacemos es hablar de hechos lógico-sintácticos.

Engels y Marx tomaron ontológicamente la dialéctica hegeliana. Supusieron que la realidad, la Naturaleza, y también la Historia son dialécticas. En cuanto a la Historia esto significa, en primer lugar, que pueden ocurrir ciertos cambios graduales sin que ocurran cambios cualitativos. Pero cuando los cambios cuantitativos hayan alcanzado cierto grado, se expresarán cualitativamente y se creará un nuevo periodo, una nueva sociedad. Esta nueva sociedad puede concebirse como síntesis. La sociedad industrial —la sociedad burguesa— constituye la presuposición para la síntesis final, la sociedad sin clases. Esto ocurrirá cuando se niegue el poder de la burguesía y se transfiera al proletariado. Cuando el proletariado se imponga, estará abierto el camino para la sociedad sin clases.

Según Marx no hay ningún espíritu del mundo cuya libertad sea la meta de la Historia; no obstante, la Historia tiene una meta; el desarrollo dialéctico de la Historia tiene una última síntesis, la sociedad sin clases; con ello el desarrollo dialéctico de la historia ha concluido. Mientras que no hay escatología en la filosofía de Hegel, el marxismo es escatológico.

El marxismo es una teoría acerca del curso de la Historia además de un programa político. Afirma que la Historia necesariamente terminará con la revolución del proletariado y, por tanto, con una sociedad sin clases. Pero, al mismo tiempo, se le anima al proletariado para que acelere el proceso que de todas formas es inevitable. Debe acelerarse porque lo que está en juego es nada menos que la liberación del hombre y su salvación; es su liberación, no sólo económica, sino también intelectual —intelectual como consecuencia de la liberación económica. Pues, según Marx, todas las ideologías expresan los intereses de la clase gobernante. Sólo cuando se haya introducido la sociedad sin clases, la ideología estará por encima de los intereses de clase (por la sencilla razón de que no existirán clases).

Vale la pena reparar en otra diferencia entre el marxismo y el hegelianismo. El hegelianismo no es una teoría con cuya ayuda se pueda predecir eventos u ocurrencias —sea en la Naturaleza o acerca de la Historia. El marxismo, sin embargo, es una teoría acerca de la Historia precisamente en el sentido de teoría según la cual se pueden hacer predicciones. El hegelianismo pretende poder entender y explicar lo que ocurre o ha ocurrido, pero no pretende poder predecir lo que ocurrirá. El marxismo tiene además esta pretensión: pretende poder predecir lo que ocurrirá. Ésta es una diferencia radical con respecto al hegelianismo, ya que el hegelianismo es un sistema categorial, resultado de un análisis lógico-filosófico de las condiciones lógicas de nuestro pensamiento. Pero en el momento mismo en que el marxismo pretende poder predecir eventos, ya no es un sistema filosófico, es una teoría de la Historia. Y al hacer predicciones ha quedado abierto al falseamiento. Innecesario es decir que es objeto de discusión si ha sido falseado o no. Si se es marxista apasionado difícilmente se aceptará que haya sido falseado. Es obvio que tal posición crea también problemas pues, como ha señalado Popper, una teoría que no pueda ser falseada no puede pretender tener *status* científico [20].

---

[20] Cfr. Karl Popper, *Conjeturas y Refutaciones,* págs. 33 y ss.

La fenomenología

Un movimiento filosófico que ha tenido cierta influencia, desde la última mitad del siglo XIX, es la llamada *fenomenología*. Uno de los pioneros de la fenomenología fue el filósofo alemán *Edmund Husserl* (1859-1938). Entre los precursores del movimiento fenomenológico se debe mencionar a *Brentano* (1839-1917). Brentano introdujo el concepto fenomenológico de «intencionalidad». Todo fenómeno de conciencia debe caracterizarse siempre como teniendo un objeto. Se es consciente de algo. No puedo pensar, creer, suponer, ver, oír, probar, etcétera, a menos que piense algo, crea algo, quiera algo, vea algo, oiga algo, pruebe algo, etc. Este *algo* es el contenido de la conciencia. Es el objeto hacia el que tiende la conciencia; la conciencia *tiende* a su objeto y el objeto es objeto por la *intencionalidad*. Este objeto no es algo externo a, o independiente de, la conciencia. Puedo pensar en cosas que no existen; estas cosas, por tanto, existirán, no como objetos físicos, sino como fenómenos mentales. El contenido de conciencia es, pues, un objeto inmanente. Todos los actos de conciencia tienen en común el rasgo de que, por necesidad, deben tener un objeto —un contenido de conciencia. No tiene sentido hablar de conciencia sin intención, sin un objeto o contenido.

Husserl adopta el concepto de intencionalidad de Brentano y con este concepto, como concepto central, intenta dar una descripción de todo lo que se manifiesta en la conciencia. La fenomenología de Husserl no es una descripción psicológica, es una descripción de las condiciones necesarias de la conciencia, es una descripción de la estructura fundamental de la conciencia. Es una ciencia *acerca de* la esencia de los actos de conciencia, tales como pensar, oír, ver, preguntar, etc...

Los objetos de conciencia (es decir, aquello que se piensa, se ve, se oye, se huele, se prueba, etc.) son normalmente concebidos como objetos externos a la conciencia, y cuya existencia es independiente de la conciencia. Pero el principio de la fenomenología es no trascender lo inmediatamente dado, no ir más allá del fenómeno. Y el concepto de fenómeno no significa que sea algo diferente del objeto real, simplemente significa aquello que aparece a la conciencia. El principio, o método, de la fenomenología es no ir más allá de lo que, de hecho, aparece; a pesar de la inclinación natural a suponer que estos fenómenos son objetos que existen independientemente de una conciencia exterior, la fenomenología pone entre paréntesis esta suposición. Queda suspendida la suposición de que los fenómenos corresponden a objetos externos.

Para la investigación fenomenológica, el objeto no es el aparente fenómeno individual como tal, sino el universal, o, como dice Husserl, la esencia. Es una tarea de la investigación fenomenológica descubrir qué es la percepción en sí, a través de la percepción particular. El fenomenólogo no intenta examinar qué ocurre empíricamente cuando percibimos, creemos, pensamos, concluimos, etc..., se interesa por la percepción como tal o, como dice Husserl, se interesa por su esencia. El modo como el fenomenólogo descubre las esencias se describe como un tipo de *Wesenschau,* un tipo de intuición. Sin embargo, está bastante claro que siempre que Husserl, y otros fenomenólogos consiguen decir algo de significación filosófica, no es con ayuda del método que dicen emplear, sino por análisis conceptual. Por investigación empírica podemos obtener conocimiento de los objetos que percibimos. Puedo ver si la silla es amarilla o verde, si es dura, etc. Puedo, al escuchar, oír si es ésta o aquella melodía, si es ésta o aquella persona la que habla, etc... Pero no tiene sentido decir que al mismo tiempo intento ver lo que hago cuando veo. Si intentara ver lo que ocurre cuando, por ejemplo, veo una silla, en ese mismo momento dejaría de ver la silla (mi atención no estaría dirigida a la silla, sino a mi percepción de la silla); no habría nada que ver. Sólo con el método de análisis conceptual podrá la fenomenología hacer progresos filosóficos. Pero entonces no se distinguiría de otras disciplinas filosóficas y no sería lo que, según su propio programa, pretende ser. La fenomenología dejaría con ello de ser fenomenología. En tanto en cuanto la fenomenología ha usado el método fenomenológico, no ha contribuido de modo significativo a la solución de problemas filosóficos. Y más aún, se ha metido en problemas filosóficos sin poder salir de ellos otra vez. La fenomenología tiene dificultades, por ejemplo, para evitar un subjetivismo absoluto: Cualquier cosa experimentada, lo que es visto, oído, etc., es mi experiencia privada; el edificio que veo frente a mí es un fenómeno y un objeto físico independiente de mi percepción. Husserl tampoco evitó completamente el problema clásico, conocido por Kant y Hume, acerca de qué entender por un ego, o por sí mismo. Hume tuvo que renunciar y Kant habló de un ego trascendental, un ego al que, en concordancia con su propia filosofía, no concebía como sustancia. También habla Husserl de un ego trascendental como presuposición necesaria para la conciencia; sin embargo, tuvo grandes dificultades y, de hecho, no logró llegar a una solución del problema.

Otra afirmación discutible hecha por la fenomenología —y esto es cierto tanto de la antigua como de la nueva fenomenología— es la afirmación de que no hace presuposición alguna. El filósofo francés, *Merleau-Ponty* (1908-1961), acentuó la prioridad de la percepción [21].

---

[21] Cfr. *Le Primat de la Perception et ses Consequences Philosophiques,* 1947.

Todo —nos asegura— presupone la percepción. Sin embargo, ésta es una afirmación discutible. Parece haber hoy poca duda de que la percepción y el lenguaje están entre sí implicados; lo que percibimos depende de nuestro sistema conceptual y, por tanto, de nuestro lenguaje. La percepción, por consiguiente, no se da sin presuposiciones, y, por tanto, no puede tener prioridad epistemológica. Al darle prioridad a la percepción es difícil mantener la distinción entre filosofía y psicología, distinción que los mismos fenomenólogos quieren mantener. El lector de obras de Merleau-Ponty como *La Structure du Comportement,* 1942 [22], y *Phenoménologie de la Perception,* 1945 [23], verá cómo en ellas, a pesar de que se pueden encontrar argumentos filosóficos interesantes y originales, dominan los argumentos psicológicos y las referencias a experimentos psicológicos.

---

[22] *La Estructura del Comportamiento.*
[23] *Fenomenología de la Percepción,* Barcelona, Península.

Bergson

Que los conceptos, y con ello también el lenguaje, son condición necesaria para el conocimiento científico, fue acentuado por el filósofo francés *Henri Bergson* (1859-1941). No obstante, cree que ni los conceptos, ni el lenguaje, nos pueden dar un conocimiento profundo de la esencia de lo que existe. Sin embargo, tal conocimiento lo podemos obtener por nosotros mismos. Según Bergson, el mundo está en continua duración. Nuestra conciencia —y esto es de lo que tenemos conocimiento inmediato y la única cosa que se nos aparece inmediatamente— es una corriente continua, una pura duración, que no puede ser entendida conceptualmente, pues los conceptos, por su naturaleza, sólo se pueden aplicar a aquello que no cambia ni se mueve. Cuando Parménides mantenía que nada puede cambiar —que la categoría de «devenir» es inaplicable a la realidad— estaba en lo cierto, en lo referente al conocimiento conceptual. Los conceptos se pueden aplicar sólo a aquello que no se mueve, y no se puede entender o hablar del movimiento, por decirlo así, deteniéndolo. No es de extrañar que el concepto de movimiento implique paradojas. Según Bergson, Zenón podía sólo hablar de, o podía sólo entender conceptualmente la distancia que Aquiles debía correr, pero no la carrera misma. La distancia a la meta puede ser dividida infinitamente, el movimiento hacia la meta es indivisible.

Al apuntar a problemas referentes al movimiento y al tiempo, dos conceptos clave en la filosofía de Bergson, apuntó a problemas que han desempeñado un papel a través de toda la historia de la filosofía. Por ejemplo, parece imposible entender que cada *ahora* sea un paso desde aquello que aún no ha tenido lugar a aquello que va ha pasado. El ahora en sí, el ahora en el que vivimos, desaparece. Conceptualmente, somos llevados a esta conclusión, a pesar del hecho de que el «ahora» parece ser aquello que más definitivamente se puede decir que existe. Los filósofos han discutido con qué justificación afirmamos la existencia del pasado o la existencia del futuro. Pero el presente, el «ahora», parece ser el criterio mismo del tiempo que existe por necesidad. Pero si mantenemos que el tiempo es una corriente continua, el «ahora» parece desaparecer, el presente parece ser una ilusión.

Sin embargo, Bergson no cree por ello que el mundo como tal sea incognoscible. Cree que por intuición, es decir, por captación inmediata no conceptual, es posible conocer el mundo. Lo más difícil, sin embargo, es mantener la posibilidad de un conocimiento no conceptual. Sin examinar aquí los argumentos, parece razonable afirmar que sin lenguaje no podría haber ni siquiera imágenes mentales. O más bien, si existen imágenes mentales, pueden contribuir al conocimiento —sólo pueden ser imágenes de algo, pueden sólo decir algo— bajo la presuposición de que haya un lenguaje. Sin lenguaje estamos ciegos, en un sentido no inesencial de la palabra.

Russell

En los capítulos anteriores se ha visto, con frecuencia, que no hay siempre armonía entre lo que un filósofo afirma hacer y lo que está haciendo en realidad. La empresa filosófica ha sido concebida frecuentemente como ontología, mientras que un análisis más a fondo ha demostrado que esa empresa ha sido más bien análisis conceptual. Esto no quiere decir, sin embargo, que la filosofía no tenga significación ontológica. El análisis de Anselmo del concepto de lo perfecto es un análisis conceptual; pero si su análisis es correcto entonces es evidentemente de gran significación ontológica.

Dos cosas, sin embargo, tienen importancia: (1) La actividad filosófica es de tipo conceptual. (2) En la medida en que el resultado de esta actividad tenga significación ontológica, sea de tipo positivo o negativo, será una ontología lógicamente imposible de afirmar o negar con cualquier tipo de experiencia o experimento. Trata de una existencia que es trascendente. En relación con esto, debe subrayarse que incluso si se dice, como a menudo ocurre, que las afirmaciones acerca de una existencia trascendente no tienen sentido, es decir, son proposiciones que no son ni verdaderas ni falsas, entonces aún esto tendría significación ontológica. Si se afirma que no tienen sentido las proposiciones: «Existe un ser perfecto omnipresente e invisible» y «El hombre tiene un alma que es sustancia inextensa», entonces, por lo menos, tienen la significación ontológica de que tales proposiciones no pueden ser enunciadas, aunque evidentemente podrían enunciarse si fueran verdaderas.

Sin embargo, la filosofía de hoy es más consciente de su propia naturaleza. Entre los filósofos que han ayudado a actualizar esta autocomprensión, en parte teorizando sobre la filosofía y en parte practicándola, están *Bertrand Russell* (1872-1970), los *positivistas lógicos* (especialmente *Moritz Schlick* [1882-1936] y *Rudolf Carnap* [1891-1970]), *G. E. Moore* (1873-1958) y *Ludwig Wittgenstein* (1889-1951).

Una de las principales contribuciones de Russell a la filosofía es su teoría de las descripciones. Esta teoría ha sido considerada un paradigma del análisis filosófico. Con ella intenta resolver una paradoja sobre el concepto de existencia, paradoja formulada por el filósofo alemán *Meinong* (1853-1921). Russell resuelve la paradoja mostrando que la llamada forma lógica de una oración no es siempre idéntica a su forma gramatical; y cuando las dos son diferentes, pero esta diferencia no es advertida, tienden a surgir las paradojas.

Examinemos la paradoja tal como fue formulada por Meinong. Examinemos una oración como: «No existe la montaña dorada» o «No existe el cuadrado redondo». Supongamos —como hizo Meinong— que la «montaña dorada» y el «cuadrado redondo» no son sólo los sujetos gramaticales, sino también los sujetos lógicos. Decir que las expresiones «la montaña dorada» y «el cuadrado redondo» son sujetos lógicos, es decir que el predicado se predica de la montaña dorada o del cuadrado redondo. Pero esto implica que, de algún modo, se dice que existen la montaña dorada y el cuadrado redondo, pues el uso de un predicado lógico presupone aquello de lo que se predica algo: un predicado se predica, no del nombre, sino de aquello que el nombre nombra. En la oración «Sócrates fue ejecutado», el nombre «Sócrates» es el sujeto. Evidentemente, sin embargo, no fue el nombre «Sócrates» lo que fue ejecutado, sino el propio Sócrates, es decir, aquello que nombra el nombre «Sócrates». Según

Meinong, o se ha de decir que carece de sentido una oración como «La montaña dorada no existe» —cosa que él no cree—, o se ha de decir que el predicado se predica de algo, es decir, de la montaña dorada. Meinong habla de subsistencia para que estas paradojas parezcan menos paradójicas —las paradojas que obtenemos al afirmar que las oraciones «La montaña dorada no existe» y «El cuadrado redondo no existe» implican que la montaña dorada y el cuadrado redondo existen. La montaña dorada no existe, sino que ¡subsiste!

Russell está de acuerdo con Meinong en que las oraciones mencionadas tienen sentido; también está de acuerdo con Meinong en que el sujeto lógico, en una oración, es un nombre que nombra la cosa, entidad o concepto del que el predicado predica algo. Pero lo que Russell niega es que la «montaña dorada» y el «cuadrado redondo» sean nombres; no son nombres y, por tanto, no pueden ser sujetos lógicos.

Russell llama *descripciones* a las expresiones como «la montaña dorada» y «el cuadrado redondo». Y muestra que las descripciones no son nombres del modo siguiente: tomemos la oración «El autor de Waverley es Scott». En esta oración, «Scott» es un nombre, y si «el autor de Waverley» fuera un nombre, podríamos sustituir «el autor de Waverley» por «Scott», ya que los dos nombres nombran a una y la misma persona. En otras palabras, no debería cambiar la estructura lógica de la oración, ni su sentido, si se la tradujera por: «Scott es Scott.» Pero es fácil ver que «El autor de Waverley es Scott» es una oración de tipo muy distinto de la oración «Scott es Scott», ya que esta última oración es una tautología y, por tanto, no puede ser negada sin contradicción; pero la primera oración es sintética y puede, por tanto, ser negada sin contradicción. Sería falso, pero no contradictorio, suponer que otra persona distinta a Scott hubiera escrito «Waverley». El argumento de Russell es como sigue: «Si a es idéntico a b, todo lo que sea verdad de uno es verdad del otro, y cualquiera de ellos puede sustituirse por el otro, en cualquier proposición, sin alterar la verdad o falsedad de la proposición. Jorge IV quiso saber si Scott era el autor de «Waverley»; y, de hecho, Scott era el autor de Waverley. Por tanto, podríamos sustituir Scott por el autor de Waverley y así probar que Jorge IV quería saber si Scott era Scott. Sin embargo, difícilmente podemos atribuir interés por la ley de identidad al primer caballero de Europa («On Denoting», *Mind*, 1905).

Las descripciones (en el sentido que Russell da a la palabra) no son, por tanto, nombres y no pueden ser sujetos lógicos. La oración «El autor de Waverley es Scott», por tanto, no trata de una persona nombrada por la expresión «el autor de Waverley»; es una oración que dice que ser autor de Waverley pertenece a las características de la persona Scott. En otras palabras, «Scott» es el sujeto lógico y «el autor de Waverley» es el predicado lógico.

Analicemos ahora la oración «La montaña dorada no existe». «La montaña dorada» no puede ser un nombre, y, por consiguiente, no puede ser el sujeto lógico. Pero si esto es así, no existe ya la presuposición lógica de la paradoja de Meinong, referente a la «subsistencia» de objetos no existentes. El supuesto sujeto lógico resulta que no lo es, pero entonces, ¿qué es el sujeto lógico? En este caso no es nada. De hecho, esto es justamente lo que está diciendo la oración. «La montaña dorada no existe», afirma que los predicados ser dorada y ser montaña no se aplican a nada; no hay entidad alguna a la que se apliquen. Ello es lo mismo que decir que no hay ningún valor que satisfaga la función proposicional «x es una montaña y x es dorada». Sin embargo, esto no es del todo correcto; decir que no hay valores que satisfagan la función proposicional «x es una montaña y x es dorada» es decir realmente «Las montañas doradas no existen», en lugar de decir, como deberíamos: «La montaña dorada no existe.» En otras palabras: la expresión ha dejado de acentuar que no hablamos de montañas doradas, sino de *la* montaña dorada. Para satisfacer este requisito, Russell tradujo la oración de este modo: «Es falso que haya una entidad c, tal que la función proposicional «x es una montaña y x está hecho de oro» sea verdadera si x es c y de lo contrario falsa.»

El análisis arriba mencionado de oraciones tales como «La montaña dorada no existe» y «El cuadrado redondo no existe» es válido para todas las oraciones existenciales. Deberían observarse dos cosas:

En primer lugar, ninguna oración en la que se afirme o se niegue la existencia de algo, es una oración del tipo sujeto-predicado, aunque gramaticalmente así lo parezca. Por supuesto, es irrelevante que el predicado gramatical sea una aplicación del verbo «existir». Expresiones tales como «tiene ser» o «es» pueden tener en muchos contextos la misma fuerza lógica que «existencia» y pueden, por tanto, explicarse con el mismo análisis.

Ya Kant mantuvo que «existencia» no puede ser un predicado. Por el análisis lógico ha mostrado Russell por qué no puede serlo: en una oración existencial no hay sujeto lógico, y, si no lo hay, tampoco puede haber predicado lógico.

La función del término «existencia», cuando se utiliza como predicado gramatical, es decir, cuando se utiliza para afirmar o negar la existencia de algo, es enunciar si hay algo de lo que se pueden predicar las propiedades connotadas por el sujeto gramatical. Este «algo», del que se pueden o no predicar las propiedades, no se menciona en la oración misma. Si digo «la montaña dorada no existe», estoy diciendo que no hay nada de lo que podamos predicar las propiedades «dorado» y «ser montaña». La expresión «nada de lo cual» no menciona entidad alguna. Al contrario, dice que no hay entidad alguna. Y si digo «El autor de Waverley existe» estoy diciendo que la propiedad de ser el hombre que escribió *Waverley* puede predicarse de una persona. No he mencionado la persona; sólo he dicho que hay tal persona, sea quien sea. En general podemos decir que nunca es posible tener una oración en la que el sujeto gramatical sea un nombre propio y el predicado gramatical sea la existencia. Si digo «Dios existe», entonces «Dios» no puede ser nombre propio. Es, en términos de Russell, una función proposicional. La función proposicional puede ser, por ejemplo, así: hay un valor, y sólo uno, que satisface la función proposicional «x es omnipotente, omnipresente, todo bondad, omnisciente e invisible». Si digo «Sócrates existe» u «Homero no existió», ni «Sócrates», ni «Homero» pueden utilizarse, en estas oraciones, como nombres propios, sino sólo como descripciones. Se usan como nombres propios, sin embargo, en oraciones como «Sócrates estaba casado con Xantipa» u «Homero escribió la Iliada».

Según el análisis de Russell, es un malentendido mantener, como se mantiene a veces, que hay diferentes tipos de existencia. La «existencia» es un concepto que tiene una y sólo una función, a saber: enunciar si las propiedades connotadas por el sujeto gramatical pueden o no ser aplicadas a algo. O, expresado de otro modo, la función del término existencia, es decir si hay o no un valor que satisfaga cierta función proposicional.

En lugar de decir que hay diferentes clases o tipos de existencia, se debería decir que hay diferentes clases o tipos de funciones proposicionales. Si digo, por ejemplo, que «El abominable hombre de las nieves existe» y «Los números existen», no estoy hablando de dos tipos diferentes de existencia. Estoy hablando de dos tipos diferentes de funciones proposicionales. Pero mientras puede ser relativamente fácil presentar la función proposicional de la expresión «el abominable hombre de las nieves», es tarea difícil presentar la función proposicional de la expresión «los números»; es una tarea que ha de afrontar todo el que se ocupe de la filosofía de la matemática.

De lo dicho se deduce que una oración existencial sólo tiene sentido si es posible presentar una función proposicional, es decir, si es posible nombrar, por lo menos, una propiedad. Una función proposicional sin propiedad denotada no es función proposicional.

El análisis de Russell nos previene también contra ciertos tipos de metafísica, como son, por ejemplo, aquellos que investigan la Existencia o el Ser. La Existencia o el Ser no son, en sí, sujetos lógicos, no son en sí algo que tiene ciertas propiedades. Como dijo Hegel, el Ser no es nada. El uso de los términos «existencia» y «ser» presupone que hay algo a lo que podemos aplicar las propiedades connotadas por el sujeto gramatical, en una oración en la que 'existencia' o 'ser' se utilizan como predicado gramatical.

Otra de las contribuciones importantes de Russell a la filosofía fue su teoría de los tipos. Esta teoría fue un intento de resolver la llamada paradoja de las clases, o, en atención a su autor, «la paradoja de Russell».

En la matemática, en la lógica y también en el lenguaje ordinario, usamos el término «clase». Hablamos de la clase de todos los seres humanos, la clase de todos los números pares, la clase de todos los novelistas del siglo XIX, la clase de todas las clases que tengan dos miembros, etc.

Aquello respecto de lo cual una clase es tal, constituye los miembros de esa clase. Para que algo sea miembro de la clase de todos los m debe tener la propiedad que define a m. Si P es la propiedad que caracteriza a cierta clase K, podemos decir que x es un miembro de K, si y sólo si, x tiene la propiedad P. A la expresión «x tiene la propiedad P» la llama Russell función proposicional. En lugar de escribir «x tiene la propiedad P», podemos escribir solamente «Px». Una función proposicional no es una proposición. Condición para que una expresión sea proposición, es que tenga un valor de verdad, que tenga que ser o verdadera o falsa. Pero si a x no se le ha dado ningún valor «Px», por supuesto, no será ni verdadera ni falsa. Para que «Px» sea una proposición, hemos de darle un valor a x. Si «P» es la propiedad de ser humano, «Px» será una proposición verdadera si sustituimos x por «Sócrates» o «Hamlet», pero será falsa si la sustituimos por «Pegaso».

¿Es posible que una clase sea miembro de sí misma? Si hablamos de la clase de todos los hombres, parece obviamente correcto decir que la clase de todos los hombres no es ella misma un hombre; pero si hablamos de la clase de todos los conceptos abstractos, parece correcto decir que esta clase es ella misma un concepto abstracto y, por tanto, un miembro de sí misma. Y si hablo de la clase de todas las clases, parece seguirse que también esta clase ha de ser un miembro de sí misma. Parece ser el caso, entonces, que podemos distinguir entre clases que son miembros de sí mismas y clases que no lo son. Por tanto, podemos hablar de la clase de todas las clases que no son miembros de sí mismas. Tendremos que preguntar ahora, *¿es esta clase un miembro de sí misma?* Fácilmente se ve que tanto la respuesta afirmativa, como la negativa, son contradictorias. Si decimos que la clase de todas las clases que no sean miembros de sí mismas, es miembro de sí misma, no sólo decimos que es miembro de sí misma, decimos también que no es miembro de sí misma (porque la condición para ser miembros de la clase de todas las clases que no sean miembros de sí mismas, es ser clase que no sea miembro de sí misma). Y si decimos que la clase no es miembro de sí misma, decimos con ello que es miembro de sí misma (porque todas las clases que no sean miembros de sí mismas son necesariamente miembros de la clase de todas las clases que no sean miembros de sí mismas).

La cuestión de si la clase, que acabamos de mencionar, es o no es miembro de sí misma, es, por tanto, una cuestión lógicamente imposible de contestar. Tanto la respuesta afirmativa como la negativa son contradictorias. Esta paradoja se llama *La Paradoja de Russell.* Es una paradoja porque la condición para que cierta proposición sea verdadera, es que sea falsa, y la condición para que sea falsa, es que sea verdadera. La expresión «La clase de todas las clases que sean miembros de sí mismas, es (o no es) un miembro de sí misma» no es, por tanto, una proposición, sino una pseudoproposición; es una expresión sin sentido.

¿Cómo surge una expresión sin sentido? Normalmente sabemos cómo evitar las expresiones sin sentido. Sabemos combinar palabras y expresiones para obtener oraciones con sentido. Sabemos que de una mesa podemos decir cosas como que es bonita, que es pesada, que es marrón, etc..., también sabemos que no podemos decir que la mesa sea un número par o que sea más buena que idéntica. Pero las expresiones sin sentido que son filosóficamente interesantes surgen porque la lógica de los términos que usamos nos tienta a construir tales expresiones; parece que no sólo nos vemos tentados, sino que, a veces, incluso lógicamente impulsados a formular tales enunciados. Y cuando tratamos con conceptos como «clase» y «miembro de una clase», no estamos tratando con conceptos cotidianos como «mesas» y «sillas». Sabemos cómo hablar de objetos ordinarios como mesas y sillas, y raramente, o quizá nunca, formulamos oraciones sin sentido sobre ellas. Pero no estamos de igual modo familiarizados con conceptos como «clase» o «miembro de una clase», y por ello somos propensos a ser engañados.

Según Russell, las palabras y los conceptos pueden pertenecer a diferentes tipos lógicos. Este es precisamente el caso con el término «clase» y la expresión «un miembro de una clase». Un concepto de clase pertenece a un tipo lógico diferente del tipo lógico al que pertenece la expresión «ser un miembro de esa clase». Dos palabras, dos términos, pertenecen al mismo tipo lógico si, en una sentencia dada, el uno puede ser sustituido por el otro, sin obtener como resultado una expresión sin sentido. Puede ser, muy bien, que la primera proposición sea verdadera, y falsa la otra sentencia (la que obtengo al sustituir una palabra por otra palabra que pertenece al mismo tipo lógico). Pero una sentencia falsa no carece de sentido: el criterio para carecer de sentido es que sea una expresión que no pueda ser ni verdadera ni falsa.

De un libro se puede decir que es emocionante o aburrido, escrito por un autor conocido o desconocido, que está agotada la edición, etc. Pero no tiene sentido decir de la clase de todos los libros que es emocionante y que está escrito por un autor conocido. Esto se puede decir de libros, pero como la clase de todos los libros pertenece a otro tipo lógico que los libros, la clase de todos los libros no puede pertenecer al tipo de cosas que están escritas o agotadas, y, por tanto, no puede ser un miembro de la clase de todos los libros. Si un niño coloca cinco chavos sobre una mesa y dice «Esta es la colección de todos mis chavos», entonces el niño sabe que la palabra «colección» no significa que además de los cinco chavos hay una entidad existente especial llamada «colección». No hay seis cosas, es decir, los cinco chavos más la colección de los cinco chavos, hay sólo cinco cosas. Es un malentendido creer que la palabra «colección» se refiere a algo que, por así decirlo, está incluido en la colección. Según el significado de las palabras «colección» y «chavo», las dos palabras pertenecen a diferentes tipos lógicos. Mientras que nadie se vería inducido a error con respecto a los tipos cuando hablamos de chavos, sí que podría verse, según Russell, cuando afirmamos que una clase puede o no ser miembro de sí misma.

Supongamos que tenemos las dos proposiciones siguientes: P_1 y P_2. Sea P_1: «Toda proposición es verdadera o falsa», y sea P_2: «Toda proposición con sentido es tautología o proposición empírica.» Las proposiciones P_1 y P_2 son proposiciones acerca de la clase de todas las proposiciones. Por tanto, sería natural suponer que P_1 y P_2 son proposiciones acerca de sí mismas. Sería natural decir, por ejemplo, que la proposición que dice que toda proposición debe ser verdadera o falsa, es en sí una proposición y, por tanto, verdadera o falsa; sería igualmente natural decir que toda proposición con sentido es tautología o proposición empírica, y, por tanto, esta misma proposición debe ser tautología o proposición empírica. Pero según la teoría de los tipos de Russell esto no puede ser correcto. Si una proposición fuera ella misma, una de estas proposiciones de las que dice algo, obtendríamos una clase que sería miembro de sí misma; y tal suposición, según la teoría de tipos, es una suposición sin sentido. Una proposición acerca de todas las proposiciones pertenece a un tipo lógico que es más alto que el tipo al que pertenecen las proposiciones de las que la proposición afirma algo. Y lo mismo es cierto para una teoría acerca de teorías; la teoría acerca de teorías es de un tipo más alto que las teorías de las que es teoría. Ninguna proposición ni teoría puede —según la teoría de los tipos— decir nada acerca de sí misma, ni aplicarse a sí misma.

El positivismo lógico

La obra principal de Russell fue *Principia Mathematica,* en tres volúmenes, que escribió en colaboración con *A. N. Whitehead* (1861-1949). Esta obra se convirtió en una de las fuentes del movimiento del positivismo lógico. Los positivistas lógicos estaban de acuerdo con Russell en que el análisis lógico del lenguaje es la tarea principal de la filosofía. La importancia del análisis lógico del lenguaje se ilustró con la paradoja de Meinong. Debido a su falta de distinción entre la forma gramatical y la forma lógica de una oración, llegó a la afirmación paradójica de que la condición para afirmar que algo no existe es que exista. La introducción de esta distinción se debió al análisis lógico de Russell.

El positivismo lógico tuvo su origen en Viena, en los años veinte de este siglo. Dirigentes de este movimiento fueron, como se ha dicho, *Moritz Schlick* y *Rudolf Carnap.* Sólo se explicarán aquí dos rasgos del positivismo lógico.

Los positivistas lógicos mantienen que todas las proposiciones metafísicas son carentes de sentido, es decir, no son realmente proposiciones, sino meras pseudoproposiciones. Por proposiciones metafísicas entienden proposiciones acerca de algo trascendental, es decir, proposiciones que son lógicamente imposibles de verificar. Si una proposición no puede ser verificada, ni falseada, es, según los positivistas lógicos, una proposición carente de sentido. Que no pueda ser verificada, ni falseada, es lo mismo que decir que ninguna situación o experiencia concebible contaría como condición de verdad de la proposición. Y esto, según los positivistas lógicos, es precisamente lo que caracteriza a todas las proposiciones metafísicas. Los positivistas lógicos reconocen tres clases de proposiciones: 1) Proposiciones empíricas. 2) Proposiciones lógicamente necesarias. 3) Contradicciones. Una proposición empírica es una proposición que puede ser verificada o falseada por la experiencia; una proposición lógicamente necesaria es lo que llaman una tautología. Una tautología es una proposición que, por una parte, es verdadera por necesidad y, por otra, está empíricamente vacía. Es una proposición que no nos dice nada acerca de la realidad. Ejemplo de tautología es la proposición: «Llueve o no llueve.» Obviamente, tal proposición no nos informa del tiempo que hace. No sabemos más con respecto al tiempo que tenemos, si se nos informa que o llueve o no llueve. En otras palabras, el precio que pagamos por las proposiciones verdaderas con necesidad lógica, es que son no-informativas. Igual que las tautologías son verdaderas por necesidad lógica, las contradicciones son falsas por necesidad lógica. Las contradicciones son proposiciones que violan las reglas del lenguaje. Estoy violando las reglas del lenguaje si digo que llueve y no llueve.

Cuando los positivistas lógicos mantienen que las proposiciones metafísicas son carentes de sentido, por metafísica entienden un conjunto de proposiciones que afirman decir algo sobre la realidad. Sin embargo, los positivistas lógicos mantienen que las proposiciones metafísicas están formuladas en lo que Carnap llama *el modo material del habla,* es decir, un modo de hablar que, según su forma gramatical, nos lleva a creer que es una proposición acerca de la realidad; sin embargo, un análisis lógico —que, en relación a esto significa traducción de la oración al llamado *modo formal del habla*— mostrará que realmente es una proposición acerca de relaciones lógico-sintácticas. Para no equivocarnos, puede ser útil, algunas veces, traducir las proposiciones del modo material del habla al modo formal del habla. Si, por ejemplo, afirmo que los objetos materiales son un conjunto de ideas o, en terminología más moderna, un conjunto de datos sensibles, esto es una proposición en el modo material del habla. Es como si afirmara algo de la realidad, afirmara algo de la naturaleza de los objetos materiales. Pero que esto no es lo que estoy haciendo, se sigue del hecho de que ninguna experiencia concebible podría contar como verificación o falseamiento de la proposición. Así, si se pretendiera que fuera una proposición ontológica, es decir, se pretendiera que fuera una proposición acerca de la realidad, carecería de sentido. Sin embargo, la proposición no trata de la naturaleza de objetos materiales; trata de ciertas propiedades lógico-sintácticas de proposiciones que usan palabras que designan objetos materiales. La proposición afirma que tales proposiciones pueden ser traducidas a proposiciones que no contienen nada excepto nombres de ideas o datos sensibles. Esto también vale para ciertas proposiciones científicas (por ejemplo, la psicología, incluyendo el psicoanálisis y la mecánica cuántica); todas son traducibles a proposiciones que usan palabras de datos sensibles (llamadas también predicados de cosas, es decir, palabras tales como azul, largo, pesado y cuadrado; esto es, palabras que aplicamos a nuestra descripción de las cosas). Si no pueden ser traducidas al lenguaje de los datos sensibles o al lenguaje de cosas, son científicamente inaceptables.

Moore

El comienzo del siglo XX originó lo que a veces se ha llamado la Escuela Analítica Británica. Tres filósofos, los tres de Cambridge, Inglaterra, influyeron mucho, aunque de modo diferente, en este movimiento: *Bertrand Russell, G. E. Moore* y *Ludwig Wittgenstein.*

Uno de los más importantes ensayos de Moore es «Una defensa del Sentido Común», publicado en 1925 en *Contemporary British Philosophy.* En cierto modo el título es engañoso, porque Moore no defiende realmente el sentido común; no lo defiende en el sentido de entender probarlo o argumentar a su favor, el sentido común no necesita prueba —intentar probarlo posiblemente ni siquiera tuviera sentido.

Moore no se interesaba por el lenguaje de la ciencia, sino que se interesaba, entre otras cosas, por las proposiciones metafísicas. O, mejor dicho, se interesaba, por lo que se podría llamar proposiciones metafísicas provocativas. Si un filósofo afirma (como ha hecho alguno) que el tiempo no es real, Moore argumenta contra tal proposición acudiendo a lo que él llama proposiciones de sentido común, es decir, proposiciones que, en el uso ordinario, son inambiguas y cuyo significado es comprendido por todos. Por ejemplo, todos comprendemos proposiciones que expresen relaciones ordinarias de tiempo. Todos comprendemos proposiciones que usen expresiones tales como «el año pasado», «dentro de una hora» y «dura unos diez minutos», etc... Todas son expresiones que se pueden usar para formular proposiciones verdaderas, y con frecuencia son usadas así. En otras palabras, son expresiones que pueden revocar las proposiciones metafísicas provocativas (proposiciones que contradicen el sentido común). El metafísico que afirma que el tiempo no es real, debe querer dar a entender algo más por tiempo, debe querer dar a entender algo que sea compatible con la verdad de las proposiciones ordinarias referentes a relaciones de tiempo; pero si esto es así, desaparece la naturaleza provocativa de sus proposiciones. Y lo que es verdad de las proposiciones metafísicas provocativas sobre el tiempo, es también verdad de otras proposiciones metafísicas provocativas: 1) Los objetos materiales no existen. 2) Lo que existe no son más que datos de mi conciencia. 3) El movimiento y el cambio son irreales. Para cada una de estas tres proposiciones hay proposiciones de sentido común que las revocan: a) Esto es una piedra. b) No he visto nunca el Ayuntamiento de San Francisco. c) Antes de caer las hojas ha cambiado su color.

Sin embargo, hay una diferencia entre entender lo que estas proposiciones de sentido común significan y dar un correcto análisis de su significado. Todos entendemos la proposición de que la tierra ha existido desde hace muchos años; y todos sabemos que la proposición es verdadera. A aquellos que puedan mantener que la verdad de tal proposición depende de lo que entendemos por «tierra», «existe» y «años», responde Moore que la proposición tiene un significado «que es *el* significado ordinario o popular». Es una proposición que «es el tipo mismo de una expresión inambigua, cuyo significado comprendemos todos. Cualquiera que asuma un punto de vista contrario, debe estar confundiendo, supongo, la cuestión de si comprendemos su significado (lo cual todos hacemos realmente) con la cuestión completamente diferente de si sabemos lo que ello significa, en el sentido de que podamos dar un análisis correcto de su significado».

Moore niega que la labor de la filosofía sea justificar las proposiciones de sentido común; la filosofía no debe probarlas, sino analizarlas. Al acentuar el aspecto analítico de la filosofía, Moore ha sido considerado a menudo como uno de los pioneros de lo que se ha llamado filosofía analítica. Además, al acentuar la prioridad epistemológica de las proposiciones de sentido común, está también considerado como uno de los pioneros de lo que se ha llamado algunas veces filosofía del lenguaje ordinario.

Las proposiciones a), b) y c) son proposiciones de sentido común, porque no son proposiciones científicas, ni proposiciones metafísicas. Su importancia filosófica estriba en que son criterios de lo que significan las correspondientes proposiciones metafísicas. Pero éste es solamente un aspecto de su importancia, y probablemente ni siquiera el más relevante. Otro aspecto de su importancia es que son argumentos decisivos contra una afirmación de 1), 2) y 3). Contra el metafísico que afirma que el tiempo no es real, o que los objetos materiales no existen, es suficiente señalar tales proposiciones de sentido común como a) Tomé una deliciosa cena anoche; b) Mañana iré a Nueva York, y c) Hay un libro sobre mi mesa.

La razón de que estas proposiciones de sentido común se pueden usar como argumentos, es que todas ellas se pueden usar en situaciones apropiadas. No se necesita intuición científica, ni filosófica, para usar correctamente proposiciones de sentido común; por tanto, se puede decir, con cierta justificación, que son parte del lenguaje ordinario; se puede decir también por ello, con la misma justificación, que el lenguaje ordinario proporciona un argumento decisivo contra ciertas suposiciones metafísicas, por ejemplo, suposiciones tales como las expresadas por 1), 2) y 3).

Wittgenstein

Ludwig Wittgenstein (1889-1951) que nació en Austria y llegó a ser profesor de filosofía en Cambridge, Inglaterra, ha tenido una enorme influencia en la filosofía contemporánea. Sin embargo, cuando murió había publicado solamente un libro: *Tractatus Logico-Philosophicus,* publicado originalmente en alemán en 1921 y traducido más tarde al inglés (en 1922), con el texto original alemán en las páginas de la izquierda. Tras su muerte se publicaron *Investigaciones Filosóficas* (en 1953), *Remarks on the Foundation of Mathematics,* publicado en 1956; *Los libros Azul y Marrón,* publicado en 1958; *Diario,* publicado en 1961, y *Philosophische Bemerkungen,* publicado en 1964. Todas sus obras, excepto la última mencionada, incluyen el texto original alemán de *Wittgenstein* a la izquierda y la traducción inglesa en las páginas de la derecha. Solamente serán explicadas aquí algunas de las principales ideas del *Tractatus* y de las *Investigaciones Filosóficas.*

En el *Tractatus* mantiene Wittgenstein que el lenguaje, para ser un lenguaje, debe ser una figura de aquello sobre lo cual dice algo. Usar el lenguaje es afirmar que algo es el caso, y esto se logra por medio de una proposición. Al ser una figura del hecho de que Bruto mató a César, la proposición «Bruto mató a César» puede ser usada para afirmar ese hecho.

¿Qué significa realmente decir que una proposición es una figura? A fin de responder esta pregunta, comencemos comparando las proposiciones a otros modos de figurar hechos. Un diagrama —por ejemplo, un diagrama de la temperatura de un paciente en un cierto periodo— es una figura. El diagrama nos informa sobre aquella parte de la realidad que es la temperatura del paciente día a día. Evidentemente, el diagrama no es una figura en el sentido en el que una pintura es una figura de un paisaje, o un retrato es una figura de una persona. Es una figura por tener la misma *estructura* que el hecho figurado. Existe una correlación, de uno a uno, entre la variedad espacial del diagrama y la variedad de la temperatura del paciente. Otro ejemplo, la partitura musical de una determinada melodía es una figura de la melodía ejecutada. Un músico es capaz de leer la partitura, en el sentido de que puede leer qué melodía está figurada. La partitura de la Quinta Sinfonía de Beethoven es una figura de esa sinfonía. Por supuesto, sería absurdo mantener que la partitura es una figura de la sinfonía en cualquier sentido literal de la palabra «figura». Se puede decir que es una figura solamente por tener la misma estructura que la sinfonía. Y así es precisamente como la proposición figura el hecho que figura: tiene la misma estructura que el hecho. Pero esto nos lleva a la cuestión: ¿Qué se entiende por estructura de una proposición? Los elementos de una proposición —los que la constituyen— son nombres. Una proposición es una concatenación de nombres. El tipo de proposición que obtengamos dependerá, desde luego, de qué nombres usemos. Sin embargo, depende también de cómo están combinados los nombres. La proposición (1) «Juan odia a María» y (2) «María odia a Juan» usan los mismos nombres, pero figuran diferentes hechos. Tienen diferente estructura. Así como un diagrama y una partitura son figuras porque están construidos según ciertas reglas, así una proposición es figura porque está construida según ciertas reglas. Para construir diagramas hay ciertas reglas que debo conocer para comprender lo que figura el diagrama. Y hay ciertas reglas sintácticas para construir proposiciones que debo conocer, a fin de comprender lo que figura una proposición, o sea, lo que dice. Según Wittgenstein, las proposiciones son o proposiciones elementales o combinación de proposiciones elementales. La proposición elemental es, por tanto, una proposición que no se puede reducir más. Por decirlo así, es la unidad más pequeña que puede figurar. Puesto que los nombres son constituyentes de proposiciones, es decir, constituyentes de una figura, ellos mismos no pueden ser figuras. Trivialmente expresado, la única función de un nombre es nombrar. Y lo que nombra es un objeto. No figura ni afirma nada sobre él [24]. Una proposición (tanto elemental como no elemental) enuncia que algo es, o no es, el caso. Una proposición, al contrario que un nombre, no nombra nada (una proposición elemental enuncia un hecho atómico, una proposición no elemental enuncia un hecho). Puesto que la función del lenguaje es figurar el mundo, y sólo las proposiciones pueden figurar, el mundo debe ser comprendido como aquello que figuran las proposiciones: hechos. Y esto es precisamente lo que Wittgenstein dice: «El mundo es todo lo que es el caso.

---

[24] Wittgenstein no distingue entre «figurar» y «decir». Se puede objetar que una proposición figura un hecho al decir algo acerca del objeto. La proposición «Mi silla es amarilla» dice algo acerca de mi silla, pero figura el hecho de que mi silla es amarilla. Esta objeción, sin embargo, no se puede mantener. Cuando Wittgenstein habla de objetos no se refiere a objetos como sillas y mesas. Habla de entidades que nunca han sido ni podrán ser observadas. No pueden ser observadas, pues carecen de propiedades. Como dice Wittgenstein: «En un modo de hablar, los objetos no tienen color.» Existen diferentes teorías de lo que Wittgenstein entiende por objetos —o algo similar a la sustancia cartesiana, o puntos materiales modelados según las teorías físicas de Heinrich Hertz. Para Wittgenstein es una necesidad que haya objetos que no pueden ser figurados sino sólo nombrados. Si no hubiera tales objetos, las proposiciones no podrían tener significado alguno. Los objetos son lo que Wittgenstein llama la sustancia del mundo. Lo expresa de este modo: «Si el mundo no tuviese ninguna sustancia, dependería que una proposición tuviera sentido de que otra proposición fuese verdadera. En este caso sería imposible trazar una figura del mundo (verdadera o falsa).» *Ibíd.*, 2.0211, 2.0212.

El mundo es la totalidad de los hechos y no de las cosas»[25].

Una proposición es una figura de un hecho por tener la misma estructura que el hecho. Y así como la estructura de una proposición está determinada por las reglas sintácticas para combinar los nombres que constituyen las proposiciones, así la estructura de un hecho está determinada por las reglas según las cuales se combinan los objetos nombrados. Un nombre puede ser parte de infinitas oraciones y puede estar combinado con otros nombres de muy diversos modos. De los muchos modos posibles en que un nombre puede ser un constituyente de una proposición, algunos pueden dar por resultado una proposición verdadera y otros una falsa. La proposición «Juan odia a María» puede ser verdadera, mientras que la proposición «María odia a Juan» puede ser falsa. Pero ambas son proposiciones, lo cual es decir que ambas son figuras. Mientras la primera puede figurar un hecho actual o posible, la última puede figurar un hecho posible, pero no existente; puede figurar un hecho negativo. Sin embargo, si violamos las reglas para combinar nombres, el resultado no será una figura, sino algo que nos llevará a creer que lo es. Si digo: «María es más idéntica que falsa», no digo (figuro) nada. Obviamente, si tal enunciado fuera formulado, se reconocería en seguida como un sinsentido; sin embargo, una proposición como «la clase de todas las clases es un miembro de sí misma», parece una proposición correctamente construida, pero, como hemos visto, es una proposición que viola algunas reglas lógico-sintácticas fundamentales y que, por tanto, no es una proposición en absoluto. No figura ningún hecho ni actual ni posible.

Lo que es verdadero de los nombres, es también verdadero de los objetos nombrados. Cualquier objeto dado puede ser constituyente de muchos hechos, de los que sólo uno, sin embargo, está actualizado. Conocer un objeto es conocer de qué tipo de hechos puede ser cons-

---

[25] «El mundo es todo lo que acaece.» *Tractatus* 1. «El mundo es la totalidad de los hechos, no de las cosas.» *Ibíd.*, 1.1.

tituyente; es conocer sus propiedades internas; es conocer su forma[26]. En otras palabras, como la estructura
de un hecho está determinada por las reglas para combinar los objetos que constituyen el hecho, y como esas reglas dependen de propiedades internas (de la forma lógica) de los objetos, la estructura de un hecho depende
de la forma lógica de los objetos.

Decir que el mundo consiste en hechos y no en objetos, no es decir algo ontológico. No es decir que los
«hechos» puedan ser catalogados como otro tipo de entidad existente, por encima de los objetos. En mi habitación hay dos sillas, una mesa y un sofá. De estos cuatro
objetos puedo decir una cantidad indefinida de cosas.
Puedo enunciar una cantidad indefinida de hechos, puedo enunciar, por ejemplo, el hecho de que esos cuatro
objetos están en mi habitación. Sería un sinsentido, sin
embargo, mantener que el *hecho* mismo de que los cuatro objetos estén en mi habitación está (o no está) en mi
habitación. El hecho no es un tipo de cosa del que se
pueda decir con sentido que está, o no, en el espacio. La
importancia de esto está en que cuando Wittgenstein dice
que el mundo es la totalidad de los hechos, la palabra
«mundo», tal como se entiende aquí, no es una cosa
de la que se pueda decir con sentido que es extensa o
no, o que está o no en el espacio. Esto no significa, desde luego, que la extensión o el espacio sea una ilusión;
lo que significa realmente es que lo figurado por el lenguaje ni es extenso ni está en el espacio. Es importante
notar que Wittgenstein llega a esta concepción del mundo a través del lenguaje: el lenguaje es un instrumento
para decir algo acerca del mundo; y como sólo dicen
(figuran) algo las proposiciones, y no los nombres, el
mundo que el lenguaje figura debe ser lo que figuran las
proposiciones, esto es, los hechos.

---

[26] «Si yo conozco un objeto, conozco también todas sus posibilidades de entrar en los hechos atómicos. (Cada una de tales posibilidades debe estar contenida en la naturaleza del objeto.) No
se puede encontrar posteriormente una nueva posibilidad.» *Ibí-
dem*, 2.0123. «Para conocer un objeto no debo conocer sus propiedades externas, sino todas sus propiedades internas.» *Ibíd.*, 2.01231.

Como es la estructura de una proposición lo que le permite decir algo acerca de un hecho, ésta no puede decir algo acerca de su propia estructura. El diagrama es una figura de la fiebre del paciente, pero no lo es de cómo figura la fiebre. De igual manera, una proposición es una figura de un hecho, pero no es figura de cómo figura ese hecho. Esto le lleva a Wittgenstein a la debatible opinión de que el lenguaje no puede decir nada acerca de su propia estructura. Como los problemas filosóficos, según Wittgenstein, a menudo si no siempre, se deben a un análisis incorrecto o inadecuado de una proposición —el análisis completo de una proposición deja al descubierto las proposiciones elementales de las que la proposición es una combinación— la filosofía no puede decir (figurar) cuál es el análisis correcto; sólo puede mostrarlo. Como el *Tractatus* de Wittgenstein dice mucho sobre la estructura lógica del lenguaje, parece seguirse que Wittgenstein en el *Tractatus* está diciendo lo que no puede ser dicho [27].

Lenguaje y pensamiento están íntimamente relacionados; de hecho, parecen ser idénticos. En el *Tractatus* encontramos enunciados como «La figura lógica de los hechos es el pensamiento». «La totalidad de pensamientos verdaderos es una figura del mundo» [28]. Pero ¿puede una proposición ser un pensamiento? Si por proposición quiero decir la serie de puntitos negros sobre el papel o la serie de sonidos que produzco con la voz, sería absurdo mantener que una proposición es lo mismo que un pensamiento. Pero «proposición» puede también significar lo que se dice con el enunciado, es decir, lo que se expresa por el uso de una sentencia, lo que es verdadero o falso (y seguro que una serie de puntitos negros en el

---

[27] En la última página del *Tractatus* dice Wittgenstein: «Mis proposiciones son esclarecedoras de este modo; que quien me comprende acaba por reconocer que carecen de sentido, siempre que el que comprenda haya salido a través de ellas fuera de ellas. (Debe, pues, por así decirlo, tirar la escalera después de haber subido.) Debe superar estas proposiciones; entonces tiene la justa visión del mundo.» *Ibíd.*, 6.54.

[28] *Op. cit.*, 3 y 3.01.

papel no puede ser ni verdadera ni falsa). Si es así, no depende de si es escrito o hablado. La proposición permanece igual, si, en lugar de decir que el libro está sobre la mesa, lo escribo o lo expreso en un lenguaje de sordomudos. La proposición no depende de si es formulada de modo más o menos elegante o estilístico (dando por supuesto, desde luego, que es inambigua). La proposición puede estar más o menos oculta por la forma gramatical de la sentencia. Y una proposición será expresada con la mayor claridad por medio de una sentencia que pueda ser analizada completamente, esto es, una sentencia formulada de modo que muestre plenamente su forma lógica. Por tanto, en un sentido, una proposición es algo lingüístico y, en otro sentido, algo no lingüístico. No es algo lingüístico en el sentido de que no depende de si está en francés, danés o inglés, escrito con pluma o con lápiz; dicho en voz alta o en voz baja; pero es algo lingüístico en el sentido de que es algo expresado. No tiene más sentido hablar de una proposición que nunca ha sido expresada que hablar de un pensamiento que nunca ha sido pensado.

Igual que el concepto de pensamiento depende lógicamente de los seres pensantes, también el concepto de proposición depende lógicamente de seres que utilizan el lenguaje. Así, la identificación de una proposición con un pensamiento no es absurda. Pero el concepto de pensamiento debe ser en sí entendido correctamente. Un pensamiento puede significar un complejo de fenómenos psicológicos. Puede ser una imagen o una representación, o quizá sólo el hablar consigo mismo; pero, sea lo que sea, no se puede mantener racionalmente que un pensamiento, en este sentido de «pensamiento», sea una proposición. Pero si un pensamiento no se entiende psicológicamente, sino que se toma, más bien, por aquello de lo cual el pensamiento es pensamiento, o, más aún, por aquello que afirma un ser pensante en su pensamiento, entonces se convierte casi en verdad incuestionable decir que una proposición es un pensamiento. En otras palabras, la proposición de Wittgenstein de que una figura lógica de un hecho sea un pensamiento es aceptable, siempre que la expresión «una figura lógica de un hecho» se entienda como lo enunciado por la proposición. Esto significa que a lo que se puede pensar se le puede dar expresión lingüística. El problema clásico de encontrar las condiciones y límites del pensamiento y del conocimiento se convierte ahora en el problema de determinar las condiciones y límites de lo que se puede decir y de lo que no se puede decir. Así, la investigación de la estructura lógica del pensamiento, y del conocimiento, se convierte en una investigación de la estructura lógica del lenguaje.

Wittgenstein está, pues, en posición de afirmar que los límites del lenguaje y del mundo coinciden. Los límites lógicos del lenguaje son los límites de lo que se puede decir y de lo que se puede pensar y, por tanto, también de lo que se puede decir que existe [29].

En el *Tractatus*, Wittgenstein investiga la naturaleza del lenguaje y lo que se puede decir y lo que no se puede decir o, lo que es lo mismo, lo que se puede pensar y lo que no se puede pensar. Y de aquello de lo que no se puede hablar se debe callar. Mientras un positivista lógico añadiría que no hay nada que callar, Wittgenstein piensa que sí lo hay, o, mejor dicho, lo *siente*. Es aquí donde Wittgenstein introduce el concepto de lo místico. Solamente se puede decir algo acerca de hechos. Se puede decir lo que es el caso, en una situación o en otra. Se pueden figurar hechos, pero no se puede decir nada del mundo como totalidad, pues el mundo es la totalidad de los hechos y, como ha mostrado Russell, con su teoría de los tipos, decir que la totalidad de los hechos es, ella misma, un hecho resulta paradójico. Además sería poner un límite, el otro lado del cual sería inconcebible, y no se puede trazar un límite el otro lado del cual sea inconcebible.

---

[29] «Los límites de mi lenguaje significan los límites de mi mundo.» *Ibíd.*, 5.6.

Decir que ninguna proposición puede tratar del mundo como totalidad es lo mismo que decir que ningún pensamiento puede tratar del mundo como totalidad, e intentar pensar tal pensamiento es intentar pensar lo que no se puede pensar e intentar conocer lo que no se puede conocer.

Así, Wittgenstein no define ni explica lo místico, pero parece que por místico quiere decir aquello de lo que sería un sinsentido decir algo, describirlo o incluso pensarlo, porque el lenguaje no puede lógicamente ser empleado para ello. Por otra parte, lo místico está relacionado con el *sentimiento* —algo que se puede mostrar, en el lenguaje pero que no se puede expresar; no podemos hacer figuras de ello. En este sentido, Wittgenstein podría ser considerado un místico. Si metafísica significa filosofía del mundo como totalidad, o filosofía de lo trascendente, entonces Wittgenstein rechaza la metafísica. Lo místico, por tanto, no es ni discernimiento, ni afirmación, ni conjetura de aquello que el lenguaje es impotente de expresar.

Cerca del final de *Tractatus,* Wittgenstein presenta algunas proposiciones sobre lo místico, sobre aquello que se encuentra fuera de los límites del lenguaje y, por consiguiente, también fuera de los límites del pensamiento. Es aquello sobre lo que debemos guardar silencio. Algunas de las proposiciones son éstas: «El sentido del mundo debe quedar fuera del mundo. En el mundo todo es como es y sucede como sucede: *En* él no hay ningún valor, y aunque lo hubiese no tendría ningún valor. Si hay un valor que tenga valor, debe quedar fuera de todo lo que ocurre y de todo ser-así. Pues todo lo que ocurre y todo ser-así son casuales. Lo que lo hace no casual no puede quedar *en* el mundo, pues de otro modo sería a su vez casual. Debe quedar fuera del mundo» *(ibíd.,* 6.41). «No es lo místico *cómo* sea el mundo, sino *que* sea el mundo» *(ibíd.,* 6.44). «La visión del mundo *sub specie aeterni* en su contemplación como un todo —limitado. Sentir el mundo como un todo limitado es lo místico» *(ibíd.,* 6.45). «Hay, ciertamente, lo inexpresable, lo que se *muestra* a sí mismo; esto es lo místico» *(ibíd., 6.522)*.

«De lo que no se puede hablar, mejor es callarse» *(ibíd., 7)*.

Investigaciones Filosóficas es en muchos aspectos una ruptura con el *Tractatus*. Las diferencias pueden explicarse así: En el *Tractatus* se consideran los hechos como si tuvieran una estructura; en las *Investigaciones Filosóficas* los hechos no son el tipo de cosa que pueden tener una estructura. Pero si los hechos no tienen estructura, la función del lenguaje no puede ser figurar el mundo —una figura es sólo una figura si tiene la misma estructura que aquello que figura. Por tanto, el lenguaje ya no se considera como una serie de proposiciones que figuran hechos; por consiguiente, no hay necesidad de definir el mundo como totalidad de hechos. Es innecesario también el problemático concepto de objeto. Se creía que los objetos eran necesarios para que los nombres tuvieran significado. El significado de la proposición ya no es el hecho —positivo o negativo— del que se suponía que la proposición era figura. En un famoso pasaje dice Wittgenstein: «Para un *amplio* conjunto de casos —aunque no para todos— en los que empleamos la palabra «significado», ésta se puede definir así: El significado de una palabra es su uso en el lenguaje» *(Investigaciones filosóficas,* § 43).

En las *Investigaciones filosóficas* se considera el lenguaje como un número indefinido de actividades, de las cuales ninguna es figurar un hecho, y sólo unas pocas son usadas para establecer verdades o falsedades. El lenguaje se usa para hacer preguntas, dar órdenes, hacer promesas, describir, afirmar, pedir ayuda y para otros muchos propósitos. Wittgenstein llama a estas diferentes actividades juegos del lenguaje. ¿Qué tienen en común todos estos juegos del lenguaje? ¿Qué propiedad o propiedades tienen en común —propiedad o propiedades sin las que no podrían llamarse juegos del lenguaje? Según Wittgenstein no tienen nada en común. Este tipo de respuesta está en contra de una larga tradición filosófica. Parece ser de buen sentido común filosófico insistir en que si algo debe ser llamado una u otra cosa, clasificado de un modo u otro, eso debe hacerse en virtud de alguna propiedad que le permite ser llamado o clasificado así. Los miembros del conjunto de todas las cosas rojas tienen en común el color «rojo», y los miembros del conjunto de los triángulos tienen en común la característica de ser figuras geométricas de cierto tipo. Pero, según Wittgenstein, los miembros del conjunto de todos los juegos del lenguaje no tienen una propiedad común. Esto significa que el concepto «lenguaje» no puede ser definido. El triángulo puede ser definido como una figura que tiene tres ángulos y tres líneas rectas, y «rojo» se puede definir ostensiblemente como, por ejemplo, «el color igual a éste». Pero no se puede decir nada parecido del lenguaje —no tiene propiedades que lo definan.

Wittgenstein defiende esta afirmación comparando los juegos del lenguaje con los juegos en general. ¿Qué tienen en común los juegos de pelota, de cartas y de mesa? Dice que no es suficiente afirmar que deben tener una propiedad en común, puesto que están clasificados como juegos. No la tienen. ¿Qué ocurre si nos fijamos en estos juegos? Encontramos que no hay una propiedad simple común a todos los juegos sino propiedades *similares*. Si comparamos unos cuantos juegos entre sí, encontramos que el primero tiene una propiedad similar al segundo y el segundo otra similitud —diferente— al tercero, etcétera. Quizá el primero y el tercero tengan también algunos puntos de familiaridad, pero pueden ser diferentes a los puntos de similitud entre el primero y el segundo y entre el segundo y el tercero. Así, todos los miembros del conjunto de los juegos tienen, en lugar de una propiedad común que les defina, lo que Wittgenstein llamó «un aire de familia», pero no tienen ningún **rasgo** específico en común.

Consideremos los parecidos en una familia. Pedro y Pablo se parecen de perfil, pero no en la expresión facial, mientras que Pablo y Juan se parecen en la expresión facial, pero no en el perfil. Pedro y Juan no tienen parecido en la expresión de la cara ni en el perfil, pero tienen un modo de hablar similar. Pedro, Pablo y Juan tienen un «aire de familia», pero no tienen un rasgo específico en común.

Los problemas filosóficos tienen sus raíces en una insuficiente comprensión de la función de ciertas expresiones en ciertas situaciones. La labor filosófica es entonces ver dónde y cómo el lenguaje ha ocasionado el problema. Como Wittgenstein lo expresa: «La filosofía es la batalla contra el aturdimiento de nuestra inteligencia por medio del lenguaje» *(ibíd., § 109)* [30]. Y en otro lugar: «El tratamiento de la cuestión por parte del filósofo es como el tratamiento de una enfermedad» *(ibíd., § 255)*. Un ejemplo puede ilustrar esto. En algún lugar de las *Investigaciones,* Wittgenstein dice: «Cuando nuestro lenguaje sugiere un cuerpo y no hay ninguno, nos gustaría decir que hay un *espíritu*» *(ibíd., § 36)*. Ciertas formulaciones del lenguaje nos llevan a suponer que algo existe o que algo ocurre. La afirmación de que algo existe se toma normalmente para decir que existe algo de naturaleza corpórea. Si no existe nada de naturaleza corpórea, entonces, debido a la opinión de que dichos enunciados afirman la existencia de algo o que algo tiene lugar, llegamos a las suposiciones metafísicas de que lo que existe, o tiene lugar, debe ser de naturaleza no corpórea o espiritual. Así, siguiendo la supuesta lógica del lenguaje, somos conducidos a hablar de sustancias espirituales.

Pero esta supuesta lógica es, a menudo, mal entendida. El problema indica que ha sido mal entendida la función realizada por las palabras y oraciones en cuestión. Este malentendido deriva con frecuencia de la creen-

---

[30] «Los resultados de la filosofía son el desvelamiento de uno u otro sinsentido y de los chichones que se hace el entendimiento al golpear su cabeza contra los límites del lenguaje. Estos chichones nos hacen ver el valor del descubrimiento» (ibíd. § 119). «¿Cuál es tu tarea en la filosofía? —Mostrar a la mosca la salida de la botella caza-moscas» *(ibíd. § 309)*.

cia equivocada de que las palabras son nombres, de que el significado de una palabra es lo que ésta representa (lo cual lleva a la conclusión de que si no se refieren a algo, no tienen sentido, y que todas las palabras y oraciones que tienen sentido deban referirse a algo).

Hay muchos verbos que se refieren a cosas que suceden, o a cosas que hacemos físicamente: «escribir», «correr», «hablar», «trabajar», «comer», etc. Éstos son verbos referentes a actividades corporales. Hay, por otra parte, verbos que, aparentemente, con la misma fuerza se refieren a procesos, o actividades, que no son corporales: «desear», «decidir», «entender», etc. La observación de Wittgenstein es relevante al uso de estos verbos. El lenguaje *parece* referirse a una actividad corporal; y cuando no hay actividad corporal, somos llevados a hablar, en lugar de ello, de alguna actividad espiritual o incorpórea. Usamos, por ejemplo, expresiones como «ahora entiendo» o «ahora lo veo». Concebimos tales expresiones como pertenecientes al mismo tipo lógico que las expresiones que se refieren a procesos. Malentendemos la función que estas expresiones tienen y nos vemos conducidos, por tanto, a problemas filosóficos —problemas sobre qué clase de proceso es el que estamos narrando o describiendo. Si no son procesos fisiológicos o neurológicos. ¿Qué clase de procesos son? ¿Son una clase especial de procesos mentales?

No es éste el lugar para entrar en el intenso y detallado análisis del problema por parte de Wittgenstein. La solución del problema es, en cierto modo, una disolución del mismo. Si se ve que el problema tiene sus raíces en una concepción errónea de la función de tales expresiones, y se ve su verdadera función, el problema ya no existe. Si en vez de concebir la expresión como un informe o descripción de un proceso se concibe como una exclamación, correspondiente «a un sonido instintivo o un impulso alegre» [31], no surge el problema de postular un proceso mental.

----

[31] «*Así es como se usan estas palabras*. Sería completamente engañoso, en este último caso, por ejemplo, llamar a estas pala-

El *Tractatus* y las *Investigaciones filosóficas* han tenido, y aún tienen, enorme influencia en la filosofía contemporánea. Los pensamientos del *Tractatus* han influido, sobre todo, en los positivistas lógicos o movimientos relacionados con ellos. Los pensamientos de las *Investigaciones filosóficas,* en cambio, han influido en grado sumo, e incluso formado, gran parte de la filosofía que hoy es llamada unas veces filosofía analítica, y otras filosofía del lenguaje ordinario; pero como quiera que se la llame, es la filosofía cuyo estilo domina la mayor parte del pensamiento del mundo occidental.

---

bras "descripción de un estado mental". Más bien se las podría llamar una "señal"; y juzgamos si está bien empleado por lo que se haga a continuación» *(ibíd.* § 180). «"¡Ahora sé cómo seguir!" es una exclamación; corresponde a un sonido instintivo, a un comienzo feliz. Por supuesto no proviene de la sensación de que no me encuentro estancado cuando intento seguir. Hay casos en los que podría decir: "Cuando dije que sabía cómo seguir, *realmente* lo sabía." Esto se dirá, por ejemplo, si se produce una interrupción imprevista. Pero lo imprevisto no debe ser sencillamente que me estanque. Podríamos imaginar también un caso en el que, en apariencia, a alguien continuamente se le haga la luz y exclame "¡Ya lo tengo!" y luego no pueda nunca justificarse en la práctica. Podría parecerle como si en un abrir y cerrar de ojos olvidara de nuevo el significado de la imagen que se le ocurrió» (ibíd. § 323).

Bibliografía

FILOSOFÍA GRIEGA

G. S. KIRK y J. E. RAVEN, *Los filósofos presocráticos*. Historia crítica con selección de textos. Traducción de Jesús García Fernández, Madrid, Gredos, 1969.

R. E. ALLEN (compilador), *Studies in Plato's Metaphysics*, 1965.

RENDFORD BAMBROUGH (compilador), *New Essays on Plato and Aristotle*.

BURNET, *Early Greek Philosophy*, 1945.

CROSS y WOOZLEY, *Plato's Republic*, 1964.

I. M. CROMBIS, *Plato and the midwife's apprentice*, 1964.

— *An examination of Plato's doctrines*, I-II, 1962.

JOHN GOULD, *The Development of Plato's Ethics*, 1955.

NORMAN GULLEY, *Plato's Theory of Knowledge*, 1962.

H. W. B. JOSEPH, *Knowledge and the Good in Plato's Republic*, 1948.

GILBERT RYLE, *Plato's Progress*, 1966.

HERMAN L. SINAIKO, *Love, Knowledge y Discourse in Plato*.

WERNER JAEGER, *Aristóteles. Bases para la historia de su desarrollo intelectual*. Versión española de José Gaos, México, Fondo de Cultura Económica, 1946.

J. H. RANDALL, *Aristóteles*, 1960.

W. D. ROSS, *Aristotle*, 1945.

FRIEDRICH SOLMSEN, *Aristotle' System of the Physical World*, 1960.

ESCOLASTICISMO

ANSELMO, *Proslogion*.

S. A. GRAVE, *The Ontological Argument of St. Anselm*, Philosophy, 1952.

CHARLES HARTSHORNE, *Anselm's Discovery*, 1965.

ALVIN PLANTINGA, *The Ontological Argument from St. Anselm to Contemporary Philosophers,* 1965.

THOMAS GILBERG, *St. Thomas Aquinas,* Philosophical Texts, 1951.

ETIENNE GILSON, *The Christian Philosophy of St. Thomas Aquinas,* 1956.

HENRY CHADWICK, *Early Christian Thought and the Classical Tradition.*

WERNER JAEGER, *Cristianismo primitivo y paideia griega,* México, Fondo de Cultura Económica.

FILOSOFÍA MODERNA

HOBBES:

FRITHIOF BRANDT, *Thomas Hobbes's Mechanical Conception of Nature,* 1928.

K. C. BROWN (compilador), *Hobbes Studies,* 1965.

F. C. HOOD, *The Divine Politics of Thomas Hobbes,* 1964.

RICHARD S. PETERS, *Body, Man and Citizen,* Selection from Thomas Hobbes, 1962.

— *Hobbes,* 1956.

LEO STRAUSS, *The Political Philosophy of Hobbes,* 1936.

HOWARD WARRENDER, *The Political Philosophy of Hobbes,* 1957.

J. W. N. WATKINS, *Hobbe's Systems of Ideas,* 1965.

DESCARTES:

L. F. BECK, *The Method of Descartes,* 1952.

L. F. BECK, *The Metaphysics of Descartes,* 1965.

ALBERT G. A. BALZ, *Cartesian Studies,* 1951.

— *Descartes and the Modern Mind,* 1952.

NORMAN KEMP SMITH, *New Studies in the Philosophy of Descartes,* 1952.

SPINOZA:

STUART HAMPSHIRE, Spinoza, 1951.

H. G. HUBBELING, *Spinoza's Methodology,* 1964.

G. H. R. PARKINSON, *Spinoza's Theory of Knowledge,* 1954.

RUTH LYDIA SAW, *The Vindication of Metaphysics,* A Study in the Philosophy of Spinoza, 1951.

H. A. WOLFSON, *The Philosophy of Spinoza,* I-II, 1934.

LEIBNIZ:

GOTTFRIED MARTIN, *Logic and Metaphysics in Leibniz' philosophy*, 1960.
G. H. R. PARKINSON, *Logic and Reality in Leibniz' Metaphysics*, 1965.
BERTRAND RUSSELL, *The Philosophy of Leibniz*, 1900.

LOCKE:

R. J. ARON, *John Locke*, 1937.
J. W. GOUGH, *John Locke's Political Philosophy*, 1950.
MAURICE GRANSTON, *John Locke, A Biography*.
P. LASLETT, *John Locke's Two Treatises of Government*, 1960.
JOHN LOCKE, *An Essay concerning Human Understanding*, 1667.
— *Second Treatise of Civil Government*, 1690.
J. W. YOLTON, *John Locke and the Way of Ideas*, 1956.

BERKELEY:

F. BENDER, *George Berkeley's Philosophy Re-Examined*, 1946.
C. D. BROAD, «Berkeley's Argument about Material Substance», *Proceedings of the British Academy*, 1942.
I. HEDENIUS, *Sensationalism and Theory in Berkeleys' Philosophy*, 1936.
A. A. LUCE, *The Berkeleian Idea of Sense*, 1940.
— *Berkeley's Immaterialism*, 1945.
G. STACK, *Berkeley's Analysis of Perception*, 1970.
G. J. WARNOCK, *Berkeley*, 1953.

HUME:

DAVID HUME, *Enquires concerning the Human Understanding and concerning the Principles of Morals,* edited by L. A. Selby-Bigge.
— *Tratado de la naturaleza humana*, edición preparada por Félix Duque, Madrid, Editora Nacional, 1978.
B. M. LAING, *David Hume*, 1932.
— *Tratado de la naturaleza humana*, Madrid, Editora Nacional, 1978.
J. LAIRD, *Hume's Philosophy of Human Nature*, 1932.
CONSTANCE MAUND, *Hume's Theory of Knowledge*, 1937.
H. H. PRICE, *Hume's Theory of the External World*, 1940.
NORMAN KEMP SMITH, *The Philosophy of David Hume*, 1941.

KIERKEGAARD:

H. J. BLACKHAM, *Six Existentialist Thinkers*, 1952.
R. BRETALL, *A Kierkegaard Anthology*, 1946.
R. JOLIVET, *Introducción a Kierkegaard*. Traducción de Manuel Rovira, Madrid, Gredos, 1950.

HUSSERL:

MARVIN FARBER, *The Foundation of Phenomenology*. Edmund Husserl and the Quest for a Rigourous Science of Philosophy, 1943.
EDMUND HUSSERL, *Ideas relativas a una fenomenología pura y una filosofía fenomenológica* (1913). Traducción de José Gaos, México, Fondo de Cultura Económica, 1962².
— *Méditations Cartésiennes*, 1953.
H. SPIEGELBERG, *The Phenomenological Movement*, I-II, 1960.

BERGSON:

HENRI BERGSON, *Essai sur les dounées immédiates de la conscience*, 1889.
— *Matière et mémoire*, 1896.
— *L'évolution créatrice*, 1907.
— *The Créative Mind*, 1946.
— *Las dos fuentes de la moral y de la religión* (1932). Introducción de José Ferrater Mora. Traducción de Miguel González Fernández, Buenos Aires, Editorial Sudamericana, 1946.

RUSSELL:

WHITEHEAD AND RUSSELL, *Principia Mathematica*, I. Introduction, 1910.
BERTRAND RUSSELL, *Ensayos sobre lógica y conocimiento* (1901-1950). Traducción de Javier Muguerza, Madrid, Taurus, 1966.
The Philosophy of Bertrand Russell, The Library of Living Philosophers, edited by Paul Arthur Schilpp, 1946.
MORITZ SCHLICK, «Meaning and Verification», *Gesammelte Aufsätze*, págs. 338-367.

KANT:

BRUNO BAUCH, *Inmanuel Kant*, 1917.
JONATHAN BENNETT, *Kant's Analytic*, 1966.
GRAHAM BIRD, *Kant's Theory of Knowledge*, 1962.
D. P. ORYER, *Kant's Solution for Verification in Metaphysics*, 1966.
A. C. EWING, *A short Commentary on Kant's Critique of Pure Reason*, 1938.
JUSTUS HARTNACK, *La teoría del conocimiento de Kant*. Traducción de Carmen García-Trevijano y José Antonio Lorente, Madrid, Cátedra (Colección *Teorema*), 1977.
GOTTFRIED MARTIN, *Kant's Metaphysics and Theory of Science*, 1955.
BELLA K. MILMED, *Kant and current Philosophical Issues*, 1961.
H. J. PATON, *Kant's Metaphysics of Experience*, 1936.
N. KEMP SMITH, *A Commentary to Kant's Critique of Pure Reason*, 1923.
P. F. STRAWSON, *Los límites del sentido*. Ensayos sobre la crítica de la razón pura de Kant. Traducción de Carlos Thiebaut Luis-Andrés, Madrid, Revista de Occidente, 1975.
T. D. WELDON, *Introduction to Kant's Critique of Pure Reason*, 1945.
ROBERT PAUL WOLFF, *Kant's Theory of Mental Activity*, 1963.
ROBERT PAUL WOLFF (compilador), *Kant*, A Collection of Critical Essays, 1967.

HEGEL:

J. N. FINDLAY, *Reexamen de Hegel*. Traducción castellana de Juan Carlos García Borrón, Barcelona, Grijalbo, 1969.
WALTER KAUFMANN, HEGEL, Reinterpretation, Texts and Commentary, 1965.
G. R. G. MURE, *An Introduction to Hegel*, 1940.
G. R. G. MURE, *A Study of Hegel's Logic*, 1950.
W. T. STACE, *The Philosophy of Hegel*. A Systematic Exposition, 1924.

MARX:

H. B. ACTON, *The Illusion of the Epoch*, Marxism-Leninism as a Philosophical Creed, 1955.
SIDNEY HOOK, *Towards the Understanding of Karl Marx*, 1933. *La génesis del pensamiento filosófico de Marx (De Hegel a Feuerbach)*. Traducción de Jacobo Muñoz y Josep Puig. Barcelona, Barral, 1974.

CARNAP:

RUDOLF CARNAP, *Logical Syntax of Language,* 1937.
— *Filosofía y sintaxis lógica.* Traducción de César N. Molina, México, Universidad Nacional Autónoma, 1963.
— *Testability and Meaning,* Philosophy of Science, 1936-1937.
The Philosophy of Rudolf Carnap, The Library of Living Philosophers, edited by Paul Arthur Schilpp, 1963.

MOORE:

G. E. MOORE, *Philosophical Papers,* 1959.
— *Some Main Problems of Philosophy,* 1953.
The Philosophy of G. E. Moore, The Library of Living Philosophers, edited by Paul Arthur Schilpp, 1942.
ALAN WHITE, *G. E. Moore,* A Critical Exposition, 1958.

WITTGENSTEIN:

PAUL ENGELMANN, *Letters from Ludwig Wittgenstein with a Memoir,* 1967.
K. T. FANN (compilador), *Ludwig Wittgenstein, The Man and his Philosophy,* 1967.
JUSTUS HARTNACK, *Wittgenstein y la filosofía contemporánea.* Traducción de Jacobo Muñoz, Barcelona, Ariel, 1972.
NORMAN MALCOLM y. GEORG HENRIK V. WRIGHT, *Ludwig Wittgenstein, A Memoir,* By Norman Malcolm, with a Biographical Sketch by Georg Henrik von Wright, 1958.
GEORGE PITCHER, *The Philosophy of Wittgenstein,* 1964.
GEORGE PITCHER (compilador), *Wittgenstein, The Philosophical Investigations.* A Collection of critical Essays, 1966.
DAVID POLE, *The later Philosophy of Wittgenstein,* 1958.
LUDWIG WITTGENSTEIN, *Philosophical Investigations,* 1953.
— *Estética, psicoanálisis y religión.* Traducción e introducción de Eduardo Rabossi, Buenos Aires, Editorial Sudamericana, 1976.